教育部人文社会科学研究基金项目（项目批准号：15YJC751059）

北齐隋唐河东家族文化与文学研究

张丽 ◎ 著

中国社会科学出版社

图书在版编目(CIP)数据

北齐隋唐河东家族文化与文学研究 / 张丽著. —北京：中国社会科学出版社，2016.5
ISBN 978-7-5161-8438-7

Ⅰ.①北⋯ Ⅱ.①张⋯ Ⅲ.①家族－研究－山西省－北齐、隋唐时代 ②地方文学史－文学史研究－山西省－北齐、隋唐时代 Ⅳ.①K820.9 ②I209.925

中国版本图书馆 CIP 数据核字(2016)第 140269 号

出 版 人	赵剑英
责任编辑	曲弘梅
特约编辑	薛敏珠
责任校对	郝阳洋
责任印制	戴 宽

出　　版	中国社会科学出版社
社　　址	北京鼓楼西大街甲 158 号
邮　　编	100720
网　　址	http：//www.csspw.cn
发 行 部	010-84083685
门 市 部	010-84029450
经　　销	新华书店及其他书店
印刷装订	北京君升印刷有限公司
版　　次	2016 年 5 月第 1 版
印　　次	2016 年 5 月第 1 次印刷
开　　本	710×1000　1/16
印　　张	16.75
字　　数	263 千字
定　　价	62.00 元

凡购买中国社会科学出版社图书，如有质量问题请与本社营销中心联系调换
电话：010-84083683
版权所有　侵权必究

序

　　张丽君家乡在古潞安、泽州府一带。潞安，秦汉时称为上党郡。苏轼在《浣溪沙·送梅庭老赴上党学官》中曾云此间风习："门外东风雪洒裾，山头回首望三吴。不应弹铗为无鱼。上党从来天下脊，先生元是古之儒。时平不用鲁连书。""天下脊"的说法早在战国张仪的《为秦破从连横》中已有，"虽无出兵甲，席卷常山之险，折天下之脊，天下后服者先亡"，为秦张势。此处的"天下之脊"，并未明指为上党，而有恒山一说。唐代杜牧云："上党之地，肘京洛而履蒲津，倚太原而跨河朔。战国时，张仪以为天下之脊；建中日，田悦名曰腹中之眼"（《贺中书门下平泽潞启》），尽上党之地理形势。清代道光年间潞安府出了个才子靳会昌，化用王勃《滕王阁序》的结构笔法，在殿试中作了《上党天下之脊赋》，名动一时。张丽君幼年度过的泽州府阳城县，明清之际，文风畅达，尤其是康熙、雍正年间，与安徽的桐城、陕西的韩城并列为文化重镇，而有"康雍盛时，名列三城"一说。在泽州府属的晋城、高平、阳城、陵川、沁水五县中，以阳城文风最盛，宰相尚书进士依次论列，又有"嘉道之世，风高五属"之誉。张丽君给人的印象简质温厚，从中期考核、博士论文开题到博士论文的撰写，她的思路基本是围绕着魏晋南北朝时期的北方文学文化，又一步步集中到河东文化圈这样一个过程来展开的。

　　博士论文的写作，不仅是一个综合自身文化知识、建构学理体系的过程，也是一个重新认识自我的过程。前半部分需要高校及研究机构导师的辅导，建立较为完备的文史哲的综合知识体系，有源可寻、有料可择、有章可依，门法、章规促成学术思维及学理逻辑的培养，这与平时所强调的"不急选题，多读书听课"的要求内里是一致的。张丽君的选题也经历了一个反复推进的阶段，中期考核递交的论文《北魏文人及文人群体研究》，综合了她入燕园近两年来的问题思索及求解过程。"文人群体"这一说法放在北魏文学中是否合宜，以及北魏文学文化中是否有成熟的"文人"及"文人群体"，这些问题的提出基本是在与南朝文学的关照下比较而言的，南朝刘宋时期出现文学馆，晋宋山水诗、齐梁体、永明体与宫体诗，诗歌的发展处在一个精致化的体式完备过程中，与之并行的北朝文学及诗歌及背后的文人群体，其身份特质与南朝文人都有较大的区别。论文的可贵之处在于基于史料、诗歌作品的认真解读，对于材料中一个个小的问题的发现，比如说《周书》"永嘉之遗烈"这一提法，永嘉年间是统一的西晋文学文化走向南北两分发展的起点，之前的西晋繁缛的诗风与东晋的玄言诗呈现出两种不同的风格，而正始年间何晏、王弼以老庄之义理注释孔儒之《论语》《易经》，已开始了玄学家以玄言释经的风气，而诗歌领域中大规模的玄言诗作却是在东晋文学中才出现的，这一问题本身即是一个值得深思的现象。永嘉时，"贵黄老，稍尚虚谈。于是篇什，理过其辞，淡乎寡味"（《诗品》）及"始变永嘉平淡之体"（《诗品》），这样的"永嘉文学"印象与"永嘉之遗烈"的文学表述看似是相互矛盾的，张丽君则在这样一个矛盾中寻求初唐史家之所以如此定性的原因所在。顺着这样的思路，自然会将"永嘉文学"的现象放在南朝文学，集中于由西晋向东晋文学发展的过程中的现象；由西晋而北方十六国，尤其是北魏文学及北齐、北周文学的的发展线条；还有初唐史家的文学观念这样三个大的角度去考虑，看似是一个小的文学现象，却累积了不同的政权体制下的对同一文学现象的认识，这样的思考逻辑是从一个小的问题入手，放到一个大社会背景中去考虑，然后回到初唐魏徵《隋书·文学传序》中的"江左"与"河朔"文学的认识中去，在"河朔"文学现象渊源的探求中，找到了其上源的"永嘉文学"，由此而梳理出了"永嘉文学"的特征。在永嘉贵黄老清谈、玄言的体征之外，找到了"永嘉之遗烈"的文学表现，从而丰富了对"永嘉文学"的认识。在对河朔文化的认识中，体现出了一定的历史逻辑性及辨析精神，然而在进一步揭示文学现象的内在成因时，表现出对北朝历史社会分析的短板，这也是她的博士论文所要重视及日后如何得到解决的问题。

这本博士论文也是一个"成如容易却艰辛"的过程，尽管这种"成"还表现出了太多的不尽如人意之处。见到张丽君，是在博士生入学考试之后，之前并未有过联系。在均斋的初见，听她谈起了自己对魏晋文学的喜好，以及王瑶《中古文学史论》等，感觉她处在一个积极向学的路途上。开学后拟听的课程也是多样化的，从魏晋文学、清代小说史料学、宋诗史料学、中国文献学、民间文学，到历史系、哲学系的课程，随后强调了专业性课程的重要性。以后随着学生们陆续地走走来来，均斋、一院的多次读书会，见到了她更为完整的一面。己丑年冬日傍晚，我开会后匆匆赶往一院，在闭合着的朱漆木门外，见到她捧着一本书站在门外的雪地上入神地看着，后来知道那本书原来是葛洪的《抱朴子》。

张丽君博士论文的选题最后确定了以"河东"为地域范围。"河东"是中原古文化的重要载体，春秋末的子夏西河讲学，已经表现出"河东"与"河西"文化的积极融通。在中原地域文化史中，"河东"文学及文化处在一个自身发展的历史线条内，形成了自身的文化特征；同时又处在西有长安文明，北有晋阳文化，东有邺城，南有洛阳的不同文化形态的包围圈内，这也使其在宋前文明，尤其是汉唐时期的长安文化表现中，有举足轻重的作用。从北齐至隋唐时间段的选取来看，北齐的邺都，北周的长安及后来隋唐的长安政权，均活跃着大量的河东士人，河东裴氏一族在《新唐书·宰相世系表》中记载有十七位宰相，《裴氏世谱》中记载就更多。从裴氏家族历史发展的总体来看，唐代也是一个集中兴盛时期。除去家族中精英人物的才干、家族文化的积累之外，这一时期的"河东"地域文化背景也是一个重要的参照因素。裴、柳、薛三大家族所以集中出现于"河东"地域，脱离不开北魏以来逐渐形成于此间的"儒道更兴"的文化局面。张丽君的论文写作自然地选择了儒释道为背景的思想特点为论文展开的逻辑学理，这也是基于阅读体会思考而形成的问题意识。在材料的梳理辨析中，发现的第一个有意思的文化现象是"邺下风流"，随后将之放在了北齐、北周并立的文化形态之中予以考察，这一现象本身是在南朝梁之际与北齐的文化交流中呈现出来的，以南朝文化对北齐文化的认可欣羡为特点，而所以如此，也是北齐文化发展中表现出了较为积极的对南朝文化的学习因素。从文学表现来看，进入北齐政权的"河东"士人，多体现出了文学术艺之长，以裴氏裴让之等人为例。论文的第二章"'邺下风流'的出现与河东士人薛道衡的文学表现"，顺着"邺下风流"出现的背景、特点做了梳理，在南朝与北齐使者互通的文化背景下，自然地将文化及文学特点进行了比较，南朝士族所推崇的"衣冠礼乐"，很早就引起了高欢的注意，曾云："江东复有一吴翁萧衍，专事衣冠礼乐，中原士大夫望之以为正朔所在。"（《北齐书·杜弼传》）高欢及其后人对汉文化也是自觉地汲取的。从文化形态及士人的文学表现来看，摹形写物之技巧，辞采声韵之偶对婉转，北齐的文人多有取法，一直延续进入隋代，六朝文学之风始终是一个重要的学习对象。在处理北齐、北周文学文化之别的同时，自觉地在河东士人之间进行了比较，看到了北周文化中的重儒倾向，宇文氏统治集团中的六镇文化背景及所学习的上古殷周之礼制。这与萧梁的"衣冠礼乐"之文明从概念的内涵到外延都是不一样的，"衣冠"之"礼乐"强调了南渡士人自中原而南的文化背景，其"衣冠"之意识又带有浓厚的中原文明的传承特点。这种具体的区分可能影响到了北方地区的汉族及汉化的鲜卑人对正统及中原文化的体认。或者说在北朝文学发展的后期，东魏北齐与西魏北周并立之际，中原文化已成为一种较为普遍的文化认同之态，北齐与萧梁的来往及两地之间的使者为别国所尊重欣赏之态，一方面是一种文化模式的互相认同之态，一方面则是对中原传统文化发展的积极自我体认之意识表现，这与北周诉诸殷周文化、崇尚质朴的文风形成了较大的差异。

在文学现象背后的文化成因探索，离不开传统文化中积淀的儒释道三种文化的融汇。在河东家族中，王通王氏家族的文化表现出宗儒而体道任佛的特点，王通的"三教可一"（《中说·问易》）的主张，表现出儒家面目中的佛老色彩，虽然这在王通及王氏家族的成员表现上并不明显。北方地区5至7世纪的佛教造像，是颇能说明当时佛教流行状况的。张丽君论文的第三章集中于分析王通王氏家族的文化现象及王绩、王度、王勃的文学表现。对王绩的身份特点，能在隐逸、嗜酒、放诞之外揭示出其精通礼学经典的特征，在此基础上去看王绩外在行为的通脱，与其诗歌中自然地取法于阮籍、陶、谢，有其内在的渊源性联系。盛唐、中唐时期的"河东"作家，受到佛老思想的影响，出现了王维、柳宗元、吕渭、吕岩等文人，则是"河东"文化的进一步生发表现。从论文的结构来看，前半部分以分仕东西政权的北齐、北周的河东士人为探讨对象，这样的思路可以清晰地见到不同政权体制下的河东士人不同的文化体征。进入统一的隋唐政权之后，河东士人的文化特点却并不如之前明显，一部分是通史叙述方式的原因，同时也受到了一统政权的相对稳定的文化形态的影响。

隋唐时期的"河东"文学及文化本身处在一个变动不居的史的发展线条之内，其上源的北齐文学表现出了接近于隋唐之际文学的特质。从隋唐文学发展的多地域形态来看，"河东"文学也基本处于隋唐文学发展的主线上。从总体论文的写作来看，有局限于个别材料而乏于总体论述之缺，在张丽君论文的设计中，看到的是一个个家族的文化及文学现象，总体的"河东"文学文化特征在这一时期的分析论述仍旧是不足的。此外，也有着一个多处取点而论述不精的弊病。从另一个角度来看，这也与对材料的收集和掌握有关，论文以"河东"家族为分析对象，对家谱、碑刻、方志资料的利用却是不足的，固然这方面的资料以明清之际为多，但地域性背景的文化缺失，也是一个重要的方面。家族文化的研究本身也强调了一个多学科融会贯通的背景，家谱的修纂、编订到最终的体例形成，方志的星野、物产、风俗、人物等条例的编订，渗透着浓郁的历史地理文化因素，这些材料是地域文学研究不可或缺的。如何在正史叙述中的风俗条例下，寻找到地域的文化脉络，需要一个材料与学识相互积累补充的过程。另外，宗族、家族的制度文化在中古时期表现出阶段性的特点，由宗族与家族之间的关系进入文化的分析层面，能够看到一个个小的家族是如何从宗族中脱落并影响于大的宗族的，宗族与家族表面看是联系在一起的，又是一个大的宗族内部不断地形成小的宗支并表现出家族、家庭意识，形成丰富的社会生活形态的过程。最后，宗族或家族的研究不仅是一个文献研究的过程，从社会实践层面来看，又是一个从田野调查中形成丰富的田野经验并反馈于所接触的文献及文本的过程，也正是在田野调查的基础上，促成了对文献的重新认识。张丽君目前在赣南白鹭古村所进行的田野调查工作，也是围绕着村落中生活的钟姓族人这样一个大的宗族群体展开的。在具体的田野工作与民间文献调查整理对比分析中，区分出了宗族村落中多个不同的家族概念，从寻常可见的宗族、房支中，提出了作为家族观念的一种重要的"甲分"概念，并意识到"甲分"与"保甲"制度之间的关系，并能对白鹭宗族社会中"甲分"形成的源头作出一定的拟测论证。这些细微的思想意识的发展也可以说是一个前后相继的推理过程，也是田野进入文献后逐渐反思所形成的。顺着这样的研究思路，随后的内容自然进入到宗族历史及社会生活中去，文献中单面相的文本在具体的田野生活中呈现出多面相的饱满内涵，单姓村的宗族社会中同样存在多阶层的划分，宗族内部是一个多种力量，不同甲分、房分之间的对立共融过程，在宗族外部，宗族作为一种凝聚起来的力量又在与外部世界进行对话，宗族与外部力量在不同时期的关系进一步促成宗族社会势力的变化，宗族自身的调节功能适应了此种变化，在宗族的内部形态上有所体现。由此而形成的研究方法及随之展开的枝节梳理，也是她在进入田野调查之后积极反思得来的。

赣南所处的地域是历史上南迁移民的重要移居地，赣州所在的客家区有河西片与河东片的区分，河西片以明清移民居多，河东片则在唐代以来就陆陆续续有大量移民开始迁入。北方的移民到达长江后，经过九江、鄱阳湖进入赣江流域，顺着这条南北交往的大动脉经过赣州又辗转到达闽粤地区，赣南、闽西、粤东也形成了客家文化区，三角地区的宗族文化较为发达，不仅存在北方移民南迁的过程，同时也有闽粤地区定居的人回迁赣南的过程。由赣南向西，到达福建的福建长汀地区；从赣南经过信丰、安远到达广东梅州；从赣南南下经过大余到达广东的南雄，这三条线路是民间经常来往的重要交通要道，南来北往的移民也经常围绕着这一带迁徙经商，至今在赣南地区还可以听到许多的祖先叙事故事是跟闽粤文化相关联的。在其后来研究所涉及的有关"木客"传说的内容上，可以看到赣南、闽西、闽江一带所存有的相类似的"木客"历史记忆，也说明了赣闽粤地区文化是相对独立且自成一体发展的。尽管其中体现出区域文化认同与国家认同文化上的差异。白鹭村所在的区域范围，属于赣闽粤地区，同时也处在由鹭溪河流经龙头、龙溪各村落而后绕过赣江十八险滩进入赣江下游，到达庐陵、豫章、九江、汉口、南京甚至处在黄河流域的各个北方重要城市的地理位置上，对白鹭文化差异性的表现及原因的阐释分析，结合了田野调查、文本分析、地域背景、历史交通、结构人类学等多学科板块的知识，超越了原有的知识体系架构，也是其进一步打开学术视野，深化专业知识体系的必然要求。

金秋时节，接到张丽君邮件，告知她的博士论文已经申请到出版资金，不久有望出版，吾闻之欣欣然，为她高兴！她希望我写一序，我忝为她博士生导师，给自己指导的博士论文写序，谈谈论文的大体内容和写作情况，亦在情理之中，便痛痛快快地答应了。于是，就有了以上这些拉拉杂杂的文字。

附赘一笔，这部论文是她四年读博的一个学术成果，读博期间她还收获了一个人生成果，那就是庚寅年喜获麟子王寅润。该虎子天庭饱满，面容端正，身体健硕，活泼聪颖！时节不居，岁月如流，屈指数来，该子明年当上学读书了，真是可喜可贺！个人的学术成果虽然犹如杯水，但只要汇入我中华民族文化建设、文明复兴的长江大河，就可以永不枯竭、浩浩荡荡地奔向浩瀚的大海，去掀起万丈狂澜！但愿她人生的硕果，也能够健健康康茁壮成长，长成郁郁葱葱的参天大树，成为祖国的栋梁之材！诚可谓：窗外时节虽初冬，祝福胜过春意浓。喜看今日手中枝，来年望成参天松！

是为序！

程郁缀

乙未年初冬于北京大学燕园

目 录

绪论 …………………………………………………………………（1）
  一 由都邑文学重心向地域文学研究倾向的转移 …………（3）
  二 地域文学研究的新旧思路 ………………………………（10）
  三 地域与家族之衍生品——区域家族文学
     研究的兴盛 ………………………………………………（17）
  四 "河东家族文化与文学"选题的确立 …………………（22）

第一章 河汾文化的源与流 …………………………………（26）
  第一节 河汾诸概念的溯源与辨析 …………………………（29）
    一 河汾、河汾文化与河汾之学 …………………………（29）
    二 河汾与河东的地理区分 ………………………………（31）
    三 河汾文化与河东文化 …………………………………（36）
  第二节 北齐至唐河东地域文学家的更替 …………………（39）
  第三节 "儒道更兴"背景下的河东地域 …………………（41）

**第二章 "邺下风流"的出现与河东士人薛道衡的
      文学表现** ……………………………………………（46）
  第一节 "邺下风流"局面的形成及其与长安儒学文明的
      对峙 ………………………………………………（48）
    一 邺都与长安文化表现之异同 …………………………（49）
    二 邺都文化的培植及与长安之差异性 …………………（52）
    三 诗歌和散文发展的倾向性差异 ………………………（57）
  第二节 河东地域的文化及文学状况 ………………………（64）
    一 河东地域三大家族与乡土之关系及其文学表现 ……（65）

二　进入北齐、北周后河东士人才情的不同体现 …………… (67)
　第三节　南人对薛道衡诗的接受及薛诗风格的地域归因 ………… (69)
　第四节　隋唐之际河东薛氏的文学表现 ………………………… (76)
第三章　隋唐河东王氏家族之文化流派 ………………………… (84)
　第一节　王通及其"河汾之学"的继承性及新变 ………………… (85)
　　一　"河汾之学"出现的时空推测 ……………………………… (85)
　　二　"河汾之学"之旧型儒学与新型学说之特征 ……………… (89)
　　三　《中说》取法北周尊周公之政治倾向性 ………………… (94)
　第二节　王度之学养及其思想构成 ……………………………… (96)
　　一　出入经史、兼好"志怪"之学养特征 …………………… (97)
　　二　王度与王绩处理儒道思想方式之异同 …………………… (99)
　第三节　隋至初唐嘉遁之风与汾阴名士王绩 …………………… (102)
　　一　唐初由隐致仕的风习 ……………………………………… (102)
　　二　汾阴名士王绩放诞外行下的儒学修习 …………………… (106)
　　三　王绩诗赋的多面性特征及其取法渊源 …………………… (111)
　第四节　王勃对王氏家族学养之继承及其对儒道思想的
　　　　　搁置 ………………………………………………………… (119)
　　一　王勃之著述与学养 ………………………………………… (119)
　　二　"王、杨、卢、骆"称序原因 …………………………… (120)
　　三　王勃"宏博"之诗风及其中的儒道之因 ………………… (125)
**第四章　"儒"与"侠"的矛盾及调和——王维"诗画"艺术之
　　　　成因探寻** ……………………………………………………… (131)
　第一节　北地尚武任侠风气的蔓延 ……………………………… (133)
　　一　河东儒文化笼罩下的尚武尚侠之风 ……………………… (134)
　　二　北方文士对武与侠的接受及诗歌表现 …………………… (138)
　第二节　"河朔"文学审美传统的形成 ………………………… (140)
　　一　初唐时期"河朔"与"江左"文学概念的提出 ………… (141)
　　二　"河朔"文学审美传统的形成 …………………………… (142)
　第三节　走向心灵的诗歌——王维之诗文与禅 ………………… (147)
　　一　《河岳英灵集》与河汾地域作家 ………………………… (148)

二　唐诗选本中的王维诗 …………………………………（155）
　　三　走向禅境的诗画艺术 …………………………………（158）
第五章　柳宗元与河东柳氏家族 ………………………………（169）
　第一节　河东柳氏家族之南北迁转与柳宗元的家族
　　　　　文化地位 ………………………………………（171）
　第二节　柳宗元之"文"论与"道"论 ………………………（175）
　　一　文人蜂起下的求"道"之论 …………………………（175）
　　二　"道"论与"文"论的离合倾向 ………………………（178）
　　三　清新自然的文风表现 …………………………………（182）
　第三节　"比兴"体与"著述"体的划分及文类 ……………（185）
　　一　"文有二道"的理论观点 ………………………………（187）
　　二　散体文的表现手法 ……………………………………（190）
　　三　行状体的特色 …………………………………………（191）
第六章　大历以后新兴的河东吕氏家族 ………………………（194）
　第一节　河东吕氏家族的文化士人 …………………………（195）
　第二节　大历时期的吕渭到元和时期的吕温 ………………（199）
　　一　大历士人吕渭的诗歌 …………………………………（200）
　　二　吕温的交游与诗文 ……………………………………（203）
　　三　永贞革新背景下的柳、吕并称 ………………………（213）
　第三节　道教徒吕岩的神化与其诗歌的仙化 ………………（218）
　　一　正史记载的缺失与民间传说中的吕岩 ………………（218）
　　二　走向平民化的诗歌 ……………………………………（221）
结语 ………………………………………………………………（224）
附表 ………………………………………………………………（230）
参考文献 …………………………………………………………（238）
后记 ………………………………………………………………（252）

绪　　论

本书所选择的"河东"地域文学文化的探讨，是以北齐隋唐为起止的。从区域史的发生来看，"河东"文化其实处在一个自生自成的发展路径上，尽管在面对史料问题时，不得不面对一些现实的材料问题。美国新史学家詹姆斯·哈威·鲁滨逊在1911年发表的《新史学》中提到了材料的选择问题："所有的普通历史著作，对于反复研究如何选择材料的必要性，似乎没有予以足够的注意。他们显然是被传统束缚住了。他们似乎不知道有大量可备采择的材料。因而对于选择材料，不知不觉地向那条老路走去。"① 新的史学理论认为所选择的材料，基本上决定了本书写作所面对的问题，及背后的精神主旨。在面对宋前史料，尤其是唐前史料时，这一个问题就变得更为复杂化，所面对的主要是正史、笔记小说、诗文集、真伪夹杂的野史及一些家谱、方志等材料，而地方性的历史与文化生活则处在一个材料相对单薄的空间内。其中正史的时间性、集中性、真实性基本是处于一个反复被引证、被验证的背景，确立了相对稳定的真实性历史性地位。而正史多集中于一部分社会精英的历史与社会生活，对区域史及地方文化的素材积累并不是足够丰富的。笔者在进入这一阶段的"河东"文化研究之后，也并没有摆脱这样的局限，尽管在某些细微的材料中见到了小的历史与人物的描述，但仍然没有建立起足够清醒的意识，所以在本书中呈现的主要是对精英性的家族人物与其思想的描述，在地

---

① [美]詹姆斯·哈威·鲁滨逊：《新史学》，商务印书馆2012年版，第3页。

方社会与小人物的建构中，约略有所涉及，却也没有形成写作的重心。其中很大一部分的原因或许是跟自己的学术积淀与地方史材料的理解相关的。

从"河东"文学及文化自身的发展轨迹来看，在大的文学史、文学文化史脉络中，呈现出了既相一致又相区别的一面。从隋唐之交的"河东"文化形态来看，王通王氏家族的《中说》、《元经》等著作的出现并不是偶然的，而是北方地区长期的民族融合及文化融合的反映，当然也包含了南方文化的积极影响。从文化的整体形态来看，集中表现为王通所言的"三教可一"的思想理念，在现实的思想文化及文学层面，又是以多个具体的现象而存在的，诸如儒学与经学，王通的儒学思想是与他对传统经学的理解，对传统经学的重新认识相联系的，儒学由此表现出了新的特点。史书中所见到的"河汾之地，儒道更新"的提法，本身就是对河汾儒学面貌认识的新体现。在进入具体的历史事件与文学、文学现象分析以后，可以感觉到文化庞杂体系中的儒学、经学、孔孟之学、庄老之学、释老之学、文学及隐逸之风、侠义之风，是复杂地纠合在一起的。王通家族成员不一的学术取向，即是一个明证。王绩由儒而道的生命走向，结合了家族、仕宦、性格等复杂的个体经历因素。从隋唐之交王绩的隐逸到中晚唐之际吕岩的归隐与传说，看似一个庄老与儒的结合问题，其实却是两个不同时代的文化背景，前者的隐还有对盛唐的向往，是精神贵族的理想选择，文人化的仕宦模式，有"清流"之美誉。后者则走向了俗世与民间，走进了另一个文化世界。从"河东"文化中的庄老及方术影响来看，这也是一个自然的历程。在庄老的层面，又是与佛学、佛家的心性修养相联系的，这固然脱离不开唐代复杂的民族背后的融合问题，也是佛老及儒相互之间汲取营养以丰富自身理论体系的过程。从王维的纳佛，柳宗元对佛老的接受，及韩愈的排佛来看，不仅是一个如何看待佛教的问题，也是一个如何从佛教中汲取知识以丰富儒学的问题。柳宗元对"自然"的推崇，既是一个积极地理解儒佛关系的方法，也是在"自然"这一层面上，儒与佛老达成了一致，从柳宗元诗文创作实践来看，"辅时及物为道"及"自然"之说，在复古思潮中有回归现实、本真生活的取向，对周孔、扬雄、董仲舒等传统儒学内涵的理解，本之于庄老的自然之说，以自然解儒且全面回归到生活的层面。其文章之学与文体风格的形成，又渗透着对儒与释老关系的理解与接受。

在大的文学文化史学之外，"河东"文学文化又保持了自身相对的独立性。从大家族的迁徙、生成、定型及分裂转型来看，家族的文化发展有自成性，河东几大家族的上升、下降、转型的时间段并不一致，构成了流动而复杂的家族、乡土及长安生活图景。在强势的政治、经济及文化大家族之外，小的家族生活是更为丰富的，河东的樊氏、卫氏、孙氏，并没有三大家族的社会地位，在历史区域生活图景中，或许更能表现乡土本来的一面。这仍旧是一个值得期待的研究视角与生活画面。

"河东"文学文化研究从学科门类上看，仍属于地域文学文化研究。而地域文化的重视，几乎在各个人文类的学科中都有所体现。本书以北齐隋唐段的区域及家族文学研究为例，在历史与现实中，追述地域文化的历史及现当代对地域文化研究的走向。

一　由都邑文学重心向地域文学研究倾向的转移

地域文学研究，脱胎于大文学史的书写。20世纪初期林传甲的《中国文学史》，对于文学的理解是传统的，先述文字、音韵、训诂，之后才论述文体之要，文学的架构是语言学与文体学的结合。吴梅《中国文学史》则以笔记体的形式，委婉叙述了自唐迄清间文学的发展，评述与赏鉴相结合，人物与作品为叙述的主体。这种方式很大程度上也成为后来文学史写作的主要模式。以作家作品为主的叙述模式又体现出了不同的侧重点，作家研究的进一步深化有了传记之类的研究，而作品则突出了文本的本体地位，又朝向诸如诗、词、曲、赋及小说等诸文体的进一步深入研究。作家与作品并不能截然分开，由作家而作品，以作品来反观其人，这也是文风研究的一个重要特点。

地域文学研究也伴随着作家作品研究的进一步深入而发展起来，如作家籍贯、游历等问题虽与地域有关，但并不是凸显在作品中的核心问题。都邑,尤其是汉唐之长安,南朝之建康,两宋之汴京、临安,较之其他城邑,在文学作品中占据了极大的比重。表现在文学作品题材上,都邑文学开始进入诗赋等文体中。汉代赋体文学中,都邑之繁荣有了浓墨重彩的渲染,《两都赋》、《两京赋》、《蜀都赋》等赋体文中,开始对都邑历史沿革、地理形胜、楼阁建筑、闾阎风情进行了细致的描摹,而呈现出壮观、雄奇的特点。唐初卢、骆的歌行体诗《长安古意》、《帝京篇》,以"赋体歌行"的形式对皇城长安做了描述:"山河千里国,城阙九重门。不睹皇居壮,安知天子尊。"① 将长安之繁华夸饰得璀璨夺目。清人徐增以为"宾王此篇,最有体裁,节节相生,又井然不乱。首望出帝居得局;次及星躔山川,城阙离宫;次及诸侯王贵人之邸第,衣冠文物之盛、车马饮馔之乐,乃至游侠倡妇,描写殆尽;后半言祸福倚伏,交情变迁。总见帝京之大,无所不有"②。宋代柳永《望海潮》则描写临安城旖旎风光及富贵生活,复活了宋时杭州城的生活图景。

乐府文学中,都邑生活也是一个重要主题。以汉乐府古题曲辞《长安有狭斜行》为例:"长安有狭斜,狭斜不容车。适逢两少年,挟毂问君家。君家新市傍,易知复难忘。大子二千石,中子孝廉郎。小子无官职,衣冠仕洛阳。三子俱入室,室中自生光。大妇织绮纻,中妇织流黄。小妇无所为,挟琴上高堂。丈夫且徐徐,调弦诓未央。"③ 由闹市两少年问路,而引出君家的三子与三妇,借助人物侧面描写来显示其社会地位及性格特点,文风质朴且清浅。西晋的陆机、南朝的沈约也热衷于此一古辞的创作,喜欢用赋体铺排笔法点缀帝京之壮丽与贵族之豪奢。如陆机之作:"伊洛有歧路,歧路交朱轮。轻盖承华景,腾步蹑飞尘。鸣玉岂朴儒,凭轼皆俊民。烈心厉劲秋,丽服鲜芳春。余本倦游客,豪彦多旧亲。倾盖承芳讯,欲鸣当及晨。守一不足

---

① (唐)骆宾王:《骆临海集笺注》,(清)陈熙晋笺注,上海古籍出版社1985年版,第6页。

② (清)徐增:《而庵说唐诗》,陈伯海编《唐诗汇评》,浙江教育出版社1995年版,第150页。

③ (宋)郭茂倩:《乐府诗集》卷三五《相和歌辞》,中华书局1979年版,第514页。

矜，歧路良可遵。规行无旷迹，矩步岂逮人。投足绪已尔，四时不必循。将遂殊途轨，与子同归津。"① 帝京生活的极尽繁华与诗人内心的落寞孤单之感交相辉映，耀眼夺目的金饰华服外表下呈现出内心的彷徨无依之感。都邑主题中，皇城由于其政治中心的地位，吸引了诸多怀有将相理想的文人士子的到来，其文化色彩上熔铸有太多的政治梦想，在与政治或远或近的关系中，激荡起了不同的情思，悲喜哀愁中都离不开对皇城的政治向往，而向往之中欣喜与焦灼忧虑交相作用，从终极体验来看，焦灼之情又远胜于短暂片刻的欢愉，故伤感之情成为古诗所主要寄托的情思。

在都邑主题的选取上，国都、皇城相对别的城邑而言有更重要的地位，很大程度也是文学作品产生的地理空间，汉唐的长安即成为文人留恋的实现人生政治理想的家园，由此政治家园又衍生出了一系列的情感，而更丰满了这一理想碰撞现实的土地。同时的洛阳、开封等地则附属于京邑，文化上的地位并不如长安显赫。而都邑文化研究中，国都之重要性也在城邑之上，由此形成由国都而辐射外围城邑的文化研究视角。霍松林先生在《唐诗与长安》② 一文中，对唐诗与长安的关系做了深入探求，也启发了后来学者的研究思路。以长安为中心的关中文学在汉唐文学发展的主线上占据了重要位置，也成为一个研究热点。曹道衡先生的《关中地区与汉代文学》③、《西魏北周时代的关陇学术与文化》④、《东汉文化中心的东移及东晋南北朝南北学术文艺的差别》⑤ 等系列论文，对长安之文化学术特点进行了探索。此后，刘跃进先生承袭门轨，在《秦汉文学论丛》（凤凰出版社2008年版）一书中，对秦汉各地区的学术与文学发展进行了论述。洛阳作为长安的陪都，是汉唐文学论述的另一个中心，不同于以长安为中心的

---

① （宋）郭茂倩：《乐府诗集》卷三五《相和歌辞》，中华书局1979年版，第514页。
② 霍松林：《唐诗与长安》，《文史知识》1992年第6期。
③ 曹道衡：《关中地区与汉代文学》，《文学遗产》2002年第1期。
④ 曹道衡：《西魏北周时代的关陇学术与文化》，《文学遗产》2002年第3期。
⑤ 曹道衡：《东汉文化中心的东移及东晋南北朝南北学术文艺的差别》，《文学遗产》2006年第5期。

关中文化，洛都所形成的是河洛文化圈。对汉唐洛阳文学与文化的研究并不如长安深入，高进旗《论河洛文学的道家文化语境》①一文，以历史发展所形成的文化印记追忆洛阳，在大传统中与小传统中分析河洛文学的道家文化语境。刘保亮《洛阳王都与河洛文学》②一文，以洛阳城、上阳宫、北邙来解码河洛文学，认为由之所构成的视觉图像，召唤历代"流动凝视"的登临者对其进行意义编码和文学创生，等等，多是从大的文学发展的粗线条来分析洛阳与河洛文学的关系。

都邑文学的研究，也进一步带动了以其为中心的区域文化圈的研究。《尚书·禹贡》篇将天下分为冀州、兖州、青州、徐州、扬州、荆州、豫州、梁州、雍州九州，而划分的背景是"随山浚水，任土作贡"，可见自然地理形态是九州划分的基本依据。《史记·货殖列传》中有了山西、山东、江南、龙门、碣石的具体地理位置，且言"夫山西饶材、竹、谷、纑、旄、玉石；山东多鱼、盐、漆、丝、声色；江南出棻、梓、姜、桂、金、锡、连、丹砂、犀、玳瑁、珠玑、齿革；龙门、碣石北多马、牛、羊、旃裘、筋角；铜、铁则千里往往山出棋置"③。以土产来区分不同的区域特点，又云河东、河内、河南三河之地"土地小狭，民人众，都国诸侯所聚会，故其俗纤俭习事"④。三河的划分显示出了与民风民俗相关的一面，有文化的印记，凸显出人文的色彩。汉以后史书专列《地理志》卷，所列行政区划经历了郡、国、道、路等名称的变化，也体现出了以自然地理为基本构图，又充分具备了各自民风民情的人文特点。

自然地理是人文地理的基础，而人文地理的形成又进一步促成地域文化形成张力。在自然地理、人文地理、地域文化三个横断面上，所体现的是人类文明的作用力，也是一个由客观展示到主观呈现的动态形成过程。在自然地理的层面上，自然是本位的，也是独立存在

---

① 高进旗：《论河洛文学的道家文化语境》，《河南科技大学学报》2009 年第 5 期。
② 刘宝亮：《洛阳王都与河洛文学》，《洛阳师范学院学报》2012 年第 3 期。
③ （汉）司马迁：《史记》卷一二九《货殖列传》，中华书局1959年版，第3254页。
④ 同上书，第3263页。

的。而人文地理的确立则经历了人类对客体自然界的再认识过程,文化形态上以民风民俗等人文景观为直接表现对象。地域文化则立体地呈现出了乡土背景,且以乡土为基点,在时空上展开了充分探求,更多地凝结了对区域间文化差异的体认,又将这种差异性作为特点。对于地域文化的研究者而言,往往将地域赋予浓厚的人文色彩,在历史的观照中将地域与政治、经济、艺术及文学等结合起来考察,在客观的自然地理背景中融入了主体的情思,又将主体的情思进一步折射出或主观或客观的人文认同,从而确立了地域文化或者文学研究的意义及价值所在。

于唐文学南北之别而言,最著名的论断莫过于魏徵《隋书》所论及的:"江左宫商发越,贵于清绮;河朔词义贞刚,重乎气质。气质则理胜其词,清绮则文过其意;理深者便于时用,文华者宜于咏歌,此其南北词人得失之大较也。"① 清绮与气质之美分别归属于江左与河朔,由之体现出南北文学不同的特色和功用,南人重修饰而流于歌咏之喜好,北人则明理而重实用。于南北诗歌之差异,明人王偁以为:"南人学诗讲用字,故精于炼句;北人学诗讲用意,恒拙于谋篇。南人之所不能者,北人能之者亦少;北人之所不能者,南人能之者或多。盖北人性笨,南人性灵之故。然则咏物之作,北人断不及南,而考据吊古之诗,南人或逊于此。"② 从诗歌之体上区别南北文学之异、地理之别、风土民情之异、各体文学之差异,古今文人皆喜谈,且市井百姓也津津乐道。

在南北两个相对较大的地域范畴之外,更为细致的地域之别也为学者所重视。清末学者梁启超在系列地理著作中,曾就人文地理学的地域特征等特点做了阐释。以《中国地理大势论》、《地理与文明之关系》、《亚洲地理大势论》等为代表的著作,观点新人耳目。诸如其论中国南北哲学派别之异:"吾国学派至春秋战国间而极盛。孔墨之在北,老庄之在南,商韩之在西,管驺之在东。或重实行,或毗理想,

---

① (唐)魏徵:《隋书》卷七六《文学传·序》,中华书局1973年版,第1730页。
② (明)王偁:《瓣香杂记》卷五,道光十四年刊本。

或主峻刻，或崇虚无，其现象与地理一一相应。"① 经学亦区分南北，北人最喜治三礼，南人最喜治易；佛学北土极盛天台、法相、华严，而禅宗独起于南；辞章上南北风格也大异，燕赵多慷慨悲歌之士，吴楚多放诞纤丽之文；美术，北以碑著，南以帖名。帖为圆笔之宗，北碑为方笔之祖等等。《近代学风之地理的分布》，更以十八行政区划分节②，细述各个政区清代学术之特点。如述直隶及京兆地区，"直隶京兆今之畿辅而古燕赵也。自昔称多慷慨悲歌之士，其贤者任侠，尚气节，抗高志，刻苦，重实行，不好理论，不尚考证。明清之交多奇士，乾嘉以降，渐陵夷衰微矣。"③ 又如浙江地区，提出浙西与浙东各自有其文化特色。浙西——杭嘉湖之学风，与江苏——苏松常如出一辙，事实上，应认为一个区域。故章实斋浙东学术篇以黄犁洲代表浙东，而以籍隶江苏之顾亭林代表浙西等等。

近代史学家陈寅恪在论述隋唐政治制度渊源时，提出了江左、山东、关陇三大地域④，并在此基础上分析了各个地区所承袭的文化脉络，指出隋唐制度不出三源：一曰（北）魏、（北）齐，二曰梁、陈，三曰（西）魏、（北）周。基于此，从政权更替、文化流转的大背景下，指出北齐所承袭的主要是汉、魏、西晋之礼乐政刑典章文物，及东晋至南齐间所发展变化的成果。同时指出北魏、北齐文化中亦含有西凉文化。能够代表北魏、北齐的即是旧史所言"山东"地域板块；又指出梁、陈之一源，而未被北魏、北齐所吸收，乃辗转流传至隋唐才渐被接纳，所代表的是"江左"地域板块；而西魏、北周文化有别于山东文化特异之处，或承袭魏、西晋之遗风，或为六镇鲜卑

---

① （清）梁启超：《中国地理大势论》，《饮冰室文集》之十，台湾中华书局1978年版，第84—85页。

② 梁氏所用十八行政区分别为：直隶及京兆、陕西、山西、甘肃、河南、山东、江苏、安徽、浙江、江西、湖南、湖北、福建、广东、广西、四川、云南、贵州等，另附有奉天、蒙古及满洲国。

③ （清）梁启超：《近代学风之地理的分布》，《饮冰室文集》之四十一，中华书局1978年版，第48—81页。

④ 陈寅恪：《隋唐政治制度渊源略论稿》，生活·读书·新知三联书店2001年版，第4页。

之野俗，从地域而言，乃关陇区内保存之旧时汉族文化，以适应鲜卑六镇势力而产生的混合品。

另一学者饶宗颐先生在《论战国文学》中曾专门提及了"战国文学的地域性"①问题，以秦、晋、齐、楚、燕为五个重要单位，从各地音声之异及士人、士风之特点谈及文学特征之区别，认为周地多以歌诗为主，与战国时商业重镇的地位相联系；燕、代居于北方边境之地，其音多以悲歌慷慨闻名；秦地充分接受周文化，文体继承较为全面；楚国多楚方音，人文蔚盛，指出其地寓言、说理文及赋体文的代表性，同时又有天学的阐发及怀疑精神的发扬；古赵国汇聚诸法家，而法家深抑文学，故中州文风，不及齐楚，文章亦朴质无华等等特点。各处小论点谨小深邃，周恰合宜。这些论述稳扎稳打，可见老一辈学者良好的史学、地理学根基，古文渊雅有源而显示出文学上别具一格的鉴赏力。

20世纪80年代以来，地域文学研究开始走向繁荣，一方面对地域、地域文化及地域文学的理论探讨趋向深入，对地域文化板块的划分在原有基础上也更为细致。如梅新林在《中国古代文学地理形态与演变》一书中，将文学地理分为"内圈"的燕赵、三秦、中原、齐鲁、巴蜀、荆楚、吴越、闽越八大区系，和"外圈"的东北、北部、西北、西南四大文学区系，且内圈的八大区系在轮动、演化中不断扩散且内外互动，经过各代的文学"拓边"而形成了"外圈"的八大区系。②王祥《试论地域、地域文化与文学》一文则对地域文学提出了三个不同层面的理解：首先是地域的概念。地域是一个空间的、文化的概念，因此必须具有相对明确而稳定的空间形态和文化形态，这是理解地域和地域文化的基点；地域是一个历史的概念，因而涉及时间和传统；地域是一个比较性的概念，因此必定要有某种可资比较的参照物或参照系；地域又是一个立体的概念，自然地理或自然经济地

---

① 参见饶宗颐《论战国文学》一节中"战国文学的地域性"等内容，台湾学生书局1991年版，第198—203页。

② 梅新林：《中国古代文学地理形态与演变》，复旦大学出版社2006年版，第16—17页。

理之类可能是其最外在最表层的东西，再深一层如风俗习惯、礼仪制度等，而处于核心的、深层的则是心理、价值观念[①]等。另一方面，在区域范畴的区分更趋细密的前提下，各地域文化与文学研究之作层出不穷，这些学人或出于对乡土的思恋之情，或者出于对地域文化差异的喜好之情。总体上看，初出茅庐的一批学人多仍在门径处徘徊，观点及论述的逻辑、精准度及结论的妥帖并不如已成熟起来的学者，而这些文章又占据了期刊论文的大部分，多给人以遍地开花而质量不精之感。然地域文学研究的兴起已是当前学术研究的必然趋势，在批判的同时也应给予鼓励帮助，辅助学科及学人的健康成长。

作为文学研究的基本维度——作家与作品，都渗透了浓郁的地域因素。而都邑又集中地体现了地域文化，且将这种凝聚力播撒在都邑文化的各个角落。就作家作品的扩张力而言，都邑尤其是京邑又具有最强的表现力，作为外围的区域文化又间接地传递着文化意识。从作品的现有形态来看，所形成的是自内而外的文学表现力，由京邑—都邑—区域构成了一个作品发生的渐弱扩散途径。而从作品之所以形成，文学风气之所以形成表现力来看，又是一个由区域—都邑—京邑，逐渐凝聚起来的聚合过程。前者自内而外，揭示了文学作品的作用力；后者则自外而内，演示出作品所以生成的内在地域文化诉求。地域文学的研究从外表看，是不同于文学史、作家作品研究的一个新问题，而内在则诉诸文学本质问题的深入探讨，所力求解决的方向仍旧是对作家作品的深入认识与探析，从这一点上看，仍旧脱不开文学史学的研究。

二 地域文学研究的新旧思路

进入 21 世纪以来，地域文学研究在古典文学学科中扮演了重要的角色，其重要性一方面体现在对学科建设和发展的理论探讨和理念思索上，另一方面也是推动文学研究进一步走向深入化，同时揭示文化历史真正面貌的目的性使然。杨义先生在诸子还原研究系列中的发

[①] 王祥：《试论地域、地域文化与文学》，《社会科学辑刊》2004 年第 4 期。

现，如"老子可能是母系社会的产物"、"庄子是楚庄王的后代"、"墨子与鲁南鄙的东夷草根文化的关系"、"韩非子脐带文化中的三晋法家因素"、"《论语》有曾门制造的家族神话"、"《孙子兵法》中闪现着家族记忆"等，① 即是在"重绘文学地图"与"文化生命还原"的个体理念背景下发现的，其中也体现着怀疑与设论，同时又反复求证的逻辑思维过程。这些令人耳目一新的结论的得出，与地域文化所以形成的内在理论思维方式相关，也体现出了地域文化研究方法的成功运用。

　　从近二十年来的研究成果看，地域文学研究取得了长足的进展。最为突出的表现还是学理上的建构，在文化地理学、文化人类学、民俗学、社会学等较为成熟的学科理论体系之外，文学地理学，或者地域文学、地域文化的一批学者，尤其是活跃于古典文学学科的一批学者开始尝试构建这门学科的理论体系，对地域、地域文化、地域文学的学科辨析更趋清晰，同时将诸多地域文学现象，如文学流派、文学风格、文学传统或者更具体的审美倾向、诗体及文体等的特点放在地域与地域文化的双重背景下进行解析，这为重新解读作家作品提供了更为新颖的模式。以李浩先生为首，其对于地域文学等问题的学理思索是随着《唐代三大地域文学士族研究》、《唐代关中士族与文学》等著作的出版而来，由此发表了《从人地关系看唐代关中的地域文学》②、《古代文学研究的困境与学术突围》③、《地域空间与文学的古今演变》④、《大唐之音和而不同——以唐代三大地域文学风貌为重心的考察》⑤ 等系列文章，集中于地域文学现象的整理分析。对于唐代关中、江左、山东三大地域文学的合流问题，认为"由于文学的地域传统及各地域发展的不平衡性，使唐代文学仍具有浓郁的地方色彩，

---

① 杨义：《方兴未艾的家族和家族文学研究》，《华南师范大学学报》2011年第3期。
② 李浩：《从人地关系看唐代关中的地域文学》，《西北大学学报》1999年第6期。
③ 李浩：《古代文学研究的困境与学术突破》，《河南社会科学》2003年第6期。
④ 李浩：《地域空间与文学的古今演变》，《陕西师范大学学报》2005年第3期。
⑤ 李浩：《大唐之音和而不同——以唐代三大地域文学风貌为重心的考察》，《文学遗产》2005年第4期。

文学的统一与合流仅仅是一种理想，文学的空间差异始终存在。大唐之音，和而不同"①的结论，厘清了政治的大一统不等同于文学的统一、文风的合流等学术观点。李浩先生的系列论文是以由魏晋而唐的地域文学、尤其是关中文学现象为核心的。

此外，蒋寅先生有《清代诗学与地域文学传统的建构》一文，认为"在清代诗学中，地域意识已是渗透到诗论家思想深处的一个不可忽视的变量因素，经常在具体的诗歌批评和诗学论争中潜在地影响着论者的见解和倾向性"②，强调了地域意识在清代诗歌研究中的重要性问题。乔力、武卫华在《论地域文学史学的研究方法》③中强调了地域文学史学，由"主流—流变"以统领观照全局的研究模式。

另有多篇关于地域文学学理探索的文章：如乔力《地域文学史研究刍议暨山东文学流变研究例试》④、郝明工《区域文学刍议》⑤、李敬敏《地域自然环境与地域文化和文学》⑥、《全球一体化中的地域文化与地域文学》⑦、周晓琳《古代文学地域性研究的回顾与前瞻》⑧、袁志成、唐朝晖《地域文学兴起的原因与表现形式》⑨等文章，对地域文学研究中出现的问题给予理论阐释。

---

① 李浩：《大唐之音和而不同——以唐代三大地域文学风貌为重心的考察》，《文学遗产》2005年第4期。

② 蒋寅：《清代诗学与地域文学传统的建构》："长期以来，我们形成了从'知人论世''以意逆志'到按时代为序，作家、作品加社会文化背景三要素组合式的主流模式，而地域文学史对之接纳的同时，又具有相对独立性，即'主流—流变'以统领观照全局的研究模式。"《中国社会科学》2003年第5期，第176页。

③ 乔力、武卫华：《论地域文学史学的研究方法》，《理论学刊》2006年第6期。

④ 乔力：《地域文学史研究刍议暨山东文学流变研究例试》，《东岳论丛》2001年第6期。

⑤ 郝明工：《区域文学刍议》，《文学评论》2002年第4期。

⑥ 李敬敏：《地域自然环境与地域文化与文学》，《文学评论》2002年第4期。

⑦ 李敬敏：《全球一体化中的地域文化与地域文学》，《西南民族大学学报》2002年第5期。

⑧ 周晓琳：《古代文学地域性研究的回顾与前瞻》，《文学遗产》2006年第1期。

⑨ 袁志成、唐朝晖：《地域文学兴起的原因与表现形式》，《天府新论》2009年第4期。

从地域文学研究成果的走向来看，凸显出了三大块，即都邑、文学群体及家族问题。其中家族问题是近十年来非常热的一个话题，现有地域文学的多篇文章都以家族问题为重点，硕博论文更是形成了一个异常集中的焦点。下一问题以地域家族为基点，此暂略不谈。

都邑问题是一个重点，长安始终是汉唐文学研究的一个重点。2010年王早娟博士《唐代长安佛教文学研究》[①]一文，全面梳理了《唐代长安佛教文学》包含的文学创作者、文学现象及文学作品，首次全面呈现了唐代长安佛教文学发展的基本风貌。关于洛阳的文章也较多，除去前所述及的单篇论文外，有刘冬亚《唐代洛阳诗歌研究》[②]一文。其他论文有吴绵绵《泉州地域文学的特点及其影响和地位》[③]、敖运梅《清初浙东地域诗学：传统因循与风格嬗变》[④]等。

另有一些文章，则从地域文学的角度对文学群体的生成及特点进行观照，如钱志熙先生《试论"四灵"诗风与宋代温州地域文化的关系》一文，经过具体翔实的文史论证，得出如下结论："永嘉四灵在大的诗学宗旨方面虽有局限，但取径是确实可行的，其取得的艺术成就也很突出。由此可见，水心的诗学是有体有用，切实可行的。这恐怕也是永嘉学派实事求是，坐而论究、起而可行的学风在诗学上的反映。从这一点上看，永嘉四灵与永嘉学派之间有内在的一致性，都反映了东瓯文化进取务实、重视实际效果的精神。正是这种精神，使永嘉学派能够从北宋以来体大而用微的学术框架里超脱出来，建立起事功经制之学。也是这种精神使四灵能够成功利落地摆脱中唐以来宏大而又多歧的诗学体系，从比较纯粹的诗艺入手，侧重唐律，取法中晚

[①] 王早娟：《唐代长安佛教文学研究》，博士学位论文，陕西师范大学，2010年。
[②] 刘冬亚：《唐代洛阳诗歌研究》，硕士学位论文，广西师范大学，2012年。
[③] 吴绵绵：《泉州地域文学的特点及其影响和地位》，《江西科技师范学院学报》2011年第5期。
[④] 敖运梅：《清初浙东地域诗学：传统因循与风格嬗变》，《文艺评论》2012年第2期。

唐，以纯粹的诗境为追求目的，从而迅速地取得效果。"① 在四灵诗风、永嘉学派与东瓯文化特点之间建立了理性的逻辑联系，在诗歌、学术背后发掘共通的人文因素特点，且将这种特点在具体发生情境的东瓯地域文化背景下加以总结提炼。关于温州诗歌的论文，另有杨万里《地域文学交流与南宋温州诗歌创作》一文，认为："温州乾淳派诗人与江西、临安诗坛的文学交流，及时将主流的诗学思潮带回了温州诗社，使温州诗歌创作，站在了与主流诗坛大致相同的起点。温州诗人从江西诗人们那里借鉴到的最重要的诗学观念是诗歌题材回归到日常生活。诚斋、二泉是当时温州诗人重点学习的对象。到四灵辈诗人时，温州诗歌渐露自家面目，温州诗坛与江西诗坛之间已然是隐然的竞争关系。临安诗坛带给温州诗界最重要的诗学观念是：生活与艺术分离，艺术独立性日益增强。张镃、姜夔等人的诗学，早已上溯六朝，启迪了四灵的诗歌美学观念。"② 对南宋温州诗歌风格的形成来源进行了细致的地域及诗派归因。

此外，关于文学群体研究的文章，还有罗时进、王文荣《清代吴地"九老会"文学活动探讨》③，韩大强《大唐之音 和而不同——论唐代河南作家群体的文学特征及文学精神》④，丁俊丽《论清代中期岭南地区的宗韩之风》⑤，陈超《集会与地域：明清湖州怡老会的地域文化阐释》⑥，耿传友《明代徽州文人结社综论》⑦，周潇《"齐

---

① 钱志熙：《试论"四灵"诗风与宋代地域文化的关系》，《文学遗产》2007年第2期。

② 杨万里：《地域文学交流与南宋温州诗歌创作》，《文学与文化》2010年第2期。

③ 罗时进、王文荣：《清代吴地"九老会"文学活动探讨》，《苏州大学学报》2009年第1期。

④ 韩大强：《大唐之音 和而不同——论唐代河南作家群体的文学特征及文学精神》，《文学研究》2008年第2期。

⑤ 丁俊丽：《论清代中期岭南地区的宗韩之风》，《西北师大学报》2011年第1期。

⑥ 陈超：《集会与地域：明清湖州怡老会的地域文化阐释》，《江汉大学学报》2011年第1期。

⑦ 耿传友：《明代徽州文人结社综论》，《安徽大学学报》2012年第3期。

风"与"齐气"——万历朝山东诗坛》①,张燕波《论明代金陵六朝派的发端与发展》②等。

另有一些文章,从一个小的社会历史问题入手,揭示其中的因果关系,如罗时进《清代江南文学发展中的"舅权"影响》一文,认为:"母舅身份者,正是他们自觉地利用具有原始社会孑遗色彩的'舅权',以姊妹家庭重要责任者的面貌出现,将家学传承的人物担当起来,以坚定的文学介入的姿态为'舅甥关系'做出了最富有人文关怀的诠释。这样的'舅甥关系'实际上表现为一种文学性的关系,它不但对江南地区文学环境产生了影响,同时也对家族作家的创作和地域文学的发展发生了一定作用。"③从"母舅"身份的特殊性角度切入,结合了社会学、人类学等学科的知识,以"舅甥关系"中血缘性为基点,由血缘而文学,从而在家族文学与地域文学之间确立了可以成立的逻辑关系。这些新时期的研究之作,相对于传统研究方法而言,更多地体现出理论建树新颖、角度求新求变的特点。

若将视线推向 20 世纪初期,1905 年刘申叔发表的《南北文学不同论》,已经开始对南北文学之不同进行总结,"南北文学之所以不同,一为声音,声音既殊,故南方之文亦与北方迥别。二为水土,大抵北方之地土厚水深,民生其间,多尚实际,南方之地水势浩洋,民生其间,多尚虚无。民尚实际,故所著之文不外记事析理二端;民尚虚无,故所作之文或为言志抒情之体"④,又论及鲍照,"鲍照诗文,义尚光大,工于驰骋;然语乏清刚,哀而不壮。大抵由左思而上效苏、张。此亦南文之一派也",在文体流变上寻求传递路径,且将之在地域文学特点上进行归因,这种研究思路与后来的曹道衡先生、唐长孺先生有相似之处。后来的罗根泽先生在唐代文学对六朝文学的汲取之南北差别上,认为"首先反对六朝文学者,是隋朝的李谔及王通;而唐代的有名古文家,除陈子昂外,又大半是北人;就中的元

---

① 周潇:《"齐风"与"齐气"——万历朝山东诗坛》,《管子学刊》2006 年第 1 期。
② 张燕波:《论明代金陵六朝派的发端与发展》,《南京大学学报》2008 年第 3 期。
③ 罗时进:《清代江南文学发展中的"舅权"影响》,《江海学刊》2011 年第 5 期。
④ 刘师培:《刘申叔遗书》,江苏古籍出版社 1997 年版。

结、独孤及，不惟是北人，且是胡裔；所以古文实兴于北朝，实是以北朝的文学观打倒南朝的文学观的一种文学革命运动"①，"唐代的古文运动继承的是北朝传统，是以北朝的文学观，代替南朝的文学观，唐初文学逐渐以'北'代'南'"②等，在文学传统与文学观念上的变化寻找地域文化上的基因，在北人与北朝的文学观、南人与南朝的文学观上建立起学理联系，为唐代古文运动所继承的文学传统在地域文化上寻找根源。这种旧型的学理思维在新时期仍有承继，米玉婷《春秋秦地文化与地域文学研究》一文，认为："从春秋时期秦人的文学创作和文学作品，到秦人在朝聘会盟中的文学活动——赋诗言志，再到平时社交中的说理言论，从不同方面反映出了春秋时期秦人的文学水平和文学思想，表现出他们在接受了周先进文化的基础上，又吸收了戎狄等少数民族的文化因素，同时还保留了秦人自己特有的文化，呈现出多元性和地域性的特点。因而，秦人的文学作品，不管是成篇的诗章，还是平日的言论，都表现出较高的文学水准和富有特色的文学情调，在中国文学发展史上，上承周文化之精要，下启汉文化之繁荣，占有重要的位置。"③对秦地文化所吸收周先进文化和戎狄文化之多元性特点进行了论析。对《蒹葭》一诗的文学之源，提出其"更可能是遗留在周人故居岐地，被秦人接管的周之旧臣追慕周朝的诗歌"的说法，新人耳目。另有多篇文章也在文学表现与地域文学传统之间进行溯源和归纳，提炼出观点。

近二十年以来的研究之作呈现出了数量多、学理性强、多学科综合等新特点，同时也有对老一辈学者传统研究方法的承继，新与旧兼存。新的方法固然有其价值所在，但也潜藏着脱离文学本位研究的危机。而传统的研究方法在回溯文学的地域文化之源时，在文学与地域之间的关系上也需要仔细审量。

---

① 罗根泽：《中国文学批评史》第二册，上海古籍出版社1984年版，第113—114页。

② 同上书，第120页。

③ 米玉婷：《春秋秦地文化与地域文学研究》，硕士学位论文，西北师范大学，2007年。

三 地域与家族之衍生品——区域家族文学研究的兴盛

家族文学研究立足于地域的基点。陈寅恪先生曾提及汉唐学术的特点，"自汉代学校制度废弛，博士传授之风气止息以后，学术中心移于家族，而家族复限于地域，故魏、晋、南北朝之学术、宗教皆与家族、地域两点不可分离"①，强调了家族与地域因缘对汉唐学术研究的重要性。李浩则进一步指出，"从学理上说，家族是一种血缘性组织，是血缘性纵贯轴的基元。其存在具有地缘特征，氏族郡望不过是'血缘的空间投影'，家族既具有血缘与地缘的双重性，所以其与地域实际上是相互重叠、合二为一的"②，可见家族既先于氏族郡望之产生，同时也伴随着氏族郡望之形成。地域文学研究中所凸显出来的家族热，也从一个侧面说明家族之于地域的重要性。

从现有区域家族文学的研究成果来看，呈现出魏晋南朝与明清两个热点，唐代集中在初盛唐时期，其次是宋代与两汉，元代则较为冷清。清代又是其中家族现象最为突出的。朱彝尊谈及浙江嘉兴一地文学之盛的情况时，曰："乡之大夫士好读书，虽三家之村，必储经籍"，"田野小民皆教子孙读书"。③ 又"户户读书，入井西之图画。人人谈理，擅江左之风流"④。清人胡韫玉也曾论及清家学之盛："国朝学术极盛，余姚黄氏、鄞县万氏、高邮王氏、嘉定钱氏，其父子兄弟类能著书立说，成一家之言。家学之盛，超轶前古。"⑤ 又整个清代

---

① 陈寅恪：《隋唐政治制度渊源略论稿·礼仪篇》，生活·读书·新知三联书店2001年版，第20页。

② 李浩：《从人地关系看唐代关中的地域文学》，《西北大学学报》1999年11月刊，第133页。

③ （清）朱彝尊《曝书亭集》卷三八《太守佟公〈述德诗〉序》，清康熙五十三年写刻本。

④ （清）朱彝尊《曝书亭集》卷六一《重修嘉兴府儒学蓁疏》。

⑤ （清）闵尔昌《碑传集补》，《清碑传合集》卷四〇，上海书店出版社1988年版，第3574页。

文化中"惟有私学无官学，有家学无国学"①，这与魏晋时期"士大夫止知有家，不知有国"②的家国关系有相似之处。魏晋南北朝时期，世族大家拥有政治和经济上的优势，文化上也形成了以传统的经学、儒学为主的家学特点，而清代的家族则更多地体现出文化家族的身份特点，喜好钻研学问与诗画性情的培养成为清代家族较为普遍的特点。家学之盛，国学之弱，成为魏晋南朝与满清家族现象共有的特征，这与研究成果上呈现出的重心倾向也是一致的。

从已发表的论著来看，魏晋南朝的家族研究著作有杜志强《兰陵萧氏家族及其文学研究》、张明华、李洪亮《曹氏文学家族研究》等，明清时期的家族研究多于前者，有朱丽霞《清代松江府望族文学研究》、蔡静平《明清之际汾湖叶氏文学世家研究》、凌郁之《苏州文化世家与清代文学》等。从期刊发表文章来看，内容集中于两点，一是对于家族学学理的思索和建构，二是基于家族文学之表现等方面的研究。2003年李真瑜先生发表《文学世家：一种特殊的文学家群体》一文，指出了文学世家所带有的家族文化的特征："其一，文学世家的形成明显表现出家族在文化上的长期积累，这是一个诗书传家的过程。其二，理论和创作上的家学特点。其三，女性作家的出现。吴江叶氏文学世家也是如此，在他一门九位作家中有女作家四人，竟占了近半数。在中国封建社会，较之男性作家，女性作家背后的家族文化的因素起着更为明显的作用，换句话说，在一个缺少文化素养的家庭，很少接触到社会文化教育的女性成为一个诗人的可能性几乎是不存在的。因此，从这个意义上说，女性作家的出现本身就是家族文化的产物。清人袁枚也云：'闺秀能文，终竟出于大家'（《随园诗话》卷三），揭示了女性作家所以出现的必要的家族背景。其四，延续时间长。其五，家族文学作品的编辑刊刻。"③这些特征的得出多是以清

---

① 刘师培《南北考证学不同论》，《刘师培学术论著》，浙江人民出版社1998年版，第160页。

② （南朝·宋）刘义庆：《世说新语笺疏》，（清）余嘉锡笺疏，中华书局1983年版，第46页。

③ 李真瑜：《文学世家：一种特殊的文学家群体》，《文艺研究》2003年第6期。

代文学世家为参照的，同时也概括出了清代文学世家的特点。2009年罗时进发表《文学家族学：值得期待的研究方向》，分析了家族学兴起的原因："文学家族学研究在学界受到重视、形成一定的观念并付诸实践，这固然受到国内外文学地理学、文化人类学、社会学、地方性知识理论以及方兴未艾的家庭史研究的影响，但更深刻的原因是研究者在传统的文学研究范围内对既定的研究方法操练得过于烂熟而企图突围、力求创新。"① 此后家族文学的研究又走向一个高潮。2012年，他又继续发表《家族文学研究的逻辑起点与问题视阈》一文，强调家族对文化研究的基础性作用："'家族'是中国文化一个最主要的柱石……中国文化，全部从家族观念上筑起，先有家族观念乃有人道观念，先有人道观念乃有其他的一切。"② 另一学人胡可先则强调了家族文学研究中材料与视角的作用："对于开展原创研究，材料的发掘具有决定性的意义；对于拓展研究境域，视角的选取具有启迪性作用。"③ 并以太原王氏家族、弘农杨氏家族、河东薛氏家族为例给新材料的发现以意义分析，后又从地域视角、婚姻视角、科举视角、政治视角等几个方面强调视角选取的重要性。

林家骊、郑国周发表的《论弘农杨氏在文学史上的地位》一文，即选取了文学家族的研究视角，经过分析论述，得出隋代弘农杨氏："由于政治上的成功，弘农杨氏更加注重文化发展及文学创作，多人酷好文学，在文学'南朝化'的大潮中积极参与诗文创作，并逐渐成为文坛中坚，成为隋代第一文学家族，在隋唐之际承前启后的文学发展中有其独特的价值与地位。"④ 此外，李朝军有《家族文学史建构

---

① 罗时进：《文学家族学：值得期待的研究方向》，《中国社会科学报》2009年第5期，第1页。

② 罗时进：《家族文学研究的逻辑起点与问题视阈》，《中国社会科学》2012年第1期。

③ 胡可先：《唐代家族文学研究的材料与视角》，《中国社会科学在线》2012年11月，第1页。

④ 林家骊、郑国周：《论弘农杨氏在文学史上的地位》，《北京大学学报》2012年第6期。

与文学世家研究》[1]，这些文章反映了学人在研究中的困惑及深入的探索及解惑的内在需求，也在一定程度上推动了文学家族学的研究。而具体的家族文学与文学家族之作则星罗棋布，有吴桂美《东汉文学的家族化和家族的文学化》[2]，周唯一《彭城刘氏诗群在齐梁诗坛之创作与影响》[3]，田彩仙《魏晋文学家族的家族意识与创作追求》[4]，郭丽《魏晋南北朝时期文学家族的兴盛及诗歌创作特点——以陈郡谢氏为中心》[5]，孙虎《清代江南家族教育与地域文学发展关系探讨——以嘉兴文学家族为中心的考察》[6]，胡可先《出土文献与唐代韦氏文学家族研究》[7]，罗时进《清代江南文化家族的文学文献建设》[8]，张剑、吕肖奂《宋代的文学家族与家族文学》[9]，沈文凡、孟祥娟《唐代河南于氏家族文学辑考》[10]，郑礼炬《浙东杨守陈家族的文学创作》[11]，王文荣《论清代京江张氏家族文化及其文学》[12]，周潇《明清德州程氏家族文学研究》[13]等，在对重点文学家族关照的同时，对一些小的家族也有所发掘。

近十年来的硕博论文汇集了数量众多的家族文学研究之作，尤其

---

[1] 李朝军：《家族文学史建构与文学世家研究》，《学术研究》2008年第10期。

[2] 吴桂美：《东汉文学的家族化和家族的文学化》，《求索》2010年第5期。

[3] 周维一：《彭城刘氏诗群在齐梁诗坛之创作与影响》，《中国文学研究》2001年第2期。

[4] 田彩仙：《魏晋文学家族的家族意识与创作追求》，《中州大学学报》2001年第2期。

[5] 郭丽：《魏晋南北朝时期文学家族的兴盛及诗歌创作特点——以陈郡谢氏为中心》，《中国韵文学刊》2011年第2期。

[6] 孙虎：《清代江南家族教育与地域文学发展关系探讨——以嘉兴文学家族为中心的考察》，《苏州大学学报》2012年第6期。

[7] 胡可先：《出土文献与唐代韦氏文学家族研究》，《文学与文化》2011年第3期。

[8] 罗时进：《清代江南文化家族的文学文献建设》，《古典文学知识》2009年第3期。

[9] 张剑、吕肖奂：《宋代的文学家族与家族文学》，《文学评论》2006年第4期。

[10] 沈文凡、孟祥娟：《唐代河南于氏家族文学辑考》，《古籍整理研究学刊》2010年第2期。

[11] 郑礼炬：《浙东杨守陈家族的文学创作》，《宁波大学学报》2008年第3期。

[12] 王文荣：《论清代京江张氏家族文化及其文学》，《宁波大学学报》2009年第6期。

[13] 周潇：《明清德州程氏家族文学研究》，《青岛大学师范学院学报》2010年第6期。

是硕士论文。① 略计41篇，其中：2005年，2篇；2007年，4篇；2008年，6篇；2009年，9篇；2010年，6篇；2011年，5篇；2012年，5篇。从历史时段来看：汉，5篇；唐，5篇；明，4篇；清，5篇；宋，3篇；元，1篇；魏晋南朝，19篇。魏晋南朝集中了多数论文，"地方之大族盛门乃为学术文化之所寄托"②，学人对这一时期世家大族研究的重视，客观上也反映了此一时期家族的独特历史地位。博士论文数量相对较少，略有15篇。③ 与硕士论文将重心放在魏晋南朝不同，汉魏、唐、宋、明清都有涉猎，其中清代又是一个重点。在总结前人成果的同时，又有一定创获，然也有些重复研究，应引起重视。

---

① 这些硕士论文包括：刘光秀：《隋唐之际王氏家族文学研究》（硕士学位论文，华侨大学，2008年）；罗雪梅：《明代南海陈氏家族文学研究》（硕士学位论文，暨南大学，2012年）；赵燕：《汉魏六朝颍川庾氏家族与文学》（硕士学位论文，厦门大学，2007年）；陈天旻：《〈颜氏家训〉与颜氏家族文化研究》（硕士学位论文，江南大学，2010年）；顾世宝：《元代江南文学家族研究》（博士学位论文，中国社会科学院，2011年）；朱平：《清代常州钱氏家族诗歌研究》（硕士学位论文，苏州大学，2012年）；张小波：《明代苏州文氏家族作家研究》（硕士学位论文，上海师范大学，2009年）；王雪华：《两汉马氏家族及其文学研究》（硕士学位论文，西北大学，2011年）；刘旭锦：《清中叶钱塘梁氏家族文化代际传承研究》（硕士学位论文，浙江大学，2009年）；李伟：《初唐"文儒"与河东王氏文学研究》（硕士学位论文，陕西师范大学，2007年）；李云朵：《班氏家族文学研究》（硕士学位论文，西北大学，2009年）；余礼所：《中唐五窦家族与诗歌研究》（硕士学位论文，华东师范大学，2009年）；倪辉：《中唐扶风窦氏文学家族研究》（硕士学位论文，浙江大学，2009年）；马琨：《魏晋南朝的陈郡谢氏与文学》（硕士学位论文，暨南大学，2007年）；吴碧丽：《明末清初吴江叶氏家族的文化生活与文学》（硕士学位论文，南京师范大学，2005年）；王婷婷：《南朝彭城刘氏家族与文学》（硕士学位论文，复旦大学，2010年）；柯镇昌：《龙亢桓氏与文学》（硕士学位论文，厦门大学，2008年）等。

② 陈寅恪：《金明馆丛稿初编》，上海古籍出版社1980年版，第131页。

③ 如下。白晓萍：《宋南渡初期诗人群体研究》（博士学位论文，浙江大学，2006年）；朱焱炜：《明清苏州状元文学研究》（博士学位论文，复旦大学，2004年）；王祥：《宋代江南路文学研究》（博士学位论文，复旦大学，2004年）；梁静：《中古"河东三姓"文学研究》（博士学位论文，陕西师范大学，2006年）；滕春红：《北宋晁氏家族及其文学研究》（博士学位论文，浙江大学，2006年）；孙艳庆：《中古琅邪颜氏家族学术文化与文学研究》（博士学位论文，扬州大学，2010年）；赵红卫：《明清安丘曹氏家族文化与文学研究》（博士学位论文，山东师范大学，2012年）；扬昇：《长洲文氏家族文学研究》（博士学位论文，苏州大学，2011年）等。

四 "河东家族文化与文学"选题的确立

"河东"文化源远流长。晋国为春秋五霸之一，战国时期又形成韩、赵、魏三家分晋的局面，而并立于七雄。秦魏相争之际出现的"西河学派"对河西文化产生了深远的影响。仅一河之隔的河东、河西两地，在分裂之际多会出现不同的政权形态，典型如先秦时期和南北朝时期，其中可能脱离不开族群的影响。从先秦时期的秦晋之争到北魏后的北周、北齐，西部的长安与东部的邺城、洛阳、开封等地为背景的族群政权及族群文化形态可能是矛盾的根源所在。也正是在不断地冲突融合中，才使得"河东"文化独具魅力。

新中国成立后的考古发现，不断地丰富着这一地区的历史文化底蕴。20世纪60年代中期出土了侯马盟书，复现了春秋晚期晋国内部剧烈的政治斗争形势。80年代挖掘出土的天马—曲村一线遗址以丰富的地下文物出产说明了两周时期晋文化的繁荣。本文所指出的"河东"文化是以北齐隋唐的政区划分为背景的，即主要是以晋西南地区，黄河以东的蒲州、绛州为考察范围。关于"河东"民风的记载早在《左传》中已有。《左传·襄公二十九年》记载了吴公子季札适鲁观乐之事：

> 吴公子札来聘。……请观于周乐。使工为之歌《周南》、《召南》，曰："美哉！始基之矣，犹未也，然勤而不怨矣。"为之歌《邶》、《鄘》、《卫》，曰："美哉，渊乎！忧而不困者也。吾闻卫康叔、武公之德如是，是其《卫风》乎？"为之歌《王》，曰："美哉！思而不惧，其周之东乎！"为之歌《郑》，曰："美哉！其细已甚，民弗堪也。是其先亡乎！"为之歌《齐》，曰："美哉，泱泱乎！大风也哉！表东海者，其大公乎！国未可量也。"为之歌《豳》，曰："美哉，荡乎！乐而不淫，其周公之东乎！"为之歌《秦》，曰："此之谓夏声，夫能夏则大，大之至也，其周之旧乎！"为之歌《魏》，曰："美哉，沨沨乎！大而婉，险而易行，以德辅此，则明主也。"为之歌《唐》，曰："思深哉！其有

陶唐氏之遗民乎！不然，何其忧之远也？非令德之后，谁能若是？"为之歌《陈》，曰："国无主，其能久乎！"自《郐》以下无讥焉。①

季札观乐之地，多为秦晋豫旧地，周围环绕着黄河、渭水、汾水、伊水、洛水，气候温暖，资源丰富，适宜人类生活，也诞生了最早的华夏文明。季札所观之《唐》音，与桐叶封弟之史事，传递着此地诚笃守信的民风。

从现有研究状况上来看，地域与家族是两个热点，某种程度上，家族及其文化甚至形成了乡土的反光镜，然而地域又并不是脱离不开家族的。地域文化有自身的传统，家族则内部自行生长传递，一个地域也并不限于一个家族，更多的情况是数个大家族共同定居于此，同时也不可避免地会接受外来地域家族的洗染，然后又是一次新的融合。如此交替上升，形成各个时期相对不同的文化风貌。历史的形成贯穿于"变"，在变化中凸显出诸种文化差异，地域的文化也不尽相同，固有家族的文化风貌只是体现地域文化的一个视角。此外，外来的文化力量，诸如宗教、仕宦、经济、交游、访学等多种因素都有可能对一个地域的文化产生影响，由此看来，家族并不等同于地域，家族文化只能反映地域文化的一个面而已。从文学发展的情况来看，由南北朝而隋唐，构成了两体文学，从地域风貌来看，或者是"宫商发越，贵于清绮"的江左文学，或者是"词义贞刚，重乎气质"的河朔文学，江左与河朔的文学传统，不仅受到固定于乡土的家族影响，与南北朝之际的文化交流关系也甚大。现有的研究倾向是将目光投注在魏晋南北朝的家族研究上，尤其是对南朝大的家族有了较为全面的切入，而北朝则相对较少，只有北地傅氏、弘农杨氏等不多的几篇文章。这与入唐后的南北家族力量对比有较大差异，也即学界在重视南朝家族研究的同时，有忽视对北朝家族研究的倾向。北地三才、薛卢

---

① （春秋）左丘明：《春秋左传注》，杨伯峻注，中华书局1990年版，第1163—1164页。

等诗人都出自北方,尤其是薛道衡,其诗歌风格中杂有南北不同的文学传统,而其成因也要在其个人的生活经历中去寻找,这也脱不开家族的背景。

现有关于河东家族文学研究的硕博论文有:李红《隋唐河东柳氏家族研究——以世系、婚宦、迁移、家族文化为中心》[1],李海燕《隋唐之际河汾王氏家族文学研究》[2],梁静《中古"河东三姓"文学研究》[3],都佚伦《柳宗元的家世家学与他的诗歌创作》[4],邰三亲《唐代河东裴氏与文学》[5],这些论文都选取河东家族作为研究对象,其中河东王通王氏家族由于文化地位比较特殊,故成为论述的重点。另外,柳氏、裴氏、薛氏也有所涉及。同时,这些研究也存在一些问题:其一,由于多数论文都以河东地域的一个家族为主进行论析,难免有"各照隅隙,鲜观衢路"(《文心雕龙·序志》)之嫌;其二,论文的选取以河东王氏、裴氏、柳氏、薛氏为主,却忽视了唐代迁徙于此的吕延之、吕温家族的研究,而这一外来的家族又充分体现了迁徙而来的家族之特点;其三,家族固然是地域文化的主要体现者,然又不能完全等同于地域文化,地域文化的包容量大于单个家族的家族文化,从家族的角度并不能完全解释地域文化,故而在家族之外,要参考别的节点来解释地域文化传统的形成。

基于此,本书选取了河东地域文化、地域文学传统这一考察点,在北齐隋唐的历史时段内考察它的变化,其中家族形态是一个重要的选取角度,定居于此的裴氏、柳氏、薛氏与迁徙而来的太原王氏、东平吕氏显示出了不同的文化特点,也成为重要的考察对象。地域文学传统的形成,不仅对作家的作品施加影响,同时也会受到作家的影

---

[1] 李红:《隋唐河东柳氏家族研究——以世系、婚宦、迁移、家族文化为中心》,博士学位论文,北京师范大学,2005年。

[2] 李海燕:《隋唐之际河汾王氏家族文学研究》,博士学位论文,北京师范大学,2006年。

[3] 梁静:《中古"河东三姓"文学研究》,博士学位论文,陕西师范大学,2006年。

[4] 都佚伦:《柳宗元的家世家学与他的诗歌创作》,硕士学位论文,北京大学,2011年。

[5] 邰三亲:《唐代河东裴氏与文学》,硕士学位论文,西北大学,2011年。

响，因此，不同地域作家间文学风气的传递感染也是一个重要的参考。

　　写作中所面临的一个难题是对北方文化的整体认知与河东文化的个体区分之间的辨析及理论论证。河东近于长安，《唐书》中将三大家族以关中家族来论定，而河汾文化从大的文化属性上来看，又体现出了山东文化的特质，其中最能体现其文化精髓的河东地域却近于关中，在地理形态与文化特质上，河东都表现出了与关中文化相似的一面。如何有效地区分关中与河东文化，在两者文化的属性上是否存在一个先后影响或者相互影响的过程，这是笔者在写作中首要要解决的问题。其次，河汾文化与山东文化的关系。河汾文化中的河东近于关中，而太原及至以北、以东地区则近于山东文化圈，唐文化三源之一的北齐从文化形态上附属于山东文化，而太原地区则处在其文化核心之内，特殊的地理形态所形成的不同文化特性给河汾文化带来了诠释上的困境，如何正确定义河东文化，且在此基础上给予河汾文化准确的文化定性也是一个难点问题。文化是文学研究的基点，文学构筑在文化之上，又呈现出文化形态的文学特质来，两者之间的关系并不是固定的，而呈现出历史性变迁的特点。由表层的文学现象去探源内在的文化原因之根，或者文化对于文学的深层次影响，又或者文学的外围景观所形成的影响文化形态的巨大凝聚力及内在逻辑关系，这也是本书努力的方向。

　　本书所选取的研究方法，仍是以文本解读分析为主，以作家作品为基点，结合各种史料、笔记、方志、家谱等，考察其与地域文学传统、地域文化之间的相互作用及关系，以图整体上把握河东地域的文化及文学传统，同时在具体作家的作品中也呈现出这种地域和家族文化的影子。

第一章 河汾文化的源与流

　　河汾是黄河与汾水的统称。河汾文化是以黄河、汾水流域为走向，自北而南，由西向东，以河东地域蒲州、绛州为中心，向四围发射开来所形成的文化圈。河汾文化是以人文背景为主旨的，这一文化板块的后天形成发育与其先天的地理形势紧密相关。《尚书·禹贡》篇中大禹治水列九州，"禹别九州，随山浚川，任土作贡。禹敷土，随山刊木，奠高山大川"①，即有因山形地势疏导水患的指导思想在内。作为与人文背景密切相关的客观地理形态，对于区域文化的形成具有先天性的影响。

　　河水即今之黄河，最早著录河水文献的是《禹贡》篇对于冀州历史风貌的分析，冀州位列兖、青、徐、扬、荆、豫、梁、雍九州②之首，属地平阳为古尧帝之都，故列于卷首：

　　　　既载壶口，治梁及岐，既修太原，至于岳阳；覃怀底绩，至
　　于衡漳。厥土惟白壤，厥赋为上上错，厥田惟中中。恒卫既从，

---

① （汉）孔安国传，（唐）孔颖达等正义：《尚书正义·禹贡》篇，《十三经注疏》，上海古籍出版社1997年版，第146页。
② 《尔雅》所言九州与《禹贡》不同。（晋）郭璞注，（宋）邢昺疏《尔雅·释地》篇："两河间曰冀州，河南曰豫州，河西曰雍州，汉南曰荆州，江南曰扬州，济、河间曰兖州，济东曰徐州，燕曰幽州，齐曰营州。"《十三经注疏》，上海古籍出版社1997年版，第321页。

大陆既作，岛夷皮服，夹石碣石，入于河。①

言及了冀州主要的山川、城邑，从壶口至梁山及岐山，然后到太原、太岳山，下又到浊漳水、清漳水，随后记载其地土壤、赋税、田土等情况。晋人郭璞注冀州曰："自东河至西河。"宋人邢昺对大禹治水的路径进一步做了疏解："《禹贡》导河自积石、龙门，南流谓之西河。至于华阴，折而东，经底柱、孟津，过洛汭，皆东流，谓之南河。至于大伾，折而北流，过降水至于大陆。又北播为九河，同为逆河，入于海，谓之东河。"② 具体言明了西河与东河的走向。汉李巡注解曰："两河间其气清，厥性相近，故曰冀。冀，近也。"③ 以西河与东河之间气象、物候等自然生态状况相近，故得名冀州。河水区分了冀州与其他八州。

汾水位于古冀州区域内，"出太原汾阳县北管涔山。东南过晋阳县东，晋水从县南东流注之。又南，洞过水从东来注之。又南过大陵县东，又南过平陶县东，文水从西来流注之，又南过冠爵津，又南入河东界，又南过永安县西，历唐城东，又南过杨县东，西南过高梁邑西，又南过平阳县东，又南过临汾县东，又屈从县南西流，又西过长修县南，又西过皮氏县南，又西至汾阴县北，西注于河"④。大致形成一条从古汾阳县北逶迤而南，至汾阴又西南注入黄河的水流路径。从地理图形上看，汾水连接了晋北与晋南，在文化形态上又集中体现了从北方古文化到中原古文化的过渡衔接⑤，

---

① （汉）孔安国传，（唐）孔颖达：《尚书正义·禹贡》篇，《十三经注疏》，上海古籍出版社1997年版，第146—147页。

② （晋）郭璞注，（宋）邢昺疏：《尔雅·释地》篇，《十三经注疏》，上海古籍出版社1997年版，第323页。

③ 同上。

④ （北魏）郦道元原注，陈桥驿注释：《水经注》卷六，浙江古籍出版社2001年版，第98页。

⑤ 苏秉琦先生在《谈"晋文化"考古》一文中对晋文化进行了区分，认为："'晋文化考古'大致包括如下三个相互关联的部分或侧面：第一，晋南地区属于'中原古文化'的一个组成部分，但有它自己的特色；第二，晋北地区属于'北方古文化'的一个组成部分，又有它自己的特色；第三，从整体上看，它是'中原古文化'与'北方古文化'两大文化区系的重要纽带。"《文物与考古论集》，文物出版社1986年版，第45页。

而居于晋西南地区的文化有其自我生长繁衍的文化优势（与晋北文化相比较而言），某种程度上形成了一个较为完善的文化圈，且内部形成了自我更新替代的过程。

《诗经》汇集了十五国风，《魏风》中的《葛屦》、《汾沮洳》、《园有桃》、《陟岵》、《十亩之间》、《伐檀》、《硕鼠》，《唐风》中的《蟋蟀》、《山有枢》、《扬之水》、《椒聊》、《绸缪》、《杕杜》、《羔裘》、《鸨羽》、《无衣》、《有杕之杜》、《葛生》、《采苓》等，或是对田间质朴劳动生活的赞叹，或者对剥削者不劳而获生活的揭露，或是对岁月流逝的感伤，或是叙写两情依依的眷恋之情，真实地体现了晋南一地社会生活中劳动人民心头的爱憎情感。《魏风》中的《汾沮洳》篇即是对汾水流域风土民情的生动描绘：

> 彼汾沮洳，言采其莫。彼其之子，美无度。美无度，殊异乎公路。
>
> 彼汾一方，言采其桑。彼其之子，美如英。美如英，殊异乎公行。
>
> 彼汾一曲，言采其藚。彼其之子，美如玉。美如玉，殊异乎公族。①

以比兴手法，借用女性口吻赞颂汾水地域男子之美，"美无度"，暗道女性心中对男子的深情仰慕；"美如英"，赞颂男子外貌的俊朗；"美如玉"，喻男子品性的高洁。层层推进，由彼及此、由外及内地给予颂美。

这一地区自古以来即是人文鼎盛之地。平阳古城为尧帝之都，尧舜德化政治为上古理想的政治图景，为后人所推崇。以王通为代表的河汾之学则是对孔子洙泗之学的继承和自我重解。尧舜之德治、王通之儒学构成了河汾文化的二源。前者是泛化的文化认识，既是河汾文化之源，也是黄河文化之源；后者则是特定的河汾文化，王通的儒学

---

① 王力：《诗经韵读》，上海古籍出版社1980年版，第213—214页。

作为先唐孔孟、扬雄之后,韩愈之前的一个重要发展阶段,经晚唐柳开、石介等阐发后,为宋人所接受,及至明清,愈益波广。本文所述即以晋西南地区,蒲州、绛州等地为中心,考察这一地域文化的源与流。由于家族文化在中古时期处于形成发展阶段,家族成员所受的文化熏染具有子承父业、祖辈相传的特点,故而选取了河东地域几大家族王氏、裴氏、柳氏、薛氏等为考察点,其中河东王氏王通之学在隋唐之际最能代表河汾地区的学术性,王氏家族王度、王绩、王勃在隋唐之际的文坛上又各具异彩,成为本书考述的一个重点。柳氏家族也出了中唐之际最有代表性的人物柳宗元,儒释道三教通融,与倡导古文运动的纯儒韩愈的"道"论主张同中见异,体现了中唐时期士人思想中的矛盾及调和之法,极具代表性。家族内部,休戚相关;各大家族之间也结成了复杂的依托关系。此外,河东地域其他家族诸如吕氏、孙氏、卫氏等势力虽不如其他大家族之强,但在初唐之后的政治文化上也颇具影响力。

第一节 河汾诸概念的溯源与辨析

汾水是黄河的第二大支流。横贯渭河平原的渭水是黄河的最大支流,渭水与泾、沛、涝、潏、滈、浐、灞等八大水域环绕在长安周围,成"八水绕长安"之势,也成为唐前黄河文明的重心长安城所以繁荣的客观地理原因。而汾水源出汾阳城北,自北而南,流经了今山西省的大部分地区。汾水与晋文明的联系根深蒂固,晋阳城自古以来即是人类聚居交流的文化重镇,汾河文明更成为了晋文明的指代。同时,汾河流经南端汾阴地区,与浍水、涑水等又共同哺育了蒲州、绛州等地的文化,作为古长安城的外围影响,源源不断地滋养着古老而繁荣的长安文明。正式进入本书内容之前,有必要梳理几组相关的概念。

一 河汾、河汾文化与河汾之学

作为一个河水与汾水并提的河汾概念,其地域性范畴的确立早于其文化意义。《史记》卷三九《晋世家》记载了河汾之地晋国的得名及王侯更替状况：

> 周公诛灭唐。成王与叔虞戏，削桐叶为珪以与叔虞，曰："以此封若。"史佚因请择日立叔虞。成王曰："吾与之戏尔。"史佚曰："天子无戏言，言则史书之，礼成之，乐歌之。"于是遂封叔虞于唐，唐在河、汾之东，方百里，故曰唐叔虞。姓姬氏，字子于。①

河汾之地自西周以来成为晋侯属地。河汾文化之源上溯至尧舜古帝，其后又延及周王氏姬姓子孙，唐叔虞即晋国始祖，河汾文化随之也成为晋文化的载体。河汾、河汾文化、河汾之学虽都以河汾为地域背景，但内容主旨不一。河汾是一个地理概念，出现最早，应用范围也最广。由河汾向河汾文化的转变形成是以丰厚的人文背景积淀为前提的，尧舜古帝以德治，西周姬姓叔虞以礼治，河汾地域打上了德与礼的文化烙印，河汾文化开始呈现出历史的发展态势。文化的根本特性是与人类生活相始终的，人文活动是其内在特质，河汾文化的历史发展也是与河汾地域人文活动相统一的。但在不同阶段又会呈现出各异的特点。

河汾之学特指隋唐之际的大儒王通之学。宋理学家朱熹将王通放在由汉董仲舒到中唐韩愈的序列中："董仲舒、扬子云、王仲淹、韩退之四子优劣。或取仲舒，或取退之。以为'董仲舒自是好人，扬子云不足道，这两人不须说。只有文中子、韩退之这两人疑似，试更评看。'学者亦多主退之。曰：'看来文中子根角浅，然却是以天下为心，分明是要见诸事业。天下事，它都一齐入思虑来。虽是卑浅，然却是循规蹈矩，要做事业底人，其心却公。如韩退之虽是见得个道之大用是如此，然却无实用功处。'"② 在儒老之学的辩证分析中，认可

---

① （汉）司马迁：《史记》卷三九《晋世家》，中华书局1959年版，第1635页。
② （宋）黎靖德编：《朱子语类》卷一三七"战国汉唐诸子"，王星贤点校，中华书局1986年版，第3260页。

王通河汾之学的价值存在，且肯定了唐初名臣房玄龄、杜如晦与王通河汾之学的关系，"房、杜于河汾之学后来多有议论"[1]，河汾之学进入了理学家的视野，且在孔孟之儒道的传承中占有一定位置。而朱熹对河汾之学的解读却并不专主于儒，而是儒老兼求。

作为一个地域性特点较为浓厚的学术门派，河汾之学表现出了三个特点：其一，有儒学大师及儒家经典著作的出现。王通《中说》即模仿孔子及其门人弟子的对话语录，《元经》也有模范经典之意。其二，门人数量较多，且影响较大，薛收、房玄龄、杜如晦、魏徵等人，多有问学于王通之门的文献记载。其三，家族文化的影响凸显。孔孟之儒家学说以个体学说为特点，游学是获得学问修养的主要途径，而王通之学则以家族文化的内在生长发展为背景，个体虽也有短暂的游学经历，但学术有浓厚的家族文化背景烙印。河汾、河汾文化、河汾之学三者虽都以河汾为地域背景，然其内涵却大不相同。河汾文化是以人文发展为线索递进的，而河汾之学则追溯的是学术的脉络，文化虽包融有学术，但却不可替代学术。王通之学为两汉之儒学到中唐韩愈儒学的过渡，呈现出了初唐民间儒学的面貌。

二　河汾与河东的地理区分

如前所述，河汾是指西河与东河之间，以汾水水系为主干的地域范围。而河东则更多地以河东郡的方式出现。河东郡历代区划及归置不一。此先述唐前河东郡的更置情况。

《史记·货殖列传》对河汾地域河东、漳水等有较为细致的描述。以河东、河内、河南为三河且三河风俗相近："昔唐人都河东，殷人都河内，周人都河南。夫三河在天下之中，若鼎足，王者所更居也，建国各数百千岁，土地小狭，民人众，都国诸侯所聚会，故其俗纤俭习事。"[2] 河

---

[1]（宋）黎靖德编：《朱子语类》卷一三七"战国汉唐诸子"，王星贤点校，中华书局1985年版，第3267页。

[2]（汉）司马迁：《史记》卷一二九《货殖列传》，中华书局1959年版，第3263页。

东归置于三河之内,与河汾地域东南、西北等诸郡风俗有别。① 汉以后史书专列《地理志》,专门论述各地域之风物。秦、西汉置都长安,故其述各地风情,先及秦地。《汉书·地理志》所叙述的二十八郡县之风俗体例多承袭此风。河东为古唐、魏之地,颇有其遗风。古唐国,"皆思奢俭之中,念死生之虑。吴札闻《唐》之歌,曰:'思深哉。其有陶唐氏之遗民乎?'②"古魏国尚中庸之道,"吴札闻《魏》之歌,曰:'美哉沨沨乎③以德辅此,则明主也。'④"唐尧古国颇存古风,尚贤尚德,于喜乐中思苦忧之患。《后汉书》改《地理志》为《郡国志》,详记各郡国人口,各附属城邑城门、池泉、沟渠、亭阁、关卡、山脉等情况。河东郡居于《郡国志一》,与河南尹、河内郡、弘农郡、京兆尹、左冯翊、右扶风等环洛阳地区为一卷,而上党郡、太原郡则与陇西郡、北地郡、雁门郡、朔方郡、北地郡同居一卷,其余各郡国也多依此规律,以地形相近,风俗类同多归为同一卷目。河汾地域诸郡归属不相一致。

晋武帝太康年间,增置郡国二十三郡,分天下为十九州⑤,郡国一百七十三,每州之下详列属郡。又东晋南渡置都建康,又以京口、武陵、广陵、芜湖、姑苏等地别置侨县,安居南渡侨民。河东郡归入司州,又将原河东郡分立出平阳郡,亦归属司州。太原、上党、西河、乐平、雁门、新兴诸郡国归入并州。《晋书·地理志》叙述重点不同于两汉《地理志》,两汉均一统,其叙述重于风土描述,而《晋书》以分裂南渡为主题,其州郡多叙其变迁,又多详述其州郡之民迁徙侨居南地的状况。《宋书·地理志》多叙淮河以南州郡建置,兼及

---

① "太原、上党又多晋公族子孙,以诈力相倾,矜夸功名,报仇过直,嫁娶送死奢靡。汉兴,号为难治,常择严猛之将,或任杀伐为威。父兄被诛,子弟怨愤,至告讦刺史二千石,或报杀其亲属。"(汉)班固《汉书》卷二八《地理志》,中华书局1964年版,第1656页。

② 同上书,第1649页。

③ (唐)颜师古注曰:"沨沨,浮貌也。言其中庸,可与为善,可与为恶也。"(汉)班固《汉书》卷二八《地理志》,第1650页。

④ 同上书,第1649页。

⑤ 十九州为司、冀、兖、豫、荆、徐、扬、青、幽、平、并、雍、凉、秦、梁、益、宁、交及广州。

南地侨寓流迁民之新立郡邑情况。① 盖其时南北诸政权争斗，地盘随之而变更，亡乱之心，复国之志存乎人心，故述地理以侨民为重，寓有北复中原之志。《南齐书·地理志》州郡记述方式多同《宋书》。《晋书》为唐初所修，其叙地志风格，略有同于《宋书》，或有承袭之故。

　　与南朝政权并立的北方诸国，除魏收所著《魏书》外，多未有地志流传下来。② 而《魏书·地理志》叙述风格又似于两汉之《地理志》。分国土为九十一州③，各州名多沿用古州名，而其归属却极有不同。诸如司州之归属，西晋所立之司州包括雍州之京兆、冯翊、扶风三郡，北冀州之河东、河内二郡，东豫州之弘农、河南二郡。辖地以洛阳为中心。而北魏所设司州则以邺都为中心，包括魏尹、阳平郡、广宗郡、东郡等十二属县。而各州所属郡、县也大有不同。并州下属五郡，分别为太原郡、上党郡、乡郡、乐平郡、襄垣郡。新设晋州，其下十二郡为：平阳、北绛、永安、北五城、定阳、敷城、河西、五城、西河、冀氏、南绛、义宁等。又东雍州下设正平郡，含闻喜、曲沃二县。可以看出，自秦以来设立的河东郡不存，其所属平阳、闻

---

①　（南朝梁）沈约《宋书》卷三五《地理志》述及南渡州郡的归属情况："自夷狄乱华，司、冀、雍、凉、青、并、兖、豫、幽、平诸州一时沦没，遗民南渡，并侨置牧司，非旧土也。……太宗初，索虏南侵，青、冀、徐、兖及豫州淮西，并皆不守，自淮以北，化为虏庭。于是于钟离置徐州，淮阴为北兖，而青、冀二州治赣榆之县。"中华书局1974年版，第1028页。乱离之情，存于史家之笔。

②　后人多有补齐之作。（清）洪亮吉有《补三国疆域志》、《补十六国疆域志》；（清）洪齮孙有《补梁疆域志》；臧励有《补陈疆域志》。今人王仲荦有《北周·地理志》；施和金有《北齐·地理志》。

③　分天下为九十一州，分别为司州、定州、冀州、并州、瀛洲、殷州、沧州、肆州、幽州、晋州、怀州、建州、汾州、东雍州、安州、义州、东燕州、平州、恒州、朔州、蔚州、廓州、武州、西夏州、宁州、兖州、青州、齐州、郑州、济州、光州、梁州、豫州、北豫州、徐州、西兖州、南兖州、广州、胶州、洛州、南青州、北徐州、北扬州、东楚州、东徐州、海州、东豫州、义州、颍州、谯州、北荆州、阳州、南司州、楚州、合州、霍州、睢州、西楚州、谯州、扬州、淮州、南朔州、南郢州、沙洲、北江州、汴州、财州、雍州、岐州、秦州、南秦州、东益州、南梁州、东梁州、河州、渭州、凉州、鄯州、瓜州、华州、北华州、幽州、夏州、东夏州、陕州、洛州、荆州、南襄州、郢州、南郢州、析州等州郡。（北齐）魏收《魏书》卷一○六《地形志》，中华书局1974年版，第2455—2643页。

喜、曲沃等地分别划到了晋州、东雍州等地。南北分裂之际，国土大变，南人重在复国，屡屡强调其侨迁之民及属国；而北方胡族拥有中原，觊觎南土，所立之琐细州郡多带有征战之痕迹。

《隋书·地理志》以郡代州①，设郡一百九十。所设立的长平郡、上党郡、河东郡、绛郡、文城郡、临汾郡、龙泉郡、西河郡、离石郡、雁门郡、马邑郡、定襄郡、楼烦郡、太原郡等郡县，多沿汾水走向，大致按照自南而北，由东向西的方式来叙述。又其将长平郡、上党郡放于河东郡之前，这不同于之前两《汉书》将河东郡置前，与辅卫京畿之城邑并列的方法，可能受北齐以邺都为繁华中心的定位影响②，而长平、上党靠近魏郡邺都，故有先长平、上党后河东的序列顺序。值得注意的是，此处叙述州郡多以汾水自南而北的走向密集排列，河汾流域之主要属地河东、绛、临汾、长平、上党、太原等郡排列在一处，说明此时的河汾文化作为一个固定的形态已开始呈现出来，在隋唐史书中多可得见的"河汾"的概念逐渐沉淀下来。《隋书·地理志》述各地风俗，也以长平、上党、河东、绛郡、离石、雁门、太原为序：

> 长平、上党，人多重农桑，性尤朴直，盖少轻诈。河东、绛郡、文城、临汾、龙泉、西河，土地沃少瘠多，是以伤于俭啬。其俗刚强，亦风气然乎？太原山川重复，实一都之会，本虽后齐别都，人物殷阜，然不甚机巧。俗与上党颇同，人性劲悍，习于戎马。离石、雁门、马邑、定襄、楼烦、涿郡、上谷、渔阳、北平、安乐、辽西，皆连接边郡，习尚与太原同俗，故自古言勇侠者，皆推幽、并云。然涿郡、太原，自前代以来，皆多文雅之士，虽俱曰边郡，然风教不为比也。③

---

① （唐）魏徵《隋书》卷二九《地理志上》载："炀帝嗣位，又平林邑，更置三州。既而并省诸州，寻即改州为郡，乃置司隶刺史，分部巡察。"中华书局1973年版，第807—808页。

② （唐）魏徵《隋书》卷三十《地理志中》记载了北齐时期邺都的繁华状况："魏郡，邺都所在，淫巧成俗，雕刻之功，特云精妙，士女被服，咸以奢丽相高，其性所尚习，得京、洛之风矣。"中华书局1973年版，第860页。

③ （唐）魏徵：《隋书》卷三十《地理志中》，中华书局1973年版，第860页。

述及了河汾地域各郡风情。河东郡士人生活俭啬而刚强，长平、上党重农桑，性质直，少轻诈。而太原郡则兼有侠义与文雅之风，与边地之纯尚武力、侠义之气略有不同。太原与上党风情多同，有别于河东诸地。隋末大儒王通王氏家族自绛郡而起，其尚儒尚学，与太原王氏等族人学风不同，从州郡风情上亦可解释此间之差异。而王通之儒学可能辗转传自北魏及后来的北周，传至隋唐，随即成一大宗。

两《唐书》之《地理志》修撰时间不同，风格亦且不同。总体而言，《旧唐书·地理志》修于五代人刘昫之手，变乱分裂为其时社会生活主题，故而所修地志仍以记载州郡变革为重，而甚少言及民风物产。《新唐书·地理志》为宋欧阳修等人所修，一统格局已定，宋人又多有文人雅士之修养，故而文脉贯通流畅，言简意赅。本文研究重点在唐，故以《新唐书》为基准，而参之以《旧唐书》。唐高祖变革隋之郡置，改郡为州，设立太守，又置都督府以治之。唐太宗贞观元年（627），又大规模并省，因山川形便，分天下为十道。① 开元二十一年（733），复分天下为十五道。②《新唐书·地理志》以十道为序叙述。河东道居于关内道、河内道之后。河东道约以古冀州为域，含河东、太原、上党、西河、雁门、代郡及巨鹿、常山、赵国、广平国之地。③ 其内设立河中府、太原府。在郡上设立府、州，辖区基本相同。河东、太原、上党三地更名为河中府河东郡、太原府太原郡及潞州上党郡。隋志中河汾地域郡县多归置一处，顺序排列，其整一性逐渐得到认同。唐志将这种趋势进一步强化，所设立河东郡多以河汾地域郡县为列，诸如河中府河东郡、晋州平阳郡、绛州绛郡、慈州文城郡、隰州大宁郡、北都、太原府太原郡、汾州西河郡、沁州阳城郡、

---

① （北宋）宋祁、欧阳修《新唐书》卷三七《地理志一》记载此十道为：关内道、河南道、河东道、河北道、山南道、陇右道、淮南道、江南道、剑南道、岭南道。中华书局1975年版，第959页。同《旧唐书》。

② （后晋）刘昫《旧唐书》卷三八《地理一》记载此十五道：京畿、都畿、关内、河南、河东、河北、陇右、山南东道、山南西道、剑南、淮南、江南东道、江南西道、黔中、岭南。中华书局1975年版，第1385页。

③ （北宋）宋祁、欧阳修《新唐书》卷三九《地理志三》，中华书局1975年版，第999页。

辽州乐平郡、岚州楼烦郡、石州昌化郡、忻州定襄郡、代州雁门郡、云州云中郡、朔州马邑郡、蔚州兴唐郡、武州、新州、潞州上党郡、泽州高平郡等。河汾地域之州郡及北部边境之州郡都归入了河东郡。其设置固然有军事防御之目的在内①，但客观上的整一也进一步促成了文化上的协同。

从历代史书《地理志》可以看出，隋前河东郡的设置区划与隋唐有较大区别。隋前，河东郡以蒲州、绛州等地为中心，而隋唐河东郡、河东道的设置则涵盖了汾水流域，乃至更北部的云代地区，此时期的河汾与河东在地理归属上看更相一致，而隋前的河东则仅包括了汾水南部地区，大致相当于唐时的蒲州、绛州、慈州、晋州等地。隋前后河东诸地虽归属不一，但隋前的河东地域蒲州、绛州等地，仍旧是河汾文化发展的源头和重心所在。

三 河汾文化与河东文化

河汾文化与河东文化主要区别在区域范畴上。河汾文化相对固定，以两河之间汾水流域为主要承载区域，是地理性的归属。而河东文化则是历时而变的一个区域范畴，体现出了人为设置行政区划的特点。河东的归属在隋前后不一，其文化特征也先后有别。本文研究的重点阶段虽在隋唐，关注的是河汾文化的形态，然仍将视角集中在河东地域汾水南部地区，以蒲州、绛州为中心。这一地区自上古以来始终是河汾地区文化发展的中心，西汉时逐渐定居了许多大家族，这些大家族一方面在乡里拥有较强的社会势力，具有征辟、选举等方面的特权，同时也将势力逐渐向长安地区扩张，在初盛唐之际形成了一定的社会影响力。从学术传统来看，河东之地也有一个相对完整的学术脉络，上古尧舜的德治，提出"仕而优则学，学而优则仕"思想的子夏，有稷下学宫领袖之称的荀子，隋唐时期出现了开创河汾之学的大

---

① 诸如所设立之节度使之职责：河东道节度使，掎角朔方，以御北狄，统天兵、大同、横野、岢岚等四军，忻、代、岚三州。又如朔方节度使，捍御北狄，统经略、丰安、定远、西受降城、东受降城，安北都护、振武等七军府。（后晋）刘昫《旧唐书》卷三八《地理志一》，中华书局1975年版，第1386—1387页。

儒王通，中唐时期统合儒释的文儒柳宗元，宋代理学先驱孙复，"涑水先生"司马光，及至明代，理学大家薛瑄创立了河东学派。《明儒学案》中有"河东学案"条，对河东学派门人做了较细致的梳理，列有薛瑄、阎禹锡、张鼎、段坚、张杰、王鸿儒、周蕙、薛敬之、李锦、吕柟、吕潜、张节、李挺、郭郛、扬应诏等十五人。提出"河汾道统"的薛瑄以其理论著述展示了明代河东一地学术的影响力，而隋唐之际王通所开创的河汾之学却屡屡为后人所质疑，梁启超曾批判云："而千年来所谓'河汾道统'者，竟深入大多数俗儒脑中，变为真史迹矣。"① 而自宋以来，对王通之学在儒学体系中的传承肯定作用就不曾中断，朱熹虽然对"开国文武大臣尽其学者"② 这一现象有所怀疑，然对王通在尧舜、孔孟之道中的传递作用则予以肯定："自唐虞尧舜禹汤文武周公，道统相传，至于孔子，孔子传之颜曾，曾子传之子思，子思传之孟子，遂无传焉。楚有荀卿，汉有毛苌、董仲舒、扬雄、诸葛亮，隋有王通、唐有韩愈，虽未能传斯道之统，然其立言立事，有补于世教，皆所当考也。"③ 黄履翁则肯定河汾之学，王通之道的存在："嗟夫！通之为道明白正大，盖扶世立教济时行道之学。中之为说，议论问答本乐天知命穷理尽性之书，盖孔孟之流派。"④ 数千年来，王通其人与河汾之学受到了难以计数的质疑。进入20世纪80年代，伴随着杨明《王通与〈中说〉》⑤，尤其是邓小军先生《河汾之学与"贞观之治"》⑥ 等文章的发表，王通与河汾之学逐渐被学界接纳，此后有关王通思想的研究逐渐开展起来，河汾之学在儒家道统中的地位也得到了学界的肯定。常裕在《河汾道统——河东学派考论》一书中也将王通之学放入河东学派形成的过程中，且以"河东先

---

① （清）梁启超：《中国历史研究法》，上海古籍出版社1998年版，第97页。
② （宋）黎靖德编：《朱子语类》卷一三七，王星点校，中华书局1985年版，第3267页。
③ （宋）朱熹、吕祖谦编：《近思录》卷一四"观圣贤"条，王云五主编《丛书集成初编本》，第327页。
④ （宋）黄履翁：《古今源流至论》，《别集》卷五，文渊阁《四库全书》影印本。
⑤ 杨明：《王通与〈中说〉》，《复旦大学学报》1989年第5期。
⑥ 邓小军：《河汾之学与"贞观之治"》，《四川师范大学学报》1991年第6期。

学"来指代王通和柳宗元①,对明代河东学派的思想做了细致的梳理辨别。在明以前,金元时期平阳人房祺自称"横汾隐者",编纂有《河汾诸老诗集》八卷,收录了活跃于黄河、汾水南部的八位诗人麻革、张宇、陈赓、陈庚、房皞、段克己、段成己、曹之谦的诗歌,各自为卷,汇集了一百九十八首古诗。八位诗家与元代文学领袖元好问均有交往,"与遗山游,从宦寓中,一时雅合,以诗鸣河汾"②。元代诗评家杨仲德以为:"不观遗山之诗,无以知河汾之学;不观河汾之诗,无以知遗山之大。"③八位诗家又不满于江西诗派而取法于唐人:"诸老之诗有深而冲澹如陶、柳者;有豪放如李翰林、刘宾客者;有轻俗近雅如元、白者;有对属切当如许浑者;有骚雅奥义、古风大章,浸入杜草堂之域者。"④而元好问更是"值金亡不仕,为河汾倡正学"⑤,可见元代河汾地区作为一个文化形态而言,具有较强的影响力和辐射力。而宋元、明清时期河东地域的文化发展自然要上溯到隋唐时期,这不仅是文学史家和评论家的诉求,在思想文化形态上也有强烈的诉求,河东王通王氏家族就成为一个重要的研究对象。而进入河东地域的文化研究之后,发现河东地区本就有自西汉以来已经形成势力的裴氏、柳氏、薛氏三大家族,这些家族一方面具备了较强的政治经济优势,在上层政治文化圈中,又具备了较高的政治权力,故易成为河东地域其他家族上升途中的依附对象。事实上,整个唐代,源自河东地区的文化士人也确实有较为密切的联系,且在某种程度上形成了一定的依托关系。河东王氏只是一个文化家族的代表,还有许多大的家族如吕氏、孙氏、卫氏等也活跃于河东地域,与之形成了难以割舍的乡土关系。

---

① 常裕《河汾道统——河东学派考论》一书中指出:"在哲学思想发展方面,隋朝大思想家王通,唐代大哲学家柳宗元对薛瑄及河东学派的形成产生了重大的影响。从地域文化上讲,是河东学派形成、发展过程中不可缺少的环节。"人民出版社2009年版,第30页。
② (元)房祺:《河汾诸老诗集》,《序》,王云五主编《丛书集成初编本》,第1页。
③ 同上书,《后序》,第3页。
④ 同上。
⑤ 同上书,《序》,第1页。

本书即立足于隋唐之际河东地域文化与文学现象的研究。文学的发展虽不能等同于文化的发展，但在某种程度上又有表与里的关系。隋唐交替之际，既是河东地域文化发展的一个重要形态时期，而其所以形成又与南北朝时期河东地域的文化发展相联系。南北朝时期的分裂状况到了末期有了统一的趋势，而文学的发展，文化形态的嬗变到北齐北周之际也显示出优劣盛衰的状况，故而本书将研究的视角又做了适度的调整，以北齐"邺下风流"局面的形成为切入点，深入到其后的研究中去。中唐以后，河东地域的家族文化现象有了较明显的变化，三大家族势力出现了不均衡的发展，柳氏走向衰弱，而裴氏、薛氏仍然具有一定的政治优势，河东王氏经历了初唐的辉煌之后，也渐渐开始衰落。这一时期开始出现的文学家族势力以河东吕氏为优，故而本书适度做了下延，对大历之后河东吕氏家族兴起的文学现象做了探究。以此为基础，结构全书。

第二节 北齐至唐河东地域文学家的更替

地域文学的发展有别于大文学史，但又难以割裂。地域文学以地方文人的作品为主，但地域性又不足以限定文人的成长，这其中就面临一个籍贯、交游及生活中心的问题。几个要素中，籍贯及成长地最能体现作家的地方性，即使有些作家没有生活在乡里，如柳宗元虽是河东人，然其生活地基本上以长安为中心，但有浓厚的乡土情节，河东柳氏家族的荣耀感与危机意识个体始终系之，也将其纳入河东人氏。由此，地域文学的发展体现出双重特点：其一，以定居乡里的家族为背景成长起来的文人，这部分构成了文学研究的主体；其二，家族源出乡里，但家族成员逐渐官僚化后，开始逐渐脱离乡里，以长安为居住生活中心，家族成员之间仍旧保持了较为密切的往来，且以河东祖系为荣耀，仍旧以河东人氏归入统计。诸如河东王氏、柳氏与裴氏诸人。

自汉世家大族形成，魏晋南北朝时期，其势力又进一步巩固扩张，至唐代，郡望家族的特点表现极为明显。这些世家自北魏孝文帝分定"崔、卢、郑、王"四姓①以来，遂开始确立在北方地区的社会势力范围。且家族的势力在唐代得到蔓延，由于氏族势力与地域密切结合在一起，唐代遂有五姓七望之说：博陵崔氏、清河崔氏、范阳卢氏、陇西李氏、赵郡李氏、荥阳郑氏、太原王氏。在外，五大姓氏据有政治经济特权；在内，又多有家学相传。固有唐一代，才名辈出。即以文学家来论，陇西李氏有88位文学家，后依次是赵郡李氏52位，京兆韦氏48位，河东裴氏42位，博陵崔氏35位，荥阳郑氏35位，弘农杨氏35位，太原王氏31位，范阳卢氏31位。五大家族所出的文人数量除去赵郡李氏、京兆韦氏，均在前列。又，河东蒲州王氏5人，河东绛县王氏10人，而蒲、绛两地王氏诸如王通族人、王维族人等又多自太原郡王氏（见文末附表一），以此来看，太原王氏构成了北方地区的一大姓氏。若以地域划分来看，创作中心集中在长安一地，五大家族文人的成名与长安多有难以割舍的关系。从文人的地域来源看，集中在长安、太原、河东、燕赵等几个文化圈内。其中长安文化圈以陇西李氏、京兆韦氏为核心，又辐射到了周围的荥阳、弘农等地；太原文化圈则以太原王氏为中心，东与琅琊王氏相连，西南又与河东王氏相承，有源流之关系；燕赵文化圈则以博陵、清河等地为中心向外辐射。从历史发展的纵线看，分别形成了武德、贞观（共32年），开元、天宝（共44年），大历（共14年），贞元、元和（共36年），大中、咸通（共29年）等几个集中性的创作阶段，凸显出来的文人数量较多，分别为40位、113位、53位、130位、48位，其中大历14年53位，为唐代文人创作风气较盛的一个时间段。其次为贞元、元和年间，开元、天宝年间，大中、咸通年间，武德、贞观年间。总体上看，形成了中间厚、两头薄的形势，后期数量又略多于

---

① （宋）司马光著，（元）胡三省音注《资治通鉴》卷一四〇《齐纪六》"明帝建武三年（496）"条记载："魏主雅重门族，以范阳卢敏、清河崔宗伯、荥阳郑羲、太原王琼四姓，衣冠所推，咸纳其女以充后宫。陇西李冲以才识见任，当朝贵重，所结姻连，莫非亲望，帝亦以其女为夫人。……时赵郡李氏，人物尤多，各盛家风，故世言高华者，以五姓为首"（胡注：卢、崔、郑、王，并李为五姓）。中华书局1956年版，第4393—4395页。

前期。以开元、天宝为限，前期太原文化圈有 28 位文学家，至德到元和年间有 14 位文学家，而长庆到晚唐则有 10 位文学家，唐前期人数最多；从产生的一流的文学家来看，王氏族人王度、王绩、王勃、王之涣、王昌龄、王翰、王维几乎都在此时期内成名，这在家族文学内也甚为少见。至德至元和时期，河东地域的家族创作仅有柳氏一门独秀，柳宗元与韩愈并称"韩柳"，古文运动声势浩大，柳氏家族文学成就突出。长庆到唐末，创作中心南移，唱酬中心不仅多在浙江湖州一带，而且作家中也增加了大量的江南西道士人。创作中心虽然南移，但酬唱之风的形成多是在原北地作家的带动下形成的，尤其是元稹、白居易、颜真卿等人的倡导。河东地域的作家此时无论是数量还是知名度都不如初盛唐时期，然仍有独特的现象。裴氏裴铏小说《传奇》在晚唐时期独具光彩。太原王播、王起、王初、王铎略备才名，然其家族则早已迁居扬州，这些诗人的成长和成名多是在江浙一带完成的，虽籍贯在太原，但作品风格俨然已不是盛唐时期的王氏门人面目，而呈现出晚唐气象。

河东地域文学家在北齐至隋唐间呈现出不同的走势。从总体上来看，与陈、北周并立的北齐开始呈现出了繁荣的文学气象，武平年间，文林馆设立，一大批文学家被吸纳其中，馆阁之中的学术探讨、作品编撰进一步刺激了作家的文学创作，涌现出大批杰出的文人。薛氏族人薛道衡与范阳卢氏卢思道并称"卢薛"，成为北齐隋之际最为优秀的诗人。薛道衡诗歌的成就得益于薛氏家族内部的学养熏染，此后薛收、薛元超等族人，文才也极为杰出。而薛氏家族早先并不以文才显名，南北朝时期薛氏门第并不显赫，且族人多崇尚军功、武力，这与后来薛氏的才学化相异。探究薛氏族人的这一转向遂成为本文研究的一个重点，借以此进入北齐文学和隋唐文学的研究。

第三节 "儒道更兴"背景下的河东地域

唐是诗的国度。诗歌在唐代诸种文学题材中最为文人所青睐。唐诗与宋诗的主旨功用不同。唐诗以遣兴抒怀为主，宋诗则将构建在学理思考基础上的理学融入诗歌中去，阐理思辨的特点深入其中。唐诗的创作中心在长安，开元、天宝年间，大历年间，贞元、元和年间，乃至晚唐的咸通年间，长安始终是文学的中心，诗歌的中心。长安是唐代文学的中心，然长安文学的源头却要向四围去寻找。陈、北齐、北周是隋唐文学的先声，三者的创作地分别以建康、邺地、长安为中心，其中历经梁陈而来的王褒、庾信，是陈、周文学的主导力量，然王褒、庾信成长在南朝，所代表的文风是以南朝建康为中心的。北周是宇文氏建立的政权，倡导复古，习典诰之体，几乎没有出现过大的文学家。统一北齐后的北周短暂的 20 多年时间内，融合了各地才学之士，呈现出短暂的繁荣。如河东柳䚟，颇为陈、隋帝王欣赏，然其文学的养成在南朝，被重用在隋，与尚雅正之体的北周格调不合。北齐都城在邺，武平年间有文林馆的设立，收纳了大批的优秀文士。《北齐书》卷四十五《文苑传》详述了武平年间文林馆的设立和文人盛集之状：

> 有齐自霸图云启，广延髦俊，开四门以纳之，举八纮以掩之，邺京之下，烟霏雾集，河间邢子才、巨鹿魏伯起、范阳卢元明、巨鹿魏季景、清河崔长孺、河间邢子明、范阳祖孝徵、乐安孙彦举、中山杜辅玄、北平阳子烈并其流也。复有范阳祖鸿勋亦参文士之列。天保中，李愔、陆卬、崔瞻、陆元规并在中书，参掌纶诰。其李广、樊逊、李德林、卢询祖、卢思道始以文章著名。皇建之朝，常侍王晞独擅其美。河清、天统之辰，杜台卿、刘逖、魏骞亦参知诏敕。自愔以下，在省唯撰述除官诏旨，其关涉军国文翰，多是魏收作之。及在武平，李若、荀士逊、李德林、薛道衡为中书侍郎，诸军国文书及大诏诰俱是德林之笔，道衡诸人皆不预也。……三年，祖珽奏立文林馆，于是更召引文学士，谓之待诏文林馆焉。①

---

① （唐）李百药：《北齐书》卷四五《文苑传》，中华书局 1972 年版，第 602—603 页。

文林馆创设的意图原与北齐后主高纬颇好讽咏的文士化风气有关："因画屏风，敕通直郎兰陵萧放及晋陵王孝式录古名贤烈士及近代轻艳诸诗以充图画。"① 收藏书画及创作诗文是馆阁文人的原始意图。随后祖珽上奏《修文殿御览》，才兼有撰述学术之意。诗文的赏鉴收藏原本与邺地文人的聚集相关，文林馆的设立又进一步促进了文士之间的唱和。从入馆文士来看，除去南来的兰陵萧氏萧放，乐安孙彦举及陆邛、陆元规等人外，几乎都是北地世家子弟。范阳卢氏卢元明、卢思道，河东薛氏薛道衡，清河崔长孺，河间邢子才、邢子明等，构成了文林馆的主要创作群体。这也间接说明在设立文林馆之前，北齐文人已经处于盛势。出自《北史》的一则梁与齐互通使者往来的记载，也充分展现了邺都的人文荟萃之貌：

天平末，魏欲与梁和好，朝议将以崔棱为使主。……于是以谐兼常侍、卢元明兼吏部郎、李业兴兼通常侍聘焉。梁武使朱异觇客，异言谐、元明之美。谐等见，及出，梁武目送之，谓左右曰："朕今日遇劲敌，卿辈常言北间都无人物，此等何处来？"谓异曰："过卿所谈。"是时邺下言风流者，以谐及陇西李神儁、范阳卢元明、北海王元景、弘农杨遵彦、清河崔瞻为首。②

梁武帝所赞叹之李谐、卢元明、李业兴、王元景、杨遵彦、崔瞻，俱是北地世家大族出身，所形成的"邺下风流"局面，说明邺都及周围地区已有较浓厚的文人创作习气，且出现了较多优秀的文人。其时的优秀诗人卢思道、薛道衡并称"卢薛"，在邺都享有盛名，延及隋，声名愈重。由此可见，基本由北地作家构成的邺都文人对隋唐文学的影响。

隋唐的文化中心在长安，是文人集会的重要场所。唐都长安，陇西李氏信奉道教，李氏皇族自命为老子李耳后人。唐初士人，体现出

---

① （唐）李百药：《北齐书》卷四五《文苑传》，中华书局1972年版，第603页。
② （唐）李延寿：《北史》卷四三《李崇传附奖弟谐传》，中华书局1974年版，第1604页。

浓重的"内儒外道"的身份特点。早期文士王珪、王绩、房彦谦、杜淹等人多有隐逸以求名的经历。这股隐逸之风在唐代蔓延，且有愈演愈烈之势，以致有"终南捷径"之说。然儒道共生的形势在唐以前的长安城并不突出，北朝后期虽已形成"时天下承平，学业大盛，故燕、齐、赵、魏之间，横经著述，不可胜数。大者千余人，小者犹数百"的局面①，繁荣了北方地区的儒学，但史籍记载中道教人士的道儒结合的言论及行为却少见，《隐逸传》所记载的隐逸士人多是单个的隐逸之士，罕有自然、无为或为儒之论。这其中就产生了一个疑问，唐都长安士人"内儒外道"的身份特点何以形成，儒道共生的理念是否在初唐之前已经在某些地方显露出苗头，又具体如何体现，且这种儒道兼备的人生理念又是如何为唐人所接受且愈益得到推广和强化的，都是本文所力图寻找的答案。

　　北周宇文泰治下的长安城，对周孔之礼，雅正的典诰之文极为推崇。吟咏风骚，托物言情的诗体极难得到发展。而邺都则相反，北齐帝王嗜好讽咏，歌咏风谣之诗篇为文人所喜作，对文士的钳制也并不如北周严厉。河东的蒲、绛等地处在北周、北齐的夹缝中，为两者力相争夺。与此同时，河东地域的大家族薛氏、柳氏、裴氏、王氏等族人，对梁、陈、周、齐政权的依附选择也各不相同。薛氏、裴氏等族人多选择由齐到周隋的路线，而王氏、柳氏族人在周、齐并立之际，多以周为选择。河东之地西与长安城相邻，东北又与北齐相接，南近中原，远接楚湘，易受三者文化影响。较之战乱频仍的其他地区，河东地区在北魏时期已呈现出儒道复兴的局面。薛氏族人薛谨随薛辩归魏后，任河东太守，积极修复河汾地域的文化血脉："时兵荒之后，儒雅道息，谨命立庠序，教以诗书。三农之暇，悉令受业，躬巡邑里，亲加考试，河汾之地，儒道更兴。"②河汾之地虽涵盖了河水、汾水流域，事实上其文化的核心仍集中在河东地域蒲、绛等地。这一地域的三大家族在唐之际文化勃兴，仅裴氏一族在历史上就曾有宰相59

---

① （唐）李延寿：《北史》卷八一《儒林传》，中华书局1974年版，第2704页。
② 同上书，第1325页。

人，大将军 59 人，中书侍郎 14 人，尚书 55 人，侍郎 44 人。[①] 唐代的河东地域，蒲州、绛州两地文化之盛也远在其他地域之上，从题名进士的人数（见文末附表二）来看，蒲州一地有 70 名进士，绛州有 50 名，太原郡 49 名，而其余州郡共计 17 名，蒲、绛两地进士占河东道地区的 64% 以上。而蒲州、绛州两地 120 名进士中有 96 位进士出自河东裴氏、薛氏、柳氏三大家族，占 80% 以上。可见蒲州、绛州在河东道地区的分量之重。作为文化富庶之地，士人更易于接受新的思想，儒道之思，体之言行，用之实际，蒲、绛也最先成为儒道盛行之所。复兴河汾之地儒道的薛谨即出自河东薛氏，后薛氏定居河东，几乎历代皆有人出任河东太守一职。太和年间，薛聪受孝文帝雅重，薛氏名声渐起。子薛孝通有文集八十卷。孝通子薛道衡更是名扬南北，数次接待周、陈使者："年十岁，讲《左传》，见子产相郑之功，作《国侨赞》，颇有词致，见者奇之。"[②] 武平年间，又曾与诸儒修订五礼。又如绛州闻喜裴炎："少补弘文生，每遇休假，诸生多出游，炎独不废业。岁余，有司将荐举，辞以学未笃而止。在馆垂十载，尤晓《春秋左氏传》及《汉书》。擢明经第，寻为濮州司仓参军。累历兵部侍郎、中书门下平章事、侍中、中书令。"[③]

儒道在北魏时期的河东地域已有复兴之势，隋唐之际渐成风气。作为以文中子自命的大儒王通即出自河东绛郡王氏，贞观之治的贤臣魏徵、房玄龄、杜如晦等人，多自王通门下求学问师。王氏家族不单承袭了传统儒学，同时也有离经叛道之名士王绩，其兄长王度也与王绩"同气"。王绩隐居之地东皋山有仲长子光先生，王绩自身又显现出独特的隐逸特征，作为唐人先导的"内儒外道"的隐逸风气自汾阴名士王绩已然开启。

[①]（清）裴正文等修：《裴氏世谱》，10 册，刻本。
[②]（唐）李延寿：《北史》卷三六《薛道衡传》，中华书局 1974 年版，第 1337 页。
[③]（后晋）刘昫：《旧唐书》卷八七《裴炎传》，中华书局 1975 年版，第 2843 页。

第二章 "邺下风流"的出现与河东士人薛道衡的文学表现

唐人张说曾论及历代文学之体："昔仲尼之后，世载文学。鲁有游、夏，楚有屈、宋，汉兴有贾、马、王、扬，后汉有班、张、崔、蔡，魏有曹、王、徐、陈、应、刘，晋有潘、陆、张、左、孙、郭，宋、齐有颜、谢、江、鲍，梁、陈有任、王、何、刘、沈、谢、徐、庾，而北齐有温、邢、卢、薛，皆应世翰林之秀者也。"① 北朝历经北魏、东魏、西魏、北齐、北周五个政权，而与汉魏、晋宋并立的文学仅有北齐，且北齐取代了梁陈的文学地位，而承继了宋齐文学。张说所主要论述的文学之体，从列举的诸多文学家来看，主要以诗为主，而兼及某些有言志抒情功用的赋作。北齐的文学家以温、邢、卢、薛为主，温、邢与魏收并立为北地三才，其中邢邵长于诗体，而魏收则以笔体为擅，张说所举文学家并不及魏而举邢，可见其对文学体式的划分主要是以诗赋，尤其是以诗歌为主要依据的。隋是唐文化的先声，而与隋最为接近的则是北齐文学，尤其是卢思道、薛道衡的出现，在北齐与隋之间呈现出递变性的规律，这其中既遵循着诗体发展的规律，也是个性才情的发展使然。北齐同时又与北周、梁、陈并立。为求较好地体现出隋代文学的变化，本书从隋诗人的来源入手，溯本清源，以求在横向对比中体现北齐诗人诗作之长，同时对文学家

---

① （唐）张说：《齐黄门侍郎卢思道碑》，周绍良主编《全唐文新编》卷二二七，吉林文史出版社2000年版，第2568页。

的地域现象进行分析，以求真实展现北齐时期河东地域的文化及文学状况。

本书的诗作分析主要依据逯钦立先生校正的《先秦汉魏晋南北朝诗》。从中辑出隋代诗人诗作进行统计，以北齐、北周、南朝为别。对诸诗家的履历以《南史》、《北史》、《北齐书》、《周书》、《隋书》等基本文献为依据（见文末附表三）。

将生平履历不可考的诗人及主要生活在隋代的诗人统一归入隋，余下的诗人以北齐、北周、南朝为别，分为三类。其中北齐诗人9家，分别是：卢思道、孙万寿、李德林、魏澹、辛德源、李孝贞、元行恭、贺若弼、薛道衡。北周诗人6家，分别是：杨坚、史万岁、杨素、牛弘、崔仲方、于仲文。南朝诗人20家，分别是：柳庄、明克让、明余庆、萧岑、刘臻、何妥、姚察、柳䜌、萧琮、王眘、徐仪、岑德润、王胄、诸葛颖、虞绰、许善心、庾自直、虞世基、王衡、虞世南。

其中诗作在五首以上的诗人情况如下。北齐诗人7家，分别是：卢思道、孙万寿、李德林、魏澹、辛德源、李孝贞、薛道衡。北周诗人仅杨素。南朝诗人6家，分别是：何妥、柳䜌、王胄、诸葛颖、虞世基、虞世南。

以诗歌数量来统计，北齐诗人卢思道：乐府10首，诗歌17首。孙万寿：诗9首。李德林：诗6首。魏澹：诗5首。辛德源：11首。李孝贞：7首。薛道衡：乐府4首，诗16首。北周诗人杨素：5首。南朝诗人何妥：诗6首。柳䜌：5首。王胄：20首。诸葛颖：诗6首。虞世基：诗18首。虞世南：5首。隋代文化源自北齐、北周、南朝，仅从诗歌的创作来看，源自北周的文人创作力度是最弱的。北周诗家虽有6位，但诗作在5首以上的仅杨素一人。相反，北齐的诗人则数量较多，除去北朝后期一流的诗人卢思道、薛道衡外，仍有孙万寿、李德林、辛德源、魏澹、李孝贞等重要作家。南朝梁陈偏安东南一隅，自刘宋以来就以诗文为趣，诗歌成为一种普遍的文人爱好。然而，北入隋的诗人仅20家，其中以虞世基、虞世南"二虞"诗作为主，多奉和之作。其中弘农杨氏杨坚、杨广、杨素所发生的诗歌创作变化值得注意。杨坚仕宦北周，而北周政权重视儒教，表现出以商周典制文明为指引，创设北周文化体制的倾向，其诗作并不突出。入隋后的杨素诗歌创作较为丰赡，且与经历北齐而来的薛道衡诗歌唱酬，两首《边塞》表现出了杨素的个性诗风。隋炀帝杨广，乐府和古诗创作极为丰富，代表了隋代文人的创作特点。而由杨坚、杨素、到颇通且喜好诗文创作的杨广，均出自弘农杨氏，其间的变化可以看到北周、隋不同的文化体制对家族文化氛围形成的影响。

北齐、北周文人创作的中心分别在邺都和长安，而两者入隋后体现出了不同的诗文创作风貌。北齐涌现出了卢思道、薛道衡，而北周则仅杨素一人，且其诗文素养多是在与薛道衡的唱酬中形成的，明显受到了北齐作家的影响。两者间的区别，表面上看，作家作品数量不一；内里看，这与邺都、长安两地长久以来的文化发展态势相关。地域所形成的文化氛围体现在文化外形上，呈现出了不同的特质。

第一节　"邺下风流"局面的形成及其与长安儒学文明的对峙

隋唐文化有三源，北齐、北周并立于北方，与南朝江左文化共同构成了三种力量。北朝与南朝政权及文化的对立，向来研究瞩目者已多，北魏后期的颜之推在《颜氏家训》中的《言语》篇，曾言及南北风俗语言等多处不同。南北之异，在交流的使者中也存有别见。卢思道聘陈，诸人联句作诗："有一人先唱，方便讥刺北人云：'榆树欲饱汉，草长正肥驴。'为北人食榆，兼吴地无驴。故有此句。思道拔笔即续之曰：'共甑分饮水，同铛各煮鱼。'为南人无情义，同炊异馔也。"[①]南北朝之文学风格，唐初史家魏徵曾言及江左清绮与河朔贞刚之特点，以后的文学研究者则多从南朝、北朝，或者南北相较的角度阐述见解，而对北齐、北周两种政权，邺都与长安的文学表现之异

---

① （宋）李昉：《太平广记》卷二四七"卢思道"条，中华书局1981年版，第1915页。

等，则较少进行比较探讨，本书研究的重心在河东地域，而对邺都及长安的地域文学现象之分析就成为重点。

一 邺都与长安文化表现之异同

邺都，西依太行，北临漳河，有南北二城之分。北城在今天的河北临漳一带，为三国时曹魏所建，且定都于此。魏文帝曹丕曾在此受禅登基，后移都洛阳。城内有冰井台、铜雀台及金虎台。邺南城在漳水以南，在今河南安阳县境内，约兴建于北朝后期东魏时期。东魏天平元年（534）由洛阳迁都邺城，后又营建新都，遂为北齐都城。城内有太极殿、昭阳殿、仙都苑、华林园、玄洲苑等奢华建筑。邺都与长安在北魏同属于拓跋魏治下，后期则分别归属于北齐高氏和北周宇文氏，所体现出的文化体征也相异。

东魏、北齐与南朝文化交流较为频繁，邺都人文荟萃盛况尤为梁帝王称誉。"是时邺下风流者，以谐及陇西李神儁、范阳卢元明、北海王元景、弘农杨遵彦、清河崔瞻为首。初通梁国，妙简行人，神儁位已高，故谐等五人继踵，而遵彦遇疾道还，竟不行。既南北通好，务以俊乂相矜，衔命接客，必尽一时之选，无才地者不得与焉。梁使每入，邺下为之倾动，贵胜子弟盛饰聚观，礼赠优渥，馆门成市。宴日，齐文襄使左右觇之，宾司一言制胜，文襄为之抃掌。魏使至梁，亦如梁使至魏，梁武亲与谈说，甚相爱重。谐使还后迁秘书监，卒于大司农。"[①] 东魏与梁通好，交往使者以文雅辞采相互矜夸，促成邺都文士向南朝文化的进一步学习，且在规模中有超越自身向南朝学习的倾向性。到北齐武平年间，文林馆的设立，北齐文雅大盛，邺都文化之繁荣也随之达到了一个顶峰。卢思道在《河曲游》中曾提及邺都之奢华与文士集宴唱酬之盛：

邺下盛风流，河曲有名游。应徐托后乘，车马践芳洲。丰茸鸡树密，遥裔鹤烟稠。日上疑高盖，云起类重楼。金羁自沃若，

---

① （唐）李延寿：《北史》卷四三《李谐传》，中华书局1974年版，第1604页。

兰棹成夷犹。悬匏动清吹，采菱转艳讴。还珂响金埒，归袂拂铜沟。唯畏三春晚，勿言千载忧。①

北齐帝王与臣子嗜好文章写作，且情采斐然。突出者如北齐文襄帝高澄，史载其"美姿容，善言笑，谈谑之际，从容弘雅。性聪警，多筹策，当朝作相，听断如流。爱士好贤，待之以礼，有神武之风焉"②。这与北周帝王宇文氏尊上古三皇五帝之道，节俭立身，尚质朴之文的倾向不同。高澄也是一位颇有才情的帝王，《与侯景书》是高澄写给侯景的一篇骈体书信，以四六体运文，却又不为骈体文辞采冗赘所累，情感浇铸其间：

先王与司徒契阔夷险，孤子相依，偏所眷属，缱绻襟期，稠缪素分，义贯始终，情存岁寒。司徒自少及长，从微至著，其相成立，生非无恩。既爵冠通侯，位标上等，门容驷马，食飨万锺，财利润于乡党，荣华被于亲戚。意气相倾，人伦所重，感于知己，义在不忘。眷为国士者，乃立漆身之节；馈以壶飨者，便致扶轮之效。若然尚不能已，况其重于此乎……③

骈体与散体文相对，与辞赋既相联系又有区别。从行文方式来看，辞赋重在排比，而骈体文则以四六体的偶对为主。六朝骈赋之体，多是赋中夹杂着骈体。骈体文在南朝较为盛行，名篇如吴均《与朱元思书》。庾信的生活和成长主要在南朝，故其《哀江南赋》也可窥见南朝之骈体文风格。北齐除高澄的《与侯景书》外，另有魏收《枕中篇》："若夫岳立为重，有潜戴而不倾；山藏称固，亦趋负而弗停；吕梁独浚，能行歌而匪惕；焦原作险，或跻踵而不惊；九骇方

---

① （隋）卢思道：《卢思道集校注》，祝尚书校注，巴蜀书社2001年版，第35页。
② （唐）李延寿：《北史》卷六《文襄帝传》，中华书局1974年版，第236页。
③ （清）严可均校辑《全上古三代秦汉三国六朝文》，中华书局1958年版，第3825页。

第二章　"邺下风流"的出现与河东士人薛道衡的文学表现　51

集，故眇然而迅举；五纪当定，想窅乎而上征。"①也是四六骈体格式。北齐文雅之盛，不仅表现在南来文士的诗文之作，更重要的在于大批北地诗人的成长并且挺立于文坛。见诸《北史》卷八三《文苑传》中的卢思道、薛道衡、魏收、邢邵等，多是孕育在北土环境中而成长起来的，北周文士则以南来的王褒、庾信为主，少有自身培养起来的。这种文化状况的形成与北周帝王雅重经典，复兴上古帝王之道的复古之策有深远的关系。

　　进入长安前的宇文氏家族长期生活于北部边境，崛起于北魏末年的六镇变乱中。崇尚武力而文化程度较弱是宇文氏家族的文化背景。北周建国后，宇文氏开始重视文化制度的建设，而所取法的对象则是周公之制："周文受命，雅重经典。于时西都板荡，戎马生郊，先王之旧章，往圣之遗训，扫地尽矣。于是求阙文于三古，得至理于千载，黜魏、晋之制度，复姬旦之茂典。"②帝王好尚古周公之制，臣子遂有"糠秕魏、晋，宪章虞、夏"之意，而建言为文，务求质朴。"周氏创业，运属陵夷，纂遗文于既丧，聘奇士如弗及。是以苏亮、苏绰、卢柔、唐瑾、元伟、李昶之徒，咸奋鳞翼，自致青紫。然绰建言务存质朴，遂糠秕魏、晋，宪章虞、夏，虽属辞有师古之美，矫枉非适时之用，故莫能常行焉。"③。由向往殷周德治而形成的质朴的文学观念在北周极为盛行，"常思复礼殷周之年，迁化唐虞之世"④的思想在帝王心中根深蒂固，且几乎贯穿始终，到了北周后期周静帝大象年间（579—580）才有了改变。受此影响，北周文学也处于贫瘠之态，诗歌的创作乏善可陈，唯有涉及边塞之情的诗作有雄豪之气，诸如高琳的《宴诗》："寄言窦车骑，为谢霍将军。何以报天子，沙漠静

---

①　（北齐）魏收：《枕中篇》，（清）严可均校辑《全上古三代秦汉三国六朝文》，中华书局1958年版，第3849页。

②　（唐）李延寿：《北史》卷八一《儒林传序》，中华书局1974年版，第2706页。

③　（唐）令狐德棻：《周书》卷四一《王褒·庾信传论》，中华书局1971年版，第744页。

④　（唐）令狐德棻：《周书》卷四五《儒林传》，中华书局1971年版，第809页。

妖氛。"① 情辞梗概，有风骨之气。另外，周明帝宇文毓有与王褒同咏的诗歌《和王褒咏摘花》，也颇能反映北周的诗歌创作状态，"玉宛承花落，花落宛中芳。酒浮花不没，花含酒更香"，质朴简洁。长安文学多是在崇尚殷周文化的号召下发展而来，表现在诗歌散文的创作上，呈现出质朴、单狭的特点。而邺都文化与长安一味学古的倾向不同，体现出了追新、创新型的特点。"邺下风流"局面的出现一方面是与南朝文化交流的结果，同时也体现了北齐帝王对文化模式的选择和认同有别于北周。

二 邺都文化的培植及与长安之差异性

邺都与长安，孕育在两种不同的文化模式之内，呈现出不同的都市及人文风貌。前者富丽，后者质朴。表现在士人风貌上，邺都文士流连于诗歌文会，酬唱饮宴；而长安士人则中规中矩地践行周王之道。

卢思道的作品多为入隋之前所作②，其作品中一个重要的主题即是对邺都生活的称颂。如前所引《河曲游》，又如《城南隅燕》："城南气初新，才王邀故人。轻盈云映日，流乱鸟啼春。花飞北寺道，弥散南漳滨。舞动淮南袖，歌扬齐后尘。骈镳歇夜马，接轸限归轮。公孙饮弥月，平原燕浃旬。即是消声地，何须远避秦。"③ "花飞北寺道，弥散南漳滨"，透露出作诗的地点在漳水之南，北齐新营建的邺都。诗中既有对歌舞升平的都市生活的描摹，又弥漫着浓郁的文人情思。类似地，富贵逼人、歌舞娱乐的场景在《后园宴》中也屡次出现："常闻昆阆有神仙，云冠羽佩得长年。秋夕风动三株树，春朝露湿九芝田。不如邺城佳丽所，玉楼银阁与天连。太液回波千丈映，上林花树百枝燃。"④ 南朝诗歌中处于歌舞助兴，以色技娱人的女性角度

---

① 逯钦立辑校：《先秦汉魏晋南北朝诗》，中华书局1983年版，第2325页。
② 倪其心先生有《关于卢思道及其诗歌》一文，发表于《文学遗产》1980年第2期，经过详细考证，认为卢思道的乐府诗均在隋代之前完成。
③ （隋）卢思道：《卢思道集校注》，祝尚书校注，巴蜀书社2001年版，第33页。
④ 同上书，第31页。

定位在卢思道诗歌中也有所体现,典型如《美女篇》:"京洛多妖艳,馀春爱物华。俱临邓渠水,共采邺园花。时摇五明扇,聊驻七香车。情疏看笑浅,娇深眄欲斜。微津染长黛,新溜湿轻纱。莫言人未解,随君独问家"① 等等。

长安的文化政策则是复古保守的。历代帝王几乎都奉行简朴的生活模式,周明帝宇文毓曾颁布过《大渐诏》述及自身的理想生活状况:"朕秉生俭素,非能力行菲薄,每寝大布之被,服大帛之衣,凡是器用,皆无雕刻。身终之日,岂容违弃此好。丧事所须,务从俭约,敛以时服,勿使有金玉之饰。若以礼不可阙,皆令用瓦。"② 北周质朴的文化形态不仅表现在帝王对自身物质生活的约束,克勤克俭;同时,对北齐奢靡的宫廷建筑及生活方式也极力抵制。建德五年(576),周武帝攻占邺都后,对城内园台采取完全毁撤的方法,颁布了《毁撤齐国园台诏》:

伪齐叛涣,窃有漳滨,世纵淫风,事穷雕饰。或穿池运石,为山学海,或层台累构,概日凌云。以暴乱之心,极奢靡之事,有一于此,未或弗亡。朕菲食薄衣,以弘风教,追念生民之费,尚想力役之劳。方当易兹弊俗,率归节俭。其东山南园及三台,可并毁撤。瓦木诸物,凡入用者,尽赐下民。山园之田,各还本主。③

雕饰与节俭代表了两国所取的不同标准。周武帝下令毁掉的还有邺都繁华的宫殿设置:"京师宫殿,已从撤毁。并、邺二所,华侈过度,诚复作之非我,岂容因而弗革。诸堂殿壮丽,并宜除荡,甍宇杂

---

① (隋)卢思道:《卢思道集校注》,祝尚书校注,巴蜀书社2001年版,第29页。
② (北周)宇文毓:《大渐诏》,《全后周文》卷一,(清)严可均校辑《全上古三代秦汉三国六朝文》,中华书局1958年版,第3889页。
③ (北周)宇文邕:《毁撤齐国园台诏》,《全后周文》卷三,(清)严可均校辑《全上古三代秦汉三国六朝文》,中华书局1958年版,第3895页。

物，分赐贫民。三农之隙，别渐营构，止蔽风雨，务在卑狭。"① 崇尚"卑狭"，以满足基本物质条件为基准的生活需求所能体现出来的是文化上的质朴特色，这种质朴性的要求又带有回溯历史的特点在内，其复古的政治理念虽在一定程度上缓和了阶级矛盾，却无助于文化形态的更新递进。两种文化形态的形成，源自内部不同的培植模式，北齐重才干，而北周则以德、孝为先。北齐士林重视才干，所实践的仕宦途径是以才致仕，卢思道在赠阳休之的诗《序》中曰："夫士之在俗，所以腾声迈实、郁为时宗者，厥涂有三焉：才也，位也，年也。才则弘道立言，师范雅俗；位则乘轩服冕，爕代天工；年则贰膳杖朝，致养胶序。"② 才、位、年三种途径中，才的位置最前。重视才干，不依家世的取用途径在北齐较为特殊，文林馆所收纳的文士也依照文才取用南北士林。而北周则对士人的取用则以德、孝为先："孝为政本，德乃化先，既表天经，又明地义。荣先居丧致疾，至感过人，穷号不反，迄乎灭性。行标当世，理镜幽明，此而不显，道将何述。可赠沧州刺史，以旌厥异。"③ 德、孝的标准在上古唐尧、虞舜时已蔚为风尚，孔子述礼作乐，进一步将德、孝标准纳入了儒家的文化范畴之内，且将之进一步纲纪化。北周之崇德、孝，有从尧舜、周公之典到孔子之儒的认识转化过程，且在确立了儒家的正统地位后，对释道两教，尤其是道教采取了极为排斥的态度。北周对儒释道三教的态度前后有别。早期三教并废，在确立了儒教的正统地位后，又废立了释道两教。"朕受天命，宁一区宇。世弘三教，其风逾远，改定至理，多愆陶化，今并废之。然其六经儒教之弘政术，礼义忠孝，于世有宜，故须存立。且自真佛无像，遥敬表心，佛经广叹；崇建图塔，壮丽修造，致福极多；此实无情，何能恩惠？愚人向信，倾竭珍财，徒为引

---

① （北周）宇文邕：《毁撤齐国园台诏》，《全后周文》卷三，（清）严可均校辑《全上古三代秦汉三国六朝文》，中华书局1958年版，第3895页。

② （隋）卢思道：《仰赠特进阳休之诗》，《卢思道集校注》，祝尚书校注，巴蜀书社2001年版，第21页。

③ （北周）宇文毓：《赠秦荣先诏》，《全后周文》卷一，（清）严可均校辑《全上古三代秦汉三国六朝文》，中华书局1958年版，第3889页。

费，故须除荡。故凡是经像，皆毁灭之。父母恩重，沙门不敬，悖逆之甚，国法不容。并退还家，用崇孝始。朕意如此，诸大德谓理何如。"① 对释道源流及教义之异，归于乖离之途："至道弘深，混成无际，体包空有，理极幽玄。但歧路既分，流源逾远，淳离朴散，形气斯乖。遂使三墨八儒，朱紫交竞，九流七略，异说相腾。道隐小成，其来旧矣。不有会归，争驱靡息。自今可立通道观，圣哲微言，先贤典训，金科玉篆，秘迹玄文，所以济养黎元，扶成教义者，并宜弘阐，一以贯之。"② 在接受释道二教之后，又尊佛黜道。甄鸾著有《笑道论》三卷，将老子自然之道与道家方术区别开，斥责道教之伪，诸如"害亲求道"、"延生年符"、"服丹金色"、"改佛为道"、"偷佛因果"、"道士奉佛"等，也确实反映了道教经典著作所受西土佛经的影响。诸如"改佛为道"之论："且佛经博约，词义弘深，千卷百部，无重文者。不同老经，自无别计，倚傍佛经，开张卷部。且五千之文，全无及佛，佛之八藏，亦不论道，自余后作，皆窃佛经，后自明之，不广其类。"③ 道教经书确有篡改袭用之疑。道教神仙之术，重在求取今生的得道成仙之法，佛教则以因缘说起理，以今生的修行换取来世的福果，所指是往生的世界。佛道二教在今生与往生的问题上出现了对立，道教今生的修行较之佛教的来生，更为实际也更为不可实现，神仙之术在现实的世界中往往得不到满足，佛道二教优劣之说在士林间弥漫，道教徒也开始对自身教派怀疑，且有出道入佛的举动。北齐颁布的《听度道士为沙门诏》反映了当时佛道之间的兴衰现象：

  法门不二，真宗在一，求之正路，寂泊为本，祭酒道者，世中假妄，俗人未悟，仍有祗崇，曲蘖是味，清虚焉在，胸脯斯

---

① （北周）宇文邕：《叙废立义》，《全后周文》卷三，（清）严可均校辑《全上古三代秦汉三国六朝文》，中华书局1958年版，第3897页。

② （北周）宇文邕：《立通道观诏》，《全后周文》卷二，（清）严可均校辑《全上古三代秦汉三国六朝文》，中华书局1958年版，第3893页。

③ （北周）甄鸾：《笑道论》，《全后周文》卷二〇，（清）严可均校辑《全上古三代秦汉三国六朝文》，中华书局1958年版，第3985—3986页。

甘，慈悲永隔，上异仁祠，下乖祭典，皆宜禁绝，不复遵事，颁敕远近，咸使知闻，其道士归伏者，并付昭玄大统上法师，听度出家，不发心者，可令染剃。①

较之北周由"三教并弃"到"尊儒道，弃释道"，再到"尊佛排道"的认识态度，北齐对三教的态度是较为通融的，对儒家经籍之学尤为重视，邺都新宫的营造就曾访询于李业兴，"通直散骑常侍李业兴，硕学通儒，博闻多识，万门千户，所宜访询"②。此外，对百家之学、绮丽文章也相容纳。博通与能文成为入选士林的一个重要标准："弱龄好古，晚节逾厉，枕籍六经，渔猎百氏。文章绮艳，体调清华，恭慎表于闺门，谦挹著于朋执。实后进之词人，当今之雅器。必能效节一官，骋足千里。"③对文章之学重视的同时，对儒老之道，尤其是庄老之道也表现出了认同的倾向。北齐士人杜弼有《上老子道德经注表》一文：

臣闻乘风理弋，追逸羽于高云；临波命钓，引沈鳞于大壑。苟得其道，为工其事，在物既尔，理亦固然。窃唯《道》、《德》二经，阐明幽极，旨冥动寂，用周凡圣。论行也清静柔弱，语迹也成功致治。实众流之江海，乃群艺之本根。臣少览经书，偏所笃好，虽从役军府，而不舍游息。④

"实众流之江海，乃群艺之本根"，指出了老子之道与术艺的渊源关系。儒家尚雅正，老庄崇自然、玄虚之道，在处理文艺的实与虚之

---

① （北齐）高洋：《听度道士为沙门诏》，《全北齐文》卷一，（清）严可均校辑《全上古三代秦汉三国六朝文》，中华书局1958年版，第3828页。

② （北齐）辛术：《奏邺都营构宜访询李业兴》，《全北齐文》卷六，（清）严可均校辑《全上古三代秦汉三国六朝文》，中华书局1958年版，第3861页。

③ （北齐）刘逖：《荐辛德源表》，《全北齐文》卷八，（清）严可均校辑《全上古三代秦汉三国六朝文》，中华书局1958年版，第3869页。

④ （北齐）杜弼：《上老子道德经注表》，《全北齐文》卷五，（清）严可均校辑《全上古三代秦汉三国六朝文》，中华书局1958年版，第3852页。

间，老庄之道更能接近文艺为性灵之物的宗旨。老子在一体化的"道"的诉求下，建立了一个辩证而合一的思想体系；庄子则在纵横驰骋的想象世界里将人生幻化，通向了不同的艺术形态，由此也连接了人生与臆想，真实与幻想。儒家所致力的文质彬彬的人文风貌，表现在文学上则是雅正的、雍容和缓的文风；庄老则形成了瑰丽、夸饰的文风。

三 诗歌和散文发展的倾向性差异

邺都和长安所表现出的文学特点不一。"邺下风流"局面的出现，一方面与南朝梁及陈的频繁交流有关；另一方面，邺都文学有其自生自长的特性在内。追求丽辞、偶对及作诗的技巧性，诗文中的闲散情趣多有从南朝习得的痕迹，而清刚之气则呈现出由质朴而来的特殊风貌。相较而言，北周诗歌更多地体现在"质朴"风格上，而北齐则摆脱了"质朴"的"卑狭"特色，而以丽辞、情采为诗文传达的重点。情感抒发是诗歌的主要功能特征，北齐诗歌又体现出不同于南朝的特点：其一，题材上，边塞、征战一类的诗歌，壮士豪情与真实的塞外异景奠定了作诗的基调；其二，占据北齐诗歌极大分量的宴游诗，从南朝诗惊艳叙述、精细摹物的作诗技巧中演化出新的变体，乡土眷恋与对友人的真挚怀念占据了宴游诗主题的大部分，北周的南来作家庾信、王褒更多地体现出了这种特点。一方面有对故土之思的积淀在内；另一方面，也体现出优秀诗人对新鲜的作诗情感养料的汲取补充。从这一点上来看，北齐帝王及臣民虽竞相崇尚奢靡，诗文特点亦有繁丽之风，却不坠入靡而伤的窠臼。

邺都文学相较于长安，体现出更多的审美化色彩，而长安文学则陷入了政治化的阴影中。文学的发展处在政治格局的影响之下，呈现出倒退复古的特点，诗歌丽辞与情采的本位功能弱化，语词之朴与情感之质突出地呈现在诗与文的创作中。而诉诸文学表现与政治功能背后的推手则是极度向往古周之制的宇文氏皇族与儒林人物苏绰、卢辩等士人。在此影响下，北周儒学的发展体现出复古与发展的矛盾性存在，与这种矛盾性相伴随的还有儒林士人所奉行的政治准则与实际信仰的背离。这种背离性,一方面体现出儒生之治下的古周之制与反儒教的矛盾;另一方面,北周儒林颇有博学通达之人,虽为儒生,却也有钻研释老的嗜好,诸如发动北周向古周学习,文体以《大诰》为准的儒生苏绰。《苏绰传》载:"绰少好学,博览群书,尤善算术。……太祖大悦,因问天地造化之始,历代兴亡之迹。绰既有口辩,应对如流。太祖益喜。乃与绰并马徐行至池,竟不设纲罟而还。遂留绰至夜,问以治道,太祖卧而听之。绰于是指陈帝王之道,兼述申韩之要。太祖乃起,整衣危坐,不觉膝之前席。"① 苏绰显然不是旧式的禁锢于经书注解的儒生,而体现出博通儒、法、道、释诸家的学养特点。所复行的古周之制,寓有兴复帝王之道,一统南北的政治寄托在内,这种强烈的政治愿望表现在言论中即是反对魏晋,乃至秦汉以来的文化,所诉诸的乃是五帝三王的德治。"自有晋之季,文章竞为浮华,遂成风俗。太祖欲革其弊,因魏帝祭庙,群臣毕至,乃命绰为大诰,奏行之。"② 由反思近世之治,而将矛头指向了秦汉、晋宋。晋宋以来文章之弊,向为史家及文论家所批判,进而晋宋与汉魏成为文论范畴中相对立的两个时代,在唐人的文风论述中时常可以窥见。这股驳斥之风唐初由陈子昂捐起:"文章道弊,五百年矣。汉魏风骨,晋宋莫传。然而文献有可征者。仆尝暇时观齐梁间诗,彩丽竞繁,而兴寄都绝,每以咏叹。思古人,常恐逦迤颓靡,风雅不作,以耿耿也。"③ 汉魏与晋宋、齐梁成为两种反向文风的代表,前者有风骨之美,兴寄之托;后者则追求华文繁彩之辞饰。初唐四杰的杨炯在对"竞为雕刻"的"龙朔诗风"批判的前提下对骨气、刚健之美提出了呼吁的口号:"尝以龙朔初载,文场变体,争构纤微,竞为雕刻,糅之以金玉龙凤,辞之朱紫青黄,影带以循其功,假对以称其美,骨气

---

① (唐)令狐德棻:《周书》卷二三《苏绰传》,中华书局1971年版,第381—382页。
② 同上书,第391页。
③ (唐)陈子昂:《修竹篇序》,(清)彭定求等编校《全唐诗》卷八三,中华书局1999年版,第893页。

都尽，刚健不闻。"① 四杰诗歌虽也有六朝诗歌华美的底色，然境界开朗，所透露出来的初唐气象已不是六朝诗所能牢笼的，这与四杰有意识地学习汉魏诗风是分不开的。中唐时期韩柳古文运动以"文以载道"的口号擎起散体文运动的旗帜，反对六朝文学骈体华美之文，韩愈身体力行，被誉以"文起八代之衰"，更是一种激进地回归儒家政治之复古主张。而北周的复古运动则开有唐复古之先，且自上而下推行，程度剧烈，为后世所不及。苏绰的《大诰》之文即是仿照《尚书·大诰》而来：

> 皇帝曰："昔尧命羲和，允厘百工。舜命九官，庶绩咸熙。武丁命说，克号高宗。时惟休哉，朕其钦若。格尔有位，胥暨我太祖之庭，朕将丕命女以厥官。"
> ……
> 皇帝若曰："惟天地之道，一阴一阳。礼俗之变，一文一质。……惟我有魏，承乎周之末流，接秦汉遗弊，袭魏晋之华诞，五代浇风，因而未革，将以穆俗兴化，庸可暨乎。……勿替勿忘，一乎三代之彝典，对于道德仁义，用保我祖宗之丕命。"②

复兴古周之制的同时，对周公之德，周代之礼又做出了不同于汉魏之儒的区分，北周帝王所希图建立的是古周的德治及礼法社会，非汉代之儒家社会，而现实的困惑在于苏绰、卢辩等儒生们无法全部回复到北周社会中去，其文化体态呈现出复古周公与沿袭汉魏的混杂形式：

> 辩少好学，博通经籍，举秀才，为太学博士。以《大戴礼》未有解诂，辩乃注之。其兄景裕为当时硕儒，谓辩曰："昔侍中

---

① （唐）杨炯：《王勃集序》，周绍良主编《全唐文新编》卷一九一，吉林文史出版社2000年版，第2195—2196页。
② （北周）苏绰：《大诰》，（唐）令狐德棻《周书》卷二三《苏绰传》，中华书局1971年版，第391—393页。

注《小戴》，今尔注《大戴》，庶纂前修矣。"……初，太祖欲行《周官》，命苏绰专掌其事。未几而绰卒，乃令辩成之。于是依《周礼》建六官，置公、卿、大夫、士，并撰次朝仪，车服器用，多依古礼，革汉、魏之法。事并施行。……于时虽行《周礼》，其内外众职，又兼用秦汉等官。①

卢辩是继承苏绰对北周进行复古政治的推行者。北周的礼节主观上有模仿《周礼》的意图，"车服器用，多依古礼，革汉、魏之法"，古周与汉、魏之别在北周儒生那里有了清晰的主观区分。事实上，古周礼制并不能全然照搬到北周社会去，故出现了礼仪制度尊用周礼，而官员职责的设置又考秦汉旧法的现象。这种矛盾性在北周儒生所参与的文化政策与自身喜好上也可体现出来。北周帝王屡次颁布毁撤佛道寺观的诏令，对佛、道二教抵制的态度多次宣之于口，而儒林士人如苏绰本是兼通博达之人，著有《佛性论》、《七经论》，对诸家流派思想原均有所习读，佛道二教固然有糟粕，但精华性的玄理思辨及求向内心自省自静的修习法术苏绰当有所学习，这与早期的北周政权灭佛道二教之诏令看上去格格不入。

北周帝王及核心政党人员极力反对魏、晋文术，在生活上体现为崇尚质朴本色，文学上则抵制华美夸饰的辞赋及骈俪偶对的诗文。其自身原本有草原部落民族的特色在内，早期生活崇武而弱文，品性中质朴之美源自天然："胜长于丧乱之中，尤工武艺，走马射飞鸟，十中其五六。太祖每云：'诸将对敌，神色皆动，唯贺拔公临阵如平常，真大勇也。'自居重位，始爱坟籍。乃招引文儒，讨论义理。性又通率，重义轻财，身死之日，唯有随身兵仗及书千余卷而已。"② 由崇武而转向经史、义理之好，这也反映了草原部族在进入中原后自觉的文化转向。在推行古周之制，变革魏晋丽辞之文的帝王家族内部，也较早出现了倾心于追求文学美质的人物。以滕王宇文逌为首："滕闻王逌，字尔固突。少好经史，解属

---

① （唐）令狐德棻：《周书》卷二四《卢辩传》，中华书局1971年版，第403—404页。

② （唐）令狐德棻：《周书》卷一四《贺拔胜传》，中华书局1971年版，第220页。

文。……追破其渠帅穆友等，斩首八千级。还，除河阳总管。宣政元年，进位上柱国。其年，伐陈，诏迪为元帅，节度诸军事。"① 宇文迪与南来文士庾信、王褒交流唱和最为频繁，且为庾信文集作序。《庾信集序》主要仍以散体韵文为主，而骈体之文多夹杂其间，骈俪辞藻的意识开始影响且作用于宇文氏族人。这种文体审美意识的转向自"雅好诗文"的周明帝宇文毓已有了变化，到北周后期更趋明显。从家族内部来看，弘农杨氏由杨坚、杨素到杨广的变化更好地显示出了经历文化碰撞之后的家族与个人，文化转向之快及文学素养提高之迅速。北周到隋的文学风貌变化，也体现出由崇质向尚文转化的特点，文学形式上的表层变化反映的是文化观念的变革，而文化的嬗变则是缓慢的，文学体式的更新则呈现出既新且快的特点。北周帝王与臣子在日渐濡染汉文化传统，积累达到一定程度后，对汉文化及文学逐渐显示出了认同，最先排斥汉化的宇文氏内部也最先产生出了诗文的嗜好者。到隋炀帝杨广的嗜好诗文雅乐，在文化素养本就较高的士大夫推动下，遂形成一股强劲的诗文创作之风。

  北齐的文学现象又不同于北周。从文化素养来看，北齐帝王均表现不俗。高欢有《上节闵帝出师表》，情理惬当；高澄表现出对散文创作的喜爱和擅长，更为重要的是对文化之士的尊重与爱护。诸如对裴宽的倾心相待。名作《与侯景书》骈散兼用，注重骈文技巧的偶对，同时又贯注以强烈的气势；高洋有《追赠陈元康诏》、《问沙汰释老诏》等文章，典雅稳重，对释老之叩问又见出求因明果的学者之思。后主高纬更是喜好文辞音律：

  帝幼而令善，及长，颇学缀文，置文林馆，引诸文士焉。而言语涩呐，无志度，不喜见朝士。自非宠私昵狎，未尝交语。性懦不堪，人视者，即有忿责。……盛为无愁之曲，帝自弹胡琵琶而唱之，侍和之者以百数。人间谓之无愁天子。……诸宫奴婢、阉人、商人、胡户、杂户、歌舞人、见鬼人滥得富贵者将万数。庶姓封王者百数，不复可纪。……宫掖婢皆封郡君，宫女宝衣玉

---

① （唐）令狐德棻：《周书》卷一三《宇文迪传》，中华书局1971年版，第206页。

食者五百余人，一群直万疋，镜台直千金，竞为变巧，朝衣夕弊。承武成之奢丽，以为帝王当然。乃更增益宫苑，造偃武修文台，其嫔嫱诸宫中起镜殿、宝殿、玳瑁殿、丹青雕刻，妙极当时。又于晋阳起十二院，壮丽逾于邺下。①

后主对奢丽之风的喜爱达到了北齐帝王的高峰，而这种奢丽之风不仅表现在诗文的华彩繁缛上，在宫室殿堂的修建及生活起居方面都呈现出了奢靡的特点。与北周帝王对魏晋以来丽辞情藻文学之风的抵制相对，北齐帝王对文学的喜好则是自发随性的，其文学呈现出自上而下的特点。表现在家族内部，出现群体性的嗜好雅文，或有文学才情之特点，如祖珽家族成员。祖珽，"珽天性聪明，事无难学，凡诸技艺，莫不措怀，文章之外，又善音律，解四夷语及阴阳占候，医药之术尤是所长。……珽善为胡桃油以涂画，乃进之长广王，因言：'殿下有非常骨法，孝徵梦殿下乘龙上天。'王谓曰：'若然，当使兄大贵。'及即位，是为武成皇帝，擢拜中书侍郎，帝于后园使珽弹琵琶，和士开胡舞，各赏物百段"②；其子君信，"涉猎书史，多诸杂艺。位兼通直散骑常侍，聘陈使副，中书郎"③；珽弟孝隐，"亦有文学，早知名。词章虽不逮兄，亦机警有辩，兼解音律。魏末为散骑常侍，迎梁使"④；祖孝隐从父弟茂，"颇有辞情，然好酒性率，不为时重"⑤；而珽族弟崇儒，"涉学有辞藻，少以干局知名"⑥。值得注意的是，北齐发展起来的汉文学艺术并不是一枝独秀的，同时发展的还有胡族歌舞艺术。除去帝王之家对胡汉艺术的热爱，协调两种文化势力，对两个民族的均衡及升沉打压也隐含在帝王的统御之术中。

---

① （唐）李百药：《北齐书》卷八《后主高纬纪》，中华书局1972年版，第112—113页。

② （唐）李百药：《北齐书》卷三九《祖珽传》，中华书局1972年版，第516页。

③ 同上书，第521页。

④ 同上。

⑤ （唐）李百药：《北齐书》卷三九《祖珽传》，中华书局1972年版，第521页。

⑥ 同上书，第522页。

北齐诗文的主体以汉文人为主。其繁荣有两个重要的前提性条件：其一，文人之间的交往唱和之作趋向频繁。如北地才子邢邵，"年未二十，名动衣冠，尝与右北平阳固、河东裴伯茂、从兄昕、河南陆道晖等至北海王昕舍痛饮，相与赋诗、凡数十首，皆在主人奴处"①。北平阳氏、河东裴氏在北齐颇出人才，且家族内部表现出了浓厚的诗文情趣。而河南陆氏本为兰陵贵姓，文化素养较高的家族其才情也得到展示。士人之间以文交友的目的又进一步促进了文人创作朝向快且成名早的方向发展。"杨愔阖门改葬，托谌之顿作十余墓志，文皆可观。让之、谌之及皇甫和弟亮并知名于洛下，时人语曰：'谌胜于让，和不如亮。'"②而长于辞赋创作的魏收，"年十五，颇已属文。……永安三年，除北主客郎中。节闵帝立，妙简近侍，诏试收为《封禅书》，收下笔便就，不立稿草，文将千言，所改无几。时黄门侍郎贾思同侍立，深奇之，白帝曰：'虽七步之才，无以过此。'"③邢邵，"十岁，便能属文，雅有才思，聪明强记，日诵万余言。族兄峦，有人伦鉴，谓子弟曰：'宗室中有此儿，非常人也。'少在洛阳，会天下无事，与时名胜专以山水游宴为娱，不暇勤业。尝因霖雨，乃读《汉书》，五日，略能遍记之。后因饮谑倦，方广寻经史，五行俱下，一览便记，无所遗忘。文章典丽，既赡且速"④。其二，士人间清谈风气的延续。清谈之风始自汉末，两晋南朝遍及士林。清谈源自于中国古典的哲学老庄之道，这与纯为舶来品的佛教不同。六朝清谈有空谈不务实的特点，但清谈之风朝向内心安静淡然的修为，以庄老之宗旨体察所行所为，参悟自然，反省自身，其所连接的是古典士大夫断续相承的文化精神，与佛教相较，更为本土化与士大夫化。清谈在北周罕闻，而北齐士人间却流有此种风尚。如杜弼，"儒雅宽恕，尤晓吏职，所在清洁，为吏民所怀。耽好玄理，老而愈笃。又注《庄子·惠

---

① （唐）李百药：《北齐书》卷三六《邢邵传》，中华书局1972年版，第475页。
② （唐）李百药：《北齐书》卷三五《裴谌之传》，中华书局1972年版，第467页。
③ （唐）李百药：《北齐书》卷三七《魏收传》，中华书局1972年版，第483页。
④ （唐）李百药：《北齐书》卷三六《邢邵传》，中华书局1972年版，第475页。

施篇》、《易·上下系》,名《新注义苑》,并行于世"①。又如北齐声名盛于一时的王昕,"雅好清言,词无浅俗"②。文士间嗜好清谈之风与北周重实用、取法典重、有古朴之风的特点有较大差别。从这一点上来看,北齐与南朝的文化交流最为贴近,形式与内容上体现出了不同形式的复现。其清谈之风不是个别的现象,在上流社会中俨然已成为一种风气。以文名才俊享誉一时的河东裴氏,"为太原公开府记室。与杨愔友善。相遇则清谈竟日"③。杨愔是北齐时期掌握人才铨擢的重要官员,士人多由其擢拔,从此条记载来看,杨愔与裴让之的交好,且喜好清谈,不难见出北齐士林对清谈之风的喜好之情。

北齐、北周诗歌和散文的发展呈现出不同的倾向。与此同时,帝王与士林间也体现出相异的特点,这些特点更为深入地诱导出了两者文学发展态势之不同,在表与里,自然与人为之间,北齐靠近于文学发展的自然态势,而北周则过多地体现出宇文氏与儒生作用的痕迹,这种强制性或许利于政治形态的发展,但却有悖于文学发展的自然规律。

第二节　河东地域的文化及文学状况

南北朝之际,河东之地是一个变动与更新较为剧烈的区域。从外在形态上看,胡族南下入侵,世家大族多数南迁,汾水流域遂为胡族势力所控制,胡族文化与胡风、胡乐、胡舞一度畅行;与此同时,汉族士人也以习得胡语与胡舞为晋阶保身的一种方法。《颜氏家训·教子》篇载:"齐朝有一士大夫,尝谓吾曰:'我有一儿,年已十七,颇晓书疏,教其鲜卑语及谈琵琶,稍欲通解,以此伏事公卿,无不宠爱,亦要事也。'"④可见鲜卑文化在当时北方地区有相当大的普及

---

① (唐)李百药:《北齐书》卷二四《杜弼传》,中华书局1972年版,第353页。
② (唐)李百药:《北齐书》卷三一《王昕传》,中华书局1972年版,第416页。
③ (唐)李百药:《北齐书》卷三五《裴让之传》,中华书局1972年版,第465页。
④ (北齐)颜之推:《颜氏家训集解》卷一《教子》篇,王利器集解,中华书局1993年版,第21页。

面。作为胡汉文化的交汇区,汾河流域为鲜卑氏人所控制,汉文化遭遇了困境与挑战,这一现象不是河汾地域独有的,黄河流域及其以北的多数地区都曾为胡人所控制,汉文化中精髓的儒道两家,不见作用于官方形态,但汉文化的复活且在多民族的文化中呈现出主导地位,却较早在河汾地域有了体现。这种文化性的复苏首先体现在儒道文化上:"时兵荒之后,儒雅道息,谨命立庠序,教以诗书。三农之暇,悉令受业,躬巡邑里,亲加考试,河汾之地,儒道更兴。"① 在儒道复兴的基础上,诸种文学形态表现出了积极的发展态势。本节所探讨的内容即是在北朝后期,北齐与北周并立之际,河东地域士人,主要是裴、柳、薛氏三大家族的文化特征及其文学表现。

一 河东地域三大家族与乡土之关系及其文学表现

裴氏、柳氏、薛氏虽同为河东地域三大家族,然其与乡土之关系及政治、社会表现并不相同。其中,裴氏入居河东时间最早:"非子之支孙封䢵乡,因以为氏,今闻喜䢵城是也。六世孙陵,当周僖王之时封为解邑君,乃去'邑'从'衣'为裴。裴,衣长貌。"② 裴氏定居河东以来,与乡土关系较为紧密。《河汾燕闻录》"山西"条记载:"闻喜之裴,自后汉裴辑而下,葬北仓村,数里之间,凡五十二人,皆尚书、侍郎、国公、将相,亦宇内罕有也。"③《闻喜县志》则详细记录了汉晋唐以来凤凰原一带,中仓底、永青、赵村、柳泉、坡底、居台庄、爱里诸村,共计九十三位裴氏族人坟冢的情况。④ 而柳氏、薛氏远不具备这样的规模。

据《新唐书》记载,柳氏约在秦时迁居河东:"秦并天下,柳氏迁于河东。秦末,柳下惠裔孙安,始居解县。安孙隗,汉齐相。六世

---

① (唐)李延寿:《北史》卷三六《薛谨传》,中华书局1974年版,第1325页。
② (北宋)宋祁、欧阳修:《新唐书》卷七一上《宰相世系表》,中华书局1975年版,第2180页。
③《山西通志》二二九引《燕闻录》,文渊阁《四库全书》本。
④ (清)李遵唐:《闻喜县志》卷九《坟墓》。

孙丰，后汉光禄勋。六世孙轨，晋吏部尚书。"①永嘉乱起后，柳氏东眷、西眷均曾南迁，后魏、梁、陈时期又有返归乡里的倾向，返乡后的柳氏在乡里的势力已大不如裴氏。与南徙的柳氏相比，薛氏在刘备西蜀灭亡之后，随即北迁进入河东汾阴，"永生齐，字夷甫，巴、蜀二郡太守，蜀亡，率户五千降魏，拜光禄大夫，徙河东汾阴，世号蜀薛。二子：懿、始。懿字元伯，一名奉，北地太守，袭鄢陵侯。三子：恢、雕、兴。恢一名开，河东太守，号'北祖'；雕号'南祖'；兴，'西祖'"②曹魏时期逐渐在汾阴地区形成一定的势力，且族人中有人出任北地太守和河东太守。北魏时期，薛氏在对抗刘、石、苻等少数民族的侵扰中，发挥了重要作用。其方法主要是聚族而居，筑壁堡以自卫。"在荣河县西，旧名薛壁。《县志》：自县南至蒲州，北尽绛州、河津县、黄河岸侧，凡八寨，曰汾阴、胡壁、赵村、薛戎、薛壁、连柏、西苍、禹门，俱元至正末筑，以薛壁居中，可制诸营，移中军其上，更名武壁，周一千二百步，面临绝涧，北开一门，遗址犹存。"③薛氏依坞堡抵御了来自石虎、苻坚、慕容永等的威胁和进攻，以武力为特点的豪强特征在南北战乱之际，对族人及河东地域的汉士人起到了重要的保护作用。而其豪强的特点在进入统一的隋之后逐渐发生了改变，明显的标志则是隋代文人薛道衡的出现。卢思道、薛道衡是北齐、隋之际北方地区诗人的优秀代表，其中卢思道出自范阳卢氏，与薛道衡均表现出了卓越的文学才情，并称为"卢薛"，然两者诗文又呈现出诸多不同。

与三大家族的南徙北迁相呼应，各族士人均有仕宦多个政权的经历，其中裴氏、薛氏由于多居乡里，故而仕宦东魏、北齐和西魏、北周的较多。而柳氏则多南来士人，这在文学上也有所体现。隋代诗歌

---

① （北宋）宋祁、欧阳修：《新唐书》卷七三上《宰相世系表三上》，中华书局1975年版，第2835页。

② （北宋）宋祁、欧阳修：《新唐书》卷七三下《宰相世系表三下》，中华书局1975年版，第2990页。

③ （清）《大清一统志》卷一四〇《蒲州志》，《武壁寨》条载，四部丛刊本，第18页。

中有诗存的柳氏族人柳庄、柳䛒均是南朝梁亡后北归入隋。裴氏仕宦北周的士人要远远多于北齐,且这种现象不仅存在于裴氏族人中,在薛氏、柳氏宗族亦有体现。主要表现在河东士人有追慕北周的倾向。典型如裴宽,据《周书·裴宽传》载:"及孝武西迁,宽谓其诸弟曰:'权臣擅命,乘舆播越,战争方始,当所何依?'诸弟咸不能对。宽曰:'君臣逆顺,大义昭然。今天子西幸,理无东面,以亏臣节。'乃将家属避难于大石岩。独孤信镇洛阳,始出见焉。……至河阴,见齐文襄。宽举止详雅,善于占对,文襄甚赏异之。谓宽曰:'卿三河冠盖,材识如此,我必使卿富贵。关中贫狭,何足可依,勿怀异图也。'因解锁付馆,厚加其礼。宽乃裁卧毡,夜缒而出,因得遁还,见于太祖。"① 裴宽自觉跟随孝武帝西迁,且在被文襄帝俘获许以高官的同时,又弃北齐回归北周,这种倾向性说明裴氏族人更倾心于北周政权。而裴宽的选择又不是个例,在河东地域士人间更具有一般性。东魏高欢原是北魏臣子,所建立的东魏、北齐政权有伪立之嫌,而孝武帝西迁后所建立的长安政权才为正朔所在。此外,河东地域定居的樊、王族人与东魏不和。史书记载:"魏孝武西迁,樊、王二姓举义,为东魏所诛。"② 族人群起反对北齐,说明北齐在河东地域的乡土根基并不深厚,河东士人所依恋的是长安政权。在永嘉祸乱后,河东是较早地恢复汉文化儒道精神的地区,这种恢复的前提建立在三大家族尤其是薛氏、裴氏族人对胡族势力的抵制及其家族内部文化的传承上。复兴后的文化则是儒道并兴,而经历乱亡后旨在治理的儒家方针体现出了重建复兴的主旨,故儒学之力量在士人身上有明显的表现。

二 进入北齐、北周后河东士人才情的不同体现

河东士人多喜好经书,且有积极的入仕精神,这与河东地域所保存的汉文化形态有关。然进入北齐、北周仕宦的士人则表现出不同的文化倾向性。以河东樊氏为例,樊深,"早丧母,事继母甚谨。弱冠

---

① (唐)令狐德棻:《周书》卷三四《裴宽传》,中华书局1971年版,第595页。
② (唐)令狐德棻:《周书》卷四五《儒林传·樊深传》,中华书局1971年版,第811页。

好学，负书从师于三河，讲习《五经》，昼夜不倦。……太祖置学东馆，教诸将子弟，以深为博士。深经学通赡，每解书，尝多引汉、魏以来诸家义而说之。故后生听其言者，不能晓悟。皆背而讥之曰：'樊生讲书多门户，不可解。'然儒者推其博物。性好学，老而不怠。朝暮还往，常据鞍读书，至马惊坠地，损折支体，终亦不改。后除国子博士，赐姓万纽于氏"①。另一樊氏族人樊逊仕宦北齐，表现出卓越的文学才情。曾上《清德颂》十首，又"借陆沉公子为主人，拟《客难》，制《客海》以自广"②。樊深仕于重儒之周，故其经师身份得到进一步肯定与发扬。讲经多遵循汉、魏诸家义解，说明所学多自汉、魏经书，也间接说明河东一地对经典的保存和发展较好。樊逊同样出自河东樊氏，进入北齐后，则凸显出了作文之长。两种体制对士人才能的发展起到了不同的诱导作用。

　　进入长安与邺都的裴氏族人，对两种文化体制的反应更为敏感。裴宽"仪貌瑰伟，博涉群书，弱冠为州里所称"③；裴汉"字仲霄，操尚弘雅，聪敏好学"④；裴镜民"少聪敏，涉猎经史"⑤；裴尼"字景尼，性弘雅，有器局"⑥，以风雅见赏于世人。进入北齐的裴氏，则凸显出优异的文学才能。"让之少好学，有文俊辨，早得声誉。魏天平中举秀才，对策高第。累迁屯田主客郎中，省中语曰：'能赋诗，裴让之。'"⑦裴谳之亦有撰墓志之长，"杨愔阖门改葬，谳之顿作十余墓志，文皆可观。让之、谳之及皇甫和弟亮并知名于洛下，时人语曰：'谳胜于让，和不如亮。'"⑧北齐裴氏还承担了对接南使的任务，

---

　　① （唐）令狐德棻：《周书》卷四五《儒林传·樊深传》，中华书局1971年版，第811—812页。
　　② （唐）李百药：《北齐书》卷四五《文苑传·樊逊传》，中华书局1972年版，第608页。
　　③ （唐）令狐德棻：《周书》卷三四《裴宽传》，中华书局1971年版，第594页。
　　④ （唐）令狐德棻：《周书》卷三四《裴汉传》，中华书局1971年版，第597页。
　　⑤ （唐）令狐德棻：《周书》卷三四《裴镜民传》，中华书局1971年版，第598页。
　　⑥ （唐）令狐德棻：《周书》卷三四《裴尼传》，中华书局1971年版，第598页。
　　⑦ （唐）李百药：《北齐书》卷三五《裴让之传》，中华书局1972年版，第465页。
　　⑧ （唐）李百药：《北齐书》卷三五《裴谳之传》，中华书局1972年版，第467页。

现存北齐诗中裴让之有《有所思》、《从北征诗》、《公馆燕酬南使徐陵诗》三首。裴让之弟裴讷之有《邺馆公燕诗》。宴酬诗是北齐诗歌的主要题材，卢思道的宴酬诗有对声色追摹的倾向，而裴氏兄弟则雅质典重，时有清拔之气。

　　北魏分裂为东西魏之后，三大家族士人有了不同的选择。从仕宦经历来看，士人多以北周为尊，然亦有父辈仕北周，后人则仕宦北齐的情况，诸如薛道衡。其次，河东地域裴氏、薛氏在抵御少数民族的进攻中，发挥了保存汉文化势力的积极作用，故河东一地较早复兴了儒道传统，且在北齐、北周涌现出了较多的优秀士人。其中，既有望族的地位作用，又是族人才学积淀丰厚所致。长安、邺都分别为宇文氏、高氏的政权，所奉行的文化模式不尽相同，进入两地的族人遂发展出了不同的才情特点。简而言之，前者笼罩在淳朴的复兴古周之制的宗旨下，经学的发展处于一枝独秀的地位；后者则较为宏通，文学术艺之长得到了充分展现。

第三节　南人对薛道衡诗的接受及薛诗风格的地域归因

　　薛道衡约在梁末时生，南朝进入陈时，薛氏年岁既长，诗歌才有可能被接受和解读。故所谓"南人无不吟诵焉"[1]，所指"南人"当是陈代文人。由邢邵、魏收到薛道衡，由"邺下风流"到隋都长安，由梁到陈，其间南朝士人的认同变化，体现出由对文雅之士的赏慕到对文章风格的学习上。这种变化一方面由于在北齐到隋的转换中，出现了新兴的诗人力量；另一方面，也跟由梁入陈，南朝诗歌走入陈规、求创新而不可得的窘境有关。薛道衡诗歌之长固然有融合南北双方之特点，而其之所以被赏慕，更重要的原因还在于其诗境之尖新与对边塞诗情的浓挚展示。

　　如同隋代诗人来源复杂，隋诗面貌也极不一。南朝诗人萧氏作家

---

[1] （唐）魏徵：《隋书》卷五七《薛道衡传》，中华书局1973年版，第1406页。

群在进入长安后,原先精雕细琢、委婉细致的诗风找不到土壤而日渐退化,而新兴的诗人群则是以薛道衡为中心的诗歌创作群体。所以将薛道衡视作隋代诗歌创作的中心,是因为隋代诗歌创作的主体杨素、杨广与其均有密切的关系。杨素是经历北周而来的旧朝臣子,诗情才艺未在北周得到锻炼发展,进入隋反而呈现出精练之美,这与薛道衡的相互酬赠有莫大关系。杨素诗存六首,其中《山斋独坐赠薛内使诗》二首、《赠薛内史诗》、《赠薛播州诗》十四章,均是与薛道衡的和作。其中《山斋独坐赠薛内使诗》:"居山四望阻,风云竟朝夕。深溪衡古树,空岩卧幽石。日出远岫明,鸟散空林寂。兰庭动幽气,竹室生虚白。落花入户飞,细草当阶积。桂酒徒盈樽,故人不在席。日暮山之幽,临风望羽客。"[1] 削减了宴游诗中浓墨重彩的藻饰与觞筹交错之礼仪(缛节),在幽静中辟出诗之真味,古树、幽石本为山林固有物象,却染带了诗人主体的情思。"兰庭动幽气,竹室生虚白",显然是思绪高度集中时所产生的意象,这与薛道衡作诗所喜好的清幽之境有相通之处。"道衡每至构文,必隐坐空斋,蹋壁而卧,闻户外有人便怒,其沉思如此。"[2] 精思习惯的养成,一方面显示了薛、杨对诗歌创作的重视,同时也从侧面反映出了隋诗在即景应和中所形成的常体诗钝涩、臃冗的一面,其作诗方式多是应景式的敷衍而来。"落花入户飞,细草当阶积",本是熟情熟景的花与草,精思之后,赋予其生动而饱满的物态形象,本是幽冷的诗境顿然间有了暖融融的活泼意象。薛诗也有滞重、硬笔摹画的一面,诸如奉和一类的诗歌《从驾幸晋阳诗》、《奉和月夜听军乐应诏诗》、《奉和临渭源应诏诗》等,然其诗歌中已然流露出注重精思、凝练的写作特点。诸如《昔昔盐》一诗,精思构造与反复打磨下,使其有工于写景造情与声韵朗畅的特点。"暗牖悬蛛网,空梁落燕泥",将前面急急递进的思妇情绪凝结缓慢下来,用挂着蛛网的窗户与横梁上积累的燕泥来反衬思妇无心理妆、满室生尘的灰暗心境,诗的功力也在蛛网与燕泥两处物象上体现

---

[1] 逯钦立辑校《先秦汉魏晋南北朝诗》,中华书局1983年版,第2676页。
[2] (唐)魏徵:《隋书》卷五七《薛道衡传》,中华书局1973年版,第1407页。

出来。隋诗的弊病一方面在于过多地延续了南朝诗尤其是陈诗富丽轻佻的写作特点，物象的描摹集中在流水、女性等柔婉媚丽特性的刻画上。乐府诗中虽有《陇头》、《陇头水》、《从军行》等关系征战主题描写的诗歌，如吴均的《从军行》、《胡无人行》、《雉朝飞操》、《渡易水》、《结客少年场》等，然刚健不足，骨气无多。如"男儿亦可怜，立功在北边。阵头横却月，马腹带连钱。怀戈发陇坻，乘冻至辽川。微诚君不爱，终自直如弦"[1]。此类诗歌，梁诗人尤其是萧氏诗人群体萧衍、萧纲、萧绎都有所作，或是频繁的南北交往带动了南朝人对这一旧式诗体的创作，与此同时，以专门描写长安城市风貌为特点的题材《长安有狭斜行》，成为南朝诗人热衷于入题的一个内容。在此基础上，出现了《长安道》、《洛阳道》分别以描写长安、洛阳都邑繁华为特色的主题诗歌，如梁元帝萧绎《长安道》：

　　　　西接长楸道，南望小平津。飞甍临绮翼，轻轩影画轮。雕鞍承赫汗，槐路起红尘。燕姬杂赵女，淹留重上春。[2]

　　长安、洛阳分属于北周、北齐管制。宇文氏企图复兴的是古帝王尧舜、周公之制，推行单一的文化制度，崇尚简朴；而北齐则文化多元共融，士民生活较之质朴的北周来说，极为奢靡，邺都文化从某种程度上看带有较深的南朝文化的印痕。长安、洛阳体现出不同的文化特性，然梁、陈作家的解读仍多沿袭了汉晋以来的套路，豪奢富贵与长情的男女仍是歌咏的主题。这与北朝文化及士民生活相对来说还是较隔膜的。梁陈诗人所擅长的精雕细摹只在秀丽的城市楼阁、山水风景及男女的哀婉情思中充分发挥了作用，涉及征战主题的诗歌，虽亦有创作，有向汉魏风骨混融气象的学习，然多数并无深刻的战争生活体验，故其诗歌中缺乏情感的力度，而有虚张声势之嫌。北齐、北周作家所要汲取的创作经验则与梁陈诗人相反，情感质直，不加修饰技

---

[1] 逯钦立辑校：《先秦汉魏晋南北朝诗》，中华书局1973年版，第1721页。
[2] 同上书，第2033页。

巧是诗歌创作中的通病。进入北齐后，南北交往的频繁使得北齐诗人很快学习到了诗歌的技巧，卢思道、薛道衡的诗歌即体现了北地诗人的成就。卢思道之作有较重的学习南人的痕迹，而薛道衡则走出了北地诗人创作的新路子。其成功之处在于，于隋诗的蒙钝之上有了尖新的味觉感受。薛诗的诗歌题材仍是旧式的，不出奉和、酬赠、思妇、征战等主题，而这些题材在魏晋以来已为诗家普遍尝试，尤其是写思妇一类的诗歌，梁诗人对女性的婉媚给予淋漓尽致的刻画，后人难以逾越。薛氏所作《昔昔盐》一诗，明杨慎以为"梁乐府《夜夜曲》，或名《昔昔盐》，昔即夜也。《列子》：'昔昔梦为君。'盐，亦曲之别名"①。题材仍不出古乐府，内容也与梁沈约所作《夜夜曲》相似："江汉纵且横，北斗横复直。星汉空如此，宁知心有忆。孤灯暧不明，寒机晓犹织。零泪向谁道，鸡鸣徒叹息。"②沈诗以织女的相思之情穿起全文，由眼前景联想到自身的凄清之境。《昔昔盐》延续了闺怨诗写思妇的旧式题材，不过将视角从织女之思转移到了思念征夫的思妇身上：

> 垂柳覆金堤，蘼芜叶复齐。水溢芙蓉沼，花飞桃李溪。采桑秦氏女，织锦窦家妻。关山别荡子，风月守空闺。恒敛千金笑，长垂双玉啼。盘龙随镜隐，彩凤逐帷低。飞魂同夜鹊，倦寝忆晨鸡。暗牖悬珠网，空梁落燕泥。前年过代北，今岁往辽西。一去无消息，那能惜马蹄。③

主人公是思妇，而甚少言及思妇。只两句"恒敛千金笑，长垂双玉啼"，延续了梁诗人描写女性的惯用手法，千金笑、双玉啼也是熟语熟意，此外无一言及思妇，却又无一不关思妇。在形神刻画之外，而遗神取象，入诗中的物象无一不有凄清孤寂的色彩，富贵的盘龙、彩凤，俗见的夜鹊、晨鸡，窗、梁，蛛网、燕泥，精致的偶对中又见

---

① （明）杨慎：《词品》卷一，王云五主编《丛书集成初编本》，第21页。
② 逯钦立辑校：《先秦汉魏晋南北朝诗》，中华书局1973年版，第1622页。
③ 同上书，第2681页。

出深思的作诗习惯。薛诗尖新的作诗技巧更多地体现在单句上,《昔昔盐》中"暗牖悬蛛网,空梁落燕泥",意境之尖新异于时人,而此种融有精心构思的佳句在薛诗中颇为常见。诸如"转蓬随马足,飞霜落剑端"(《出塞》),以麾下旋转的飞蓬,刀剑上簌簌而下的霜雪等一类轻微细小的物象入诗,反衬出了紧张激烈的战场厮杀。又如"烽微桔槔远,桥峻辘轳难"(《出塞》),将士兵汲水之苦,灯火微弱,路途却又遥远险峻,深刻而真实地复现在眼前,于细微的刻画处见出观察之细致。此外,在尖新的细节描摹之外,薛氏的边塞诗有混融顿挫之气。如《出塞》之二:"边庭烽火惊,插羽夜征兵。少昊腾金气,文昌动将星。长驱鞮汗北,直指夫人城。绝漠三秋幕,穷阴万里生。寒夜哀笛曲,霜天断鸿声。连旗下鹿塞,叠鼓向龙庭。妖云坠房阵,晕月绕胡营。左贤皆顿颡,单于已系缨。继马登玄阙,钩鲲临北溟。当知霍骠骑,高第起西京。"[①] 以边庭烽火引入征战将士急切的行军步伐,"长驱鞮汗北,直指夫人城",写出了将士的勇猛无畏,而后写塞外的深秋景色,在连绵宏大的绝漠、穷阴、哀笛、霜天等肃杀景物的描绘中渲染着壮士的勇猛与胡虏的衰颓。此类写诗技巧在与薛道衡有较多和作的杨素身上也可见,如《出塞》其一:

  漠南胡未空,汉将复临戎。飞狐出塞北,碣石指辽东。冠军临瀚海,长平翼大风。云横虎落阵,气抱龙城虹。横行万里外,胡运百年穷。兵寝星茫落,战解月轮空。严镞息夜斗,骍角罢鸣弓。北风嘶朔马,胡霜切塞鸿。休明大道暨,幽荒日用同。方就长安邸,来谒建章宫。[②]

  凌厉的笔锋下见出勇士的无畏与必胜的信念。宏大叙事的风格处处彰显笔端,塞北与辽东,瀚海与长风,云与气,万里与百年,北风与胡马,虽缺少薛诗尖新的技巧,然混融中时有沉郁顿挫之气,却与

[①] 逯钦立辑校:《先秦汉魏晋南北朝诗》,中华书局1973年版,第2680页。
[②] 同上书,第2675页。

薛诗相似。

隋代诗人群体中，薛道衡是与杨素交往较为密切的诗人，杨素诗歌素养的修成提高与薛道衡确有关系。然而，后人所接受的薛道衡是与卢思道并立的诗人。在北齐待诏文林馆之际，道衡便"与范阳卢思道、安平李德林齐名友善"①。张溥《卢思道集题词》云："唐风近隋，卢薛诸体，世尤宗尚，含蓄意寡而音响无滞，自以为昆吾莫邪尔。"② 将卢薛并立，且归之为唐诗的近源。卢思道诗有北地诗人的特点，佳作如《听鸣蝉篇》、《从军行》等，前者哀凉，后者劲健。然卢诗更多地体现出了向南朝诗人学习的特点，典型如《赋得珠帘诗》："鉴帷明欲敛，照槛色将晨。可怜疏复密，隐映当窗人。浮清带远吹，含光动细尘。落花时屡拂，会待玉阶春。"③ 珠帘与佳人是南朝诗人惯常入诗的物象，思道此诗并不能脱出窠臼。又如《夜闻邻妓诗》："倡楼对三道，吹台临九重。笙随山上鹤，笛奏水中龙。怨歌声易断，妙舞态难逢，谁能暂留客，解佩一相从。"④ 妙龄艳姬歌声舞态，不舍之情，同是旧题旧事。以此来看，思道虽有对南人诗作的学习，但类似的题材之作并不能超出南人。而完成这一超越的则是后起的诗人薛道衡，同是闺怨题材的诗作，《昔昔盐》较之卢作的诸多学习南朝诗体之作，就有新颖特异之貌。虽是闺怨题材，却少婉媚之气，而颇多相思关爱之情。

卢薛诗歌风貌不同。前者有北地刚健之风貌，却又露出较浓重的学习南朝诗体的痕迹；后者则自铸新风。薛诗尖新的技巧一方面缘于作诗精思的态度，更为重要的是融入了浓厚而真挚的情感，故而能深入体察每一个微细的物象，在形神的刻画之外力求达到象的统一。两者诗风的差异在其求学轨迹上已有所反映。卢思道与北地三才中的邢邵、魏收均有交往，曾"师事河间邢子才"⑤，又曾"就魏收借异书，

---

① （唐）魏徵：《隋书》卷五七《薛道衡传》，中华书局1973年版，第1406页。
② （明）张溥《汉魏六朝百三家集》卷一一五《卢思道集题词》，扫叶山房石印本。
③ （隋）卢思道：《卢思道集校注》，祝尚书校注，巴蜀书社2001年版，第118页。
④ 同上书，第48页。
⑤ （唐）魏徵：《隋书》卷五七《卢思道传》，中华书局1973年版，第1397页。

数年之间，才学兼著"①，而魏收、邢邵诗文都有学南倾向。两人也曾相互讥讽：

> 收每议陋邢邵文。邵又云："江南任昉，文体本疏，魏收非直模拟，亦大偷窃。"收闻乃曰："伊常于《沈约集》中作贼，何意道我偷任昉。"任、沈俱有重名，邢、魏各有所好。武平中，黄门郎颜之推以二公意问仆射祖珽，珽答曰："见邢、魏之臧否，即是任、沈之优劣。"收以温子升全不作赋，邢虽有一两首，又非所长，常云："会须作赋，始成大才士。唯以章表碑志自许，此外更同儿戏。"②

邢邵学习沈约，长于诗歌创作，而魏收则学习任昉。任昉本工于笔体写作，故而魏收也长于章、表、碑、志等应用性文章的撰写。卢思道师事邢邵，沈约诗体也必有所窥得，而从沈约、邢邵到卢思道，诗体中柔媚的女子情思与婉转的思绪展现方式在三者身上呈现出嬗递性的变化。思道出自范阳卢氏，邢邵自河间一带，魏收则自巨鹿魏氏，三人均出自河北的世家大族，思道辗转求学于邢邵、魏收，说明河北一地的学风较为通融，学人间有相互交流的风尚。而河东薛氏则相对保守，薛孺"清贞孤介，不交流俗，涉历经史，有才思，虽不为大文，所有诗咏，词致清远。……太常丞胡仲操曾在朝堂，就孺借刀子割爪甲。孺以仲操非雅士，竟不与之。其不肯妄交，清介独行，皆此类也"③。这与"不持操行，好轻侮人"④的卢思道有别。而薛道衡更有"关西孔子"的美誉，"衡六岁而孤，专精好学。年十三，讲《左氏传》，见子产相郑之功，作《国侨赞》，颇有词致，见者奇之。……吏部尚书陇西辛术与语，叹曰：'郑公业不亡矣。'河东裴谳

---

① （唐）魏徵：《隋书》卷五七《卢思道传》，中华书局1973年版，第1397页。
② （唐）李百药：《北齐书》卷三七《魏收传》，中华书局1972年版，第492页。
③ （唐）魏徵：《隋书》卷五七《薛孺传》，中华书局1973年版，第1413—1414页。
④ （唐）魏徵：《隋书》卷五七《卢思道传》，中华书局1973年版，第1397页。

母之曰：'自鼎迁河朔，吾谓关西孔子罕值其人，今复遇薛君矣。'"①薛氏一门返回河东后，就积极致力于河东一地儒道文化的复兴，到隋之际，河东一地已经出现强势的裴、薛、柳三大家族。此外，河东王氏、樊氏也颇有文化士人崭露头角，从河东士人的交往来看，其内部已然形成一个相对稳定的地域文化圈，士人之间相互酬赠、取鉴经验。而与河北地域的文化士人则相对要隔膜一些。而河东一地的文化力量较之大儒频现的河北来说，实力并不差，隋末有大儒王通，而王通之前还有薛道衡，只是薛氏光辉掩盖在王通之下。河东一地相对保守自足的文化圈使得对南朝文化的接受并不如邺都及周边地区为快，其文化模式更带有自我生成且逐渐容纳诸家的方式，正是在这一基点上，河东文化孕育出了初唐文化的原始形态，唐代士族的隐逸风尚、门第观念等诸多文化倾向，在河东世家大族身上都有或隐或显的影子。

第四节 隋唐之际河东薛氏的文学表现

以长安为中心的唐文化包融儒、道、释三教，以仕宦为人生理想的士林在仕与隐、儒与道之间徘徊往复，以此为核心形成了唐诗的漫游、隐逸、边塞、送别等主题。在以仕为目的的交接过程中，儒士尤其是文学之士所承载的情感体悟更为敏感，形诸笔端，诗文遂成为言志抒怀的载体。长安、洛阳等都邑无疑最为士林所青睐，这里象征着皇权，隐示着未来，充满着希望。同时，又盘踞着许多权势煊赫的大家族，民间流传的"城南韦杜，去天尺五"的谚语，充分说明韦氏、杜氏家族所可能拥有的与皇权相抗衡的势力。从长安城外围的文化辐射源上看，河东构成了长安文化最重要的源头之一。这里固居着裴、柳、薛三大家族，与江南、山东、代北、关中等地的诸多大族，对唐

---

① （唐）魏徵：《隋书》卷五七《薛道衡传》，中华书局1973年版，第1405—1406页。

第二章 "邺下风流"的出现与河东士人薛道衡的文学表现　77

代社会的政治格局产生了重大影响。①

　　三大家族中河东薛氏的文化地位最为特别。一方面，薛收交好于河东王氏家族，王绩隐居东皋山时，曾有《薛记室收过庄见寻率题古意以赠》一诗相赠："伊昔逢丧乱，历数闰当馀。豺狼塞衢路，桑梓成丘墟。余及尔皆亡，东西各异居。尔为背风鸟，我为涸辙鱼。逮承云雷后，欣逢天地初。东川聊下钓，南亩试挥锄。"诗中记述了昔日与薛收的友情，二人又不得不因丧乱而各自东西南北奔波，平定下来后，际遇却有天壤之别。薛收为李唐皇室所重用，而王绩却仕途蹭蹬。后文虽有"东川聊下钓，南亩试挥锄"的自娴自适之语，但"尔为背风鸟，我为涸辙鱼"，一语道出了王绩此时真实的内心情感落差。从题名可以看出，这首诗是薛收回乡拜访旧友王绩时所作，"故人有深契，过我蓬蒿庐。曳裾出门迎，握手登前除"，以叙事笔法写诗，自然真实地将友情之深厚，心态之迫切形诸目前。"相看非旧颜，忽若形骸疏"，以容颜、形体之异暗示时光的迅疾和不留情。"追道宿昔事，切切心相于。忆我少年时，携手游东渠。桃李夹两岸，花枝何扶疏"，辗转回忆如春天般美好的年少时光与烂漫如昨的记忆景象。"尝爱陶渊明，酌醴焚枯鱼。尝学公孙弘，策杖牧群猪"，以雅致的渊明焚烧枯鱼、窘迫的公孙弘牧猪之事来反衬儿时行为的烂漫不羁，美好天真。"追念甫如昨，奄忽成空虚。人生讵能几，岁岁常不舒"，道出了追忆过去惘然成空的空虚之感，又落笔现实，极写内心的忐忑不安。总体上看，从迎接友人到到回忆宿昔往事上，可以见出两人之间的情谊。王绩是隋末大儒王通之弟，几世儒门，官宦之家，却又皈依了老庄之道，选择了隐逸生活。而薛收则是有"关西孔子"之誉的薛道衡之后人，曾有《隋故徵君文中子碣铭》赞誉王通："汉侯三请而不觌，尚书四召而不起。盛德大业，至矣哉。道风扇而方远，元猷陟

---

① （北宋）宋祁、欧阳修：《新唐书》卷一九九《儒学传·柳冲传》引柳芳《氏族论》记载了唐代各地的氏族大姓："过江则为'侨姓'，王、谢、袁、萧为大；东南则为'吴姓'，朱、张、顾、陆为大；山东则为'郡姓'，王、崔、卢、李、郑为大；关中亦号郡姓，韦、裴、柳、薛、杨、杜首之；代北则为'虏姓'，元、长孙、宇文、于、陆、源、窦首之。"中华书局1975年版，第5677—5678页。

而逾密。可以比姑射於尼岫，拟河汾於洙泗矣。"① 以王通河汾之学比拟于孔子洙泗之学。又云"周道竭而孔子兴，隋风丧而夫子出"，将文中子放在隋王朝风气丧乱的历史背景下，列在孔子之后，纳入到了正统儒学的序列中。而河东一地北朝后期"儒道更兴"的历史背景，为这一切做了注解。南北朝分裂之际，各大家族以家族命运为忧而各自选择明主，投奔江左的侨姓王、谢贵族，将中原士林清谈之风带入南朝，而吴姓家族顾、陆、朱、张则重视经学礼学，在南朝皇族热衷文学创作的背景下，发展出了诗礼传家的特点。而北朝贵族则在与拓跋族势力的反复较量中，以生存为契机做出了功利而颇具实用性的选择，这种实用性由早期的崇尚武力发展到后来的经世致用之学，表现在政治地位上，山东崔、卢、李、郑、王等五大郡姓，与关中韦、杜、杨、裴、柳、薛等大族把持了门第特权，南来的家族并不具备与之抗衡的力量。河东一地，在北齐北周分裂之际，地理上处于夹缝地带，河东士人也南北流徙，仅以裴、柳、薛三姓来看，士人即有分仕北齐、北周的现象。而北周崇尚古周之制，北齐则礼法南朝，文学高度发展，薛道衡"每有诗作，必为南人所吟诵"的局面，一方面说明其诗文的造诣已在南朝文人之上，同时更值得注意的是其"关西孔子"的身份定位，这揭示了薛道衡自身所可能具备的儒家文化身份特质。这种儒家文化特质，从薛道衡、王通身上来看，更多地表现出了向孔子时代的呼吁和复归。从文化上看，博学之特点，传道之功用，儒雅之精神融入了新儒家身上。由此来看，"文中子"的出现并不偶然，先有河东一地长久的儒家文化因子之形成及作用，后有先儒家士人薛道衡的出现及其文化影响，这些成为王通河汾之学得以形成的先天有利条件。

薛氏文化地位之特别，更重要的体现在文学创作上。从文学体裁上看，薛道衡与薛收父子表现出了明显的不同喜好。《隋书》载："道衡每至构文，必隐坐空斋，蹋壁而卧，闻户外有人便怒，其沉思如

---

① 周绍良主编《全唐文新编》卷一三三，薛收《隋故徵君文中子碣铭》，吉林文史出版社 2000 年版，第 1489 页。

此。"① 其构文体现出精于辞采之描绘与思绪之流畅、凝练的特点。藻饰之特点在辞赋作品中有反复呈现，如《宴喜赋》描写秋夜宴会的场景："于时霜重庭兰，秋深气寒。横长河之耿耿，挂孤月之团团。乃有丹墀缥壁，柘馆椒宫，徘徊宛转，掩映玲珑，妖姬淑媛，玉貌花丛。织女下而星落，嫦娥来而月空。澄妆影于歌扇，散衣香于舞风。"② 由秋夜霜重气寒引出清冷的意象，同时将视线从现实投入到孤月中，展开充分的幻想，于椒宫柘馆中引出翩翩佳人，俨然一幅歌舞图画。思绪上体现出流畅婉转的特点。此外，道衡之文学表现力更体现在其诗歌创作上，如《昔昔盐》、《出塞》等诗，善于将精细微小的物象纳入诗篇，如暗牖、燕泥、转蓬、飞霜、桔槔等，这些物象摆脱了梁陈诗中常见的俗物印记，在征战主题的选取下，注重一个个细节画面的精笔描摹，如"烽微桔槔远，桥峻辘轳难"（《出塞》），营造出尖新的诗境。这些诗境的选取营造，多伴随着精细的观察思索与苦心凝练，才有新的气象，也是薛诗最费"沉思"之处。故从文体的选择取向上看，其最擅长与最成功的仍是诗歌。这种状况到了薛收，发生了明显的变化："时太宗专任征伐，檄书露布，多出于收，言辞敏速，还同宿构，马上即成，曾无点窜。"③ 薛收曾任秦王府记室参军，其所常作的也多是实用性较强的"檄书露布"等应用性文体。现存薛收《琵琶赋》，从艺术效果上看并不在南朝辞赋之上，也不及薛道衡《宴喜赋》描绘翩翩佳人之缱绻深情、婀娜舞姿。对其外形的描述："龟腹凤颈，熊据龙镟。戴曲履直，破瓠成圆；虚心内受，劲质外宣；磅礴象地，穹崇法天"，倒是抑扬顿挫，有气质的一面。《全唐文》收录有薛收《上秦王书》，可见其说理辨析之风格：

  世充据有东宫，府库填积，其兵皆是江淮精锐，所患者在于乏食。是以为我所持，求战不可。建德亲总军旅，来拒我师，亦

---

① （唐）魏徵：《隋书》卷五七《薛道衡传》，中华书局1973年版，第1407页。
② （清）严可均校辑《全上古三代秦汉三国六朝文》，《全隋文》卷一九，中华书局1958年版，第4124页。
③ （后晋）刘昫：《旧唐书》卷七三《薛收传》，中华书局1975年版，第2587页。

当尽彼骁雄，期于奋决。若纵其至此，两寇相连，转河北之粮，以相资给，则伊洛之间，战斗不已。今宜分兵守营，深其沟防，即世充欲战，慎勿出兵。大王亲率猛锐，先据成皋之险，训兵坐甲，以待其至。彼以疲弊之师，当我堂堂之势，一战必克，建德即破，世充自下矣。不过两旬，二国之君，可面缚麾下。若退兵自守，计之下也。①

针对王世充、窦建德两支敌对势力，提出不同对策。世充据有江淮精锐，却乏食，故应以守为主。而对窦建德，则应奋决。所以有缓急之别的顾虑是"两寇相连，转河北之粮，以相资给，则伊洛之间，战斗不已"。而对付王世充，则应先据成皋之险，战备休整，以待其疲弊之师。情理惬当。此类笔体之作，在隋唐之际，为薛氏家族族人所擅长。薛德音："有隽才。越王侗称制，王世充之僭号，军书羽檄，皆出其手。"② 薛收、薛德音长于笔体之作，与薛道衡长于为诗之倾向不同，其间有一个重视诗文之才到文笔之用的变化过程，而促成这一变化的则是隋唐易代之际多变的政治格局，频繁的征战讨伐。

征战对于薛氏族人而言，是一个立功扬名的契机。与裴氏、柳氏多凭借祖荫门第入仕不同，薛氏族人在据有一定的政治地位后，并未完全放弃其尚武的喜好，且在部分族支中继续得到承传。如薛举："河东汾阴人也。其父汪，徙居金城。举容貌瑰伟，凶悍善射，骁武绝伦，家产巨万，交结豪猾，雄于边朔。"③ 尚武，又结交豪侠。其子薛仁杲："举长子也，多力善射，军中号为万人敌。然所至多杀人，纳其妻妾。获庾信子立，怒其不降，磔于猛火之上，渐割以啖军士。初，拔秦州，悉召富人倒悬之，以醋灌鼻，或杙其下窍，以求金宝。"④ 性情凶残，却又勇猛无敌。最为特别的是随太宗征战南北的薛

---

① 周绍良主编《全唐文新编》卷一三三，吉林文史出版社2000年版，第488页。
② （隋）魏徵：《隋书》卷五七《薛德音传》，中华书局1973年版，第1340页。
③ （后晋）刘昫：《旧唐书》卷五五《薛举传》，中华书局1975年版，第2245页。
④ （后晋）刘昫：《旧唐书》卷五五《薛仁杲传》，中华书局1975年版，第2247—2248页。

仁贵，以其骁勇得到太宗赏识，得迁右领军郎将。崇尚武力且在家族内部得到传递，这为薛氏家族提供了另一条入宦的捷径，同时也为其家族的政治权益提供了双重保障。这也使得薛氏族人在隋唐之际，呈现出文武并重的家族文化继承模式。相对于文化源远流长的裴氏，薛氏家族的历史并不厚重，但在北齐隋唐之际却迅速崛起，出现了少年神童，有"朝右文宗"之称的薛元超，为裴氏、柳氏所莫及。

《旧唐书》载："收子元超。元超早孤，九岁袭爵汾阴男。及长，好学善属文。太宗甚重之，令尚巢剌王女和静县主，累授太子舍人，预撰《晋书》……"① 较为简略。20 世纪 70 年代出土的《薛元超墓志》则详细记述了薛元超的一生："八岁善属文。时房玄龄、虞世南试公咏竹，援笔立就，卒章云'别有邻人笛，偏伤怀旧情'。玄龄等即公之父深所感叹。名流竦动，始揖王公子孙；明主殷勤，俄称耀卿之子。九岁以幕府子弟，太宗召见与语。十一弘文馆读书。一览不遗，无言咸讽。通人谓之颜冉，识者知其管乐。十六补神尧皇帝挽郎，十九尚和静县主。衣冠之秀，公子为郎，车服之仪，王姬作配。廿一除太子通事舍人，仍为学士，修《晋史》。"② 八岁善属文，九岁得到太宗召见，十一岁入弘文馆读书，可见其优越的文才。而这种优异的文学才能离不开家族文化的滋养。在博得功名之后，薛元超也开始奖擢人才。永徽五年（654），其曾表荐寒士任希古、高智周、郭正一、王义方、孟利贞等十余人。永隆二年（681），又曾表荐郑祖玄、邓玄挺、崔融为崇文馆学士。喜好赏鉴拔擢的还有裴氏族人裴行俭，幼年也以门荫得补弘文生。《旧唐书》记载："尤晓阴阳、算术，兼有人伦之鉴，自掌选及为大总管，凡遇贤俊，无不甄采，每制敌摧凶，必先期捷日。时有后进杨炯、王勃、卢照邻、骆宾王并以文章见称，吏部侍郎李敬玄盛为延誉，引以示行俭，行俭曰：'才名有之，爵禄盖寡。杨应至令长，余鲜能令终。'是时，苏味道、王勮未知名，因调选，行俭一见，深礼异之，仍谓曰：'有晚年子息，恨不得见其成

---

① （后晋）刘昫：《旧唐书》卷五五《薛仁杲传》，中华书局 1975 年版，第 2590 页。
② 《乾县志》，《薛元超墓志》，陕西人民出版社 2003 年版，第 817 页。

长。二公十数年当居衡石，愿记识此辈。'其后相继为吏部，皆如其言。行俭尝所引偏裨，有程务挺、张虔勖、崔智辩、王方翼、党金毗、刘敬同、郭待封、李多祚、黑齿常之，尽为名将，至刺史、将军者数十人。其所知赏，多此类也。"① 对士人尤其是下层士人的赏鉴进一步保护了裴氏的权益。中唐时期的裴度也是一位喜欢赏鉴拔擢士林的宰相，李德裕、李宗闵、韩愈、李光颜、李朔、刘禹锡等人都曾受其荐用。裴氏、薛氏喜好拔擢士林的风气一定程度上保证了其政治权益，事实上，裴、薛族人在有唐一代，多居于政权的核心，尤其是裴氏，有十七位宰相。从家族特点来看，这获益于其厚德敦朴，宽以纳人、通脱简淡的家族处事理念。史载裴宽："性友爱，弟兄多宦达，子侄亦有名称，于东京立第同居，八院相对，甥侄皆有休憩所，击鼓而食，当世荣之。……玄宗赋诗而饯之，曰：'德比岱云布，心如晋水清。'"② 简淡敦朴的为人模式，使得家族内部凝聚起了强大的力量，也促成了裴氏子弟"多宦达"局面的形成。

　　柳氏这一族，又不同于裴、薛。由于家族成员较早地实现了中央官僚化，与乡土的联系并不如裴、薛紧密，而根基也并不如其稳固。在柳亨、柳则、柳奭这一支由盛而衰的过程后，整个家族迅即衰败。到了中唐时期，柳冕、柳宗元才以博学文辞之士的身份引起士林的注意。隋唐之际裴氏据有政治优势，而薛氏则才名之士辈出。到薛元超达到高潮。其自身迅速成名的经历说明，薛氏族内，博学、文史之修养已成为一种较普遍的成长道路。薛元超自身的文章风格经历了由雕刻纤微的上官体向四杰诗风转化的过程，现存诗《奉和同太子监守违恋》一首："储禁铜扉启，宸行玉轪遥。空怀寿街吏，尚隔寝门朝。北首瞻龙戟，尘外想鸾镖。飞文映仙榜，沥思叶神飙。帝念纡苍璧，乾文焕紫宵。归塘横笔海，平圃振词条。欲应重轮曲，锵洋韵九韶。"③ 这首诗可能作于高宗幸东都，太子于京师监国，元超留守之际。华丽的文笔渲染出对帝王的无限尊敬与对帝宫的向往不舍之情，

---

① （后晋）刘昫：《旧唐书》卷八四《裴行俭传》，中华书局1975年版，第2805页。
② （后晋）刘昫：《旧唐书》卷一〇〇《裴宽传》，中华书局1975年版，第3130页。
③ （清）彭定求等编校《全唐诗》卷三九，中华书局1999年版，第505页。

这也是初唐宫体诗的遗风。而薛元超对文学的最大贡献莫过于推进文体之变革，杨炯《王勃集序》曾提及："薛令公朝右文宗，托末契而推一变；卢照邻人间才杰，览清规而辍九攻。"可见，四杰诗风，卢照邻以"风骨"、"奇伟"之美为取向的复古主张，或是王勃反对细碎而来的"宏博"之诗风都受薛元超进行文体变革的内在需求影响。而薛元超所倡导的变革，一方面是宫廷斗争的结果使然，更重要的是流亡巂州的生活，打开了新的生活视野，这与长年的宫廷生活相异，山水之美，贬谪之忧得以契入内心深处，才有可能将文体变革真正贯彻到实处。

第三章 隋唐河东王氏家族之文化流派

河东道是唐代设立的新的行政区划，包括蒲州、绛州、慈州、晋州、隰州等州郡。其中蒲州即隋代河东郡，居于汾水下游，郡内有涑水、浍水呈东西走向横亘郡内，两水之南北岸多有大的家族世代固居于此。河东薛氏、裴氏、柳氏三大家族在隋唐时期享有盛誉，儒生、文士、官吏等都迥出于其他州郡之上。以裴氏而论，《新唐书·宰相世系表》中所载宰相，有裴寂、裴矩、裴炎、裴行本、裴谈等，共十七人出自河东裴氏。[①] 而薛氏、柳氏在隋唐之际也积聚了雄厚的政治、经济实力。

从学术及文化的影响上来看，这一时期河东地域最具代表性的即是河东王氏王通家族。王通的河汾之学有"三教可一"[②]的学术主张，这为隋唐之际处在革新之境的儒学及践行儒家理念的士人找到了新的理论土壤。"道"论在孔孟之道与老庄之道中达到了某种调和，从王氏家族成员内部来看，王通所承袭的多是儒学，但各人对于学问承袭并不拘守一致，王度的《古镜记》即兼有"怪、力、乱、神"之特点；王绩更是落拓不羁，其诗文中有浓郁的出世倾向。王勃是初

[①] 裴氏定著五房：分别为西眷裴、洗马裴、南来吴裴、中眷裴、东眷裴。宰相十七人。其中西眷有裴寂、裴矩；洗马有裴谈、裴炎；南来吴有裴耀卿、裴行本、裴坦；中眷有裴光庭、裴遵庆、裴枢、裴挚；东眷有裴居道、裴休、裴澈、裴垍、裴冕、裴度等。《新唐书》卷七一《宰相世系一上》。

[②] 张沛《中说译注》卷五《问易》篇："子读《洪范谠议》，曰：'三教于是乎可一矣。'"上海古籍出版社2011年版，第130页。

唐四杰之一，其诗文为初唐所称誉，而其之所以成名的原因之一就在于其诗文中恰当地搁置了儒道思想的位置。

第一节　王通及其"河汾之学"的继承性及新变

　　王通是隋末大儒，《隋书·儒林传》并未将其入传。《文中子中说》（以下简称《中说》）篇中所列文中子与诸家对语，又皆是初唐名臣，诸如王珪、薛收、魏徵、杜如晦、房玄龄等，而这些人物的本传中又未言及文中子，故文中子其事及其《中说》颇为后人所疑，尤其是宋朱熹以后诸家多以讳言不稽目之。此后，千余年来，争扰不息。《新唐书·文苑传》曾言及王勃之祖王通的事迹，杜淹也有《文中子世家》历数王通世系①。《中说》中所言及之人物——薛收、王珪、杜淹、陈叔达、仲长先生等，并见于王绩之诗文，与河东王通王氏家族成员有较为密切的往来，故其与文中子之言论多为真，但也并不排除《中说》一书杂伪之可能，而此种作伪成分多有可能体现在人物姓名杜撰上，书中所体现文中子之言论及思想，所言后魏、北齐、北周以来北方地区变乱承袭诸事，则多可能为文中子门人所记言论。王通《续六经》著作不存，唯有《文中子》、《元经》可观其人其事，后人所言"河汾之学"也多自此书而定，笔者亦认为确有其书，而书中所言之人名或有掺伪之可能性。

　　一　"河汾之学"出现的时空推测

　　河汾之地为古帝尧舜活动之地，平阳古城为帝都。上古史事史料稀少，难以勾勒其时该地的学术状况。中古时期线索渐清，可约略窥见其时该地之人文情状。而"河汾之学"被后人认同且文献中有记载的即是隋末大儒王通讲学于河汾一地之事。《文中子世家》详论王通之祖系及生平经历，文中子上《太平十二策》而不为文帝所用，作

――――――――
① 《文中子世家》阮逸署为杜淹作；而龚鼎臣署为福畤。今人多以为作者为王通之后人，以王福畤可能性最大。

《东征之歌》而归于乡里，退志其道："乃续《诗》、《书》，正《礼》、《乐》，修《元经》，赞《易》道，九年而《六经》大就。门人自远而至，河南董常、太山姚义、京兆杜淹、赵郡李靖、南阳程元、扶风窦威、河东薛收、中山贾琼、清河房玄龄、巨鹿魏徵、太原温大雅、颍川陈叔达等，咸称师北面受王佐之道焉。如往来受业者，不可胜数，盖千余人。隋季文中子之教兴于河汾，雍雍如也。"① 这是见诸文献的河汾之地有师生授业的确切记录。而此前就是名师授学，四方学子游学之地，如王通本人就曾"问《礼》于河东关子明"。又北魏后期，王通讲学之地河津龙门，隋代隶属河东郡，自西而南为冯翊郡、京兆郡、弘农郡、河南郡所环绕，这些地区自汉以来多有经学、儒学世家世代相传，且至动乱的后魏时期，香火仍然不断，故河汾之地有较为浓厚的儒生传授学问风气，只是文献较难稽考。

王通是传教于河汾之地最为知名的大儒。中晚唐以后，皮日休、陆龟蒙等人在追述儒家道统序列之时，将王通列入了孔孟之后的儒家道统文化中。《文中子碑》言："文中子王氏，讳通，生于陈、隋之间，以乱世不仕，退于汾晋，序述《六经》，敷为《中说》，以行教于门人。夫仲尼删《诗》、《书》，定《礼》、《乐》，赞《周易》，修《春秋》。先生则有《礼论》二十五篇，《续诗》三百六十篇，《元经》三十一篇，《易赞》七十篇。孟子之门人，郁郁于乱世；先生之门人，赫赫于盛时。较其道与孔、孟，岂徒然哉？设先生生于孔圣之世，余恐不在游、夏之亚，况七十子欤？"② 皮日休将王通在儒家学术上的地位定位在孔孟之后，与子游、子夏并列，而在其他七十弟子之上。宋初理学家石介以为："若孟轲氏、扬雄氏、王通氏、韩愈氏，祖述孔子而师尊之，其智足以为贤。"③ 将王通放在孟轲、扬雄、韩愈的道统序列中。而韩愈虽被放入道统的序列中，其本人并没有显示出

---

① （唐）杜淹：《文中子世家》，张沛《中说译注》，上海古籍出版社2011年版，第263—264页。

② （唐）皮日休：《皮子文薮》卷四，萧涤非、郑庆笃整理，上海古籍出版社1981年版，第35页。

③ （宋）石介：《上赵先生书》，《徂徕先生集》卷十二，文渊阁《四库全书》本。

尊己为儒师的强烈意识。《原道》一文，排斥释老之道而推崇儒家之道："斯吾所谓道也，非向所谓老与佛之道也。尧以是传之舜，舜以是传之禹，禹以是传之汤，汤以是传之文、武、周公，文、武、周公传之孔子，孔子传之孟轲，轲之死，不得其传焉。荀与扬也，择焉而不精，语焉而不详。"① 韩愈遵从的道统是尧、舜、禹，商汤、周公、孔孟之治，荀子与扬雄则不在其列。这与晚唐乃至宋人的道统之论有较大差异。在韩愈追寻儒家道统的旗帜举起之后，王通大儒的地位得到了充分的挖掘。王通之学成为隋唐之际的河汾之学，愈来愈被后人接纳和认定。事实上，在王通之前，其父铜川府君就曾以教学授书的经师形象出现在龙门之地，"传先生之业，教授门人千余。隋开皇初，以国子博士待诏云龙门"②。铜川府君之授学龙门且进《兴衰要论》七篇于文帝的人生求道模式，与王通有相似之处。王通治学及求道途径也多受其父影响。铜川府君之著述文献不可考，无以窥其思想，其门人更难以查考，而王通之著述、门人及声名颇为唐人所知，"河汾之学"遂与王通之学相挂钩，影响远及后世，王通之学遂为隋末之"河汾之学"。

　　"河汾之学"出现在隋末河东之地并不偶然。客观呈现出来的学术团体有其内在自生的土壤及外在的条件作用。从河东王通王氏家族来看，世代经学传家，可追溯至远祖王霸，"洁身不仕"③，已有高名。十八代祖王殷家于祁，以《春秋》、《周易》训乡里；十四代祖王述著《春秋义统》。得天独厚的家学养料使得王氏族人具备优越的名经、取士之先决条件。永嘉之乱又进一步促成其南北转徙，其家族在江左也颇入流，六代祖王玄则仕宋，历太仆、国子博士，卒为鸿儒。到晋阳穆公王虬，投奔北魏政权，太和中为并州刺史，家河汾。南北流亡之经历，一方面促成其家族成员吸纳南北方儒生经学之特长，为其自身发展提供了更为充足的养料；同时频繁的战乱迁徙，又

---

① （唐）韩愈：《原道》，马其昶校注《韩昌黎文集校注》，上海古籍出版社1986年版，第18页。

② （唐）杜淹：《文中子世家》，张沛《中说译注》，第262页。

③ 同上书，第261页。

激发其对安定的政治及社会之向往，河汾之地成为其理想的生活授学之地。从外部环境上看，河东地域在隋末唐初，逐渐聚居了薛氏、裴氏、柳氏三大家族，这三大家族在涑水、浍水流域形成了自己的势力范围，尤其是薛氏，自蜀地迁来之后，约从薛辩开始，其家族经历了较为明显的由武向文之转化，对个体内部之心性修养进一步提升，而实现这一途径的最好方式莫过于取法汉魏晋经典注疏。从薛氏族人来看，薛收具备较强的军檄、政令应用文体写制之能力，"时太宗专任征伐，檄书露布，多出于收"[①]。同为嗜文之士，且居住地又极为接近，较易结成相近的政治关系乃至形成政治同盟，薛收与王氏族人王通、王绩、王度均有交往，与王通为师徒，王绩为挚友，屡次举荐东皋子入仕。此外，河东裴氏在两晋、隋唐都享有盛名，风流名士辈出，与王氏家族成员往来之记载虽不可考，但对河东一地的文化影响则是显而易见的。河东柳氏在后魏之际逐渐入居高位，柳䛒更为炀帝所重。《旧唐书》记载："䛒尤俊辩，多在侍从，有所顾问，应答如响。性又嗜酒，言杂诽谐，由是弥为太子所亲狎。以其好内典，令撰《法华玄宗》，为二十卷，奏之。太子览而大悦，赏赐优洽，侪辈莫与为比。炀帝即位，拜秘书监，封汉南县公。"[②] 这些家族在隋末之际，呈现出文化鼎盛之态，在政治上也处于较为强劲的上升状态，家族成员之间较易沟通交往，从外部形态上看，河东地域在此时所凝聚的文化力量在全国来看也是极其突出的。而强劲的文化氛围中势必需要一位杰出的文化领袖，河东王通王氏家族在几大家族中看，文化积淀最为丰厚，与儒学之关系又最为密切。裴氏虽通儒学，但两晋之际又间杂玄学，其儒学修养并不如王氏纯粹。王通之祖历代修习经学，其父亦曾于龙门授学，这为王通儒学之形成提供了极好的家学环境，"河汾之学"在王通身上有了最好的体现。王通之学也最能代表隋末的"河汾之学"。从内外因循环相依看，王通处在了历史时间与空间地域相结合之点上，而呈现出来的文化形态即是"河汾之学"。

[①] （后晋）刘昫：《旧唐书》卷七三《薛收传》，中华书局1975年版，第2587页。
[②] （后晋）刘昫：《旧唐书》卷五八《柳䛒传》，中华书局1975年版，第1423页。

二 "河汾之学"之旧型儒学与新型学说之特征

河东王通王氏家族原居于祁地,永嘉丧乱,又曾转徙江左,北魏太和年间又迁回河汾一地,定居于龙门一带。《中说》辑录了王通与其弟子的言论,所体现的思想多是旧型文化,尤其是对北方地区以拓跋氏政权为首的诸政权的认同和接受,文中子之学术痕迹本身也带有较为明显的北地士子求学著述讲学之特征。此外,王氏家族取好儒道,文中子虽以儒业自立,但对道家思想并不完全排斥,王氏家族成员所体现出来的多是儒道兼宗之特征,旧型中渐生新变。表现在王通身上,其儒生之特征由前此的鄙俗之风向博通转变,且注重实用,兼容求和的指向逐渐清晰地体现出来。

北朝儒学不同于南朝,在师承上有明显不同。《北史·儒林传》曾指出此种不同:"大抵南北所为章句,好尚互有不同。江左,《周易》则王辅嗣,《尚书》则孔安国,《左传》则杜元凯。河洛,《左传》则服子慎,《尚书》、《周易》则郑康成。《诗》则并主于毛公,《礼》则同遵于郑氏。南人约简,得其英华。北学深芜,穷其枝叶。"[①] 此处言南北儒学之异同,颇中实情。但江左儒学风气却并不一致,尤其表现在自中原地区侨迁而去的侨民与江南土著士人之区别上。侨民多自中原地区而迁,多染玄风,其儒学并不纯正,《南史·儒林传》所载儒林以江左士人为多,正统的北方儒林人物寥寥无几,且多兼修《易》、《老子》、《庄子》。诸如平昌安丘伏曼容,"少笃学,善《老》《易》,倜傥好大言"[②];又如清河武城张讥,"通《孝经》、《论语》,笃好玄言"[③],等等。而江左士人之儒学则多家传世袭,儒学相对纯正,尤其是庐江何佟,少好《三礼》,"仕齐,初为国子助教,为诸生讲《丧服》,结草为经,屈手巾为冠,诸生有未晓者,委曲诱诲,都下称其醇儒"[④];又会稽孔佥,"通《五经》,尤明《三

---

① (唐) 李延寿:《北史》卷八一《儒林传》,中华书局1974年版,第2709页。
② (唐) 李延寿:《南史》卷七一《儒林传》,中华书局1975年版,第1731页。
③ 同上书,第1750页。
④ 同上书,第1734页。

礼》、《孝经》、《论语》"①；吴兴沈峻，"博通《五经》，尤长《三礼》"②；会稽孔子袪，"尤明《古文尚书》"③；吴兴沈洙，"通《三礼》、《春秋左氏传》"④；吴郡戚衮，"受《三礼》于国子助教刘文绍"⑤；东阳郡郑灼，"尤明《三礼》"⑥；贺德基，世传《礼》学，"于《礼记》称为精明，位尚书祠部郎。虽不至大官，而三世儒学，俱为祠部郎"⑦。为时论所称美；吴郡顾越，"家传儒学，并专门教授"⑧；吴兴沈不害，"著《五礼仪》一百卷"⑨。江左一地土著之世家大族内部传承之儒学，相较于南迁之侨民而言，显然更为精进。故梁武帝在复兴儒学时，所设立的五位国子学博士几乎都是江左人士："至梁武创业，深愍其弊，天监四年，乃诏开五馆，建立国学，总以《五经》教授，置《五经》博士各一人。于是以平原明山宾、吴郡陆琏、吴兴沈峻、建平严植之、会稽贺场补博士，各主一馆。"⑩是故，江左士人之严谨儒风，多由其土著的士族所保存，又因儒师聚在大儒门内，乡里罕有授习，"是时乡里莫或开馆，公卿罕通经术，朝廷大儒，独学而弗肯养众，后生孤陋，拥经而无所讲习，大道之郁也久矣乎"⑪。学术门第较为森严，其经学多以世代相传为特点，呈现出较为鲜明的家学特色。

　　北朝儒学则游学的性质极为浓厚。《北史·儒林传》所载人物多有游学经历，北魏后期的大儒徐遵明、熊安生等多是通过四方游学的方式完善学养。又如华阴徐遵明，年十七，随乡人诣山东求学，后至

---

① （唐）李延寿：《南史》卷七一《儒林传》，中华书局1975年版，第1740页。
② 同上书，第1741页。
③ 同上书，第1743页。
④ 同上书，第1745页。
⑤ 同上书，第1747页。
⑥ 同上书，第1748页。
⑦ 同上书，第1750页。
⑧ 同上书，第1752页。
⑨ 同上书，第1755页。
⑩ 同上书，第1730页。
⑪ 同上。

上党师屯留王聪，受《毛诗》、《尚书》、《礼记》。后又游燕赵，师事张吾贵、范阳孙买德等等；长乐熊安生，从陈达受《三传》，从房虬受《周礼》，事徐遵明，服膺历年，后受《礼》于李宝鼎，遂博通《五经》。到北朝后期、隋之际，参与修订朝廷五经，集北儒学问之大成的博士刘焯与刘炫也都曾四方游学。刘焯，少与河间刘炫结盟为友，同受《诗》于同郡刘轨，受《左传》于广平郭懋，尝问《礼》于阜城熊安生等等，"二刘"是否有受家学影响，难以确知，但北方地区长久以来积成的游学风习无疑促成了其时经学的发达。尤其是燕、齐、赵、魏之地，遍布经师与习经求学之士。北魏拓跋氏自神麚四年（431）征士始，对汉族士人日渐采取较为宽松的吸纳政策，所征召的士人遍及四方，孝文帝太和改革，更是一次极为彻底的汉化，汉族士人得以安身立命之儒学在北方地区有较好的承续，京邑与乡里都重儒师，以经书求取功名，成为后魏诸多士人赖以谋生的方式。而且，这一方式少有门第隔阂的局限，尤为贫贱士子倾心选择。见诸正史的北朝儒林人物，多贫贱出身，且多选择游学的方式，与北方地区相对宽松的求学及取仕政策有较大关系。

王通，家传易学，也曾游学四方，"受《书》于东海李育，学《诗》于会稽夏，问《礼》于河东关子明，正《乐》于北平霍汲，考《易》于族父仲华"[①]。其求学方式本身呈现出较为典型的北方士子游学特征。《中说》一书中对北方诸政权，尤其是北魏政权多有称颂之意。前秦王猛就为夫子所称道。"子曰：'王猛有君子之德三焉：其事上也密，其接下也温，其临事也断。'"[②]《周公篇》中以苻秦媲美于齐桓，王猛媲美于管仲："子曰：'齐桓尊王室而诸侯服，惟管仲知之。苻秦举大号而中原静，惟王猛知之。'"[③] 肯定前秦苻氏政权，尤

[①] （唐）杜淹：《文中子世家》，参见郑春颖译注《文中子中说译注》，黑龙江人民出版社2003年版，第195页。

[②] 《中说》卷二《天地篇》，张沛译注《中说译注》，上海古籍出版社2011年版，第47页。

[③] 《中说》卷四《周公篇》，张沛译注《中说译注》，上海古籍出版社2011年版，第100页。

其表现在苻秦与晋之对立上，文中子对苻秦安国济民之功业，极为称赞："苻秦何逆？三十余年，中国士民，东西南北，自远而至，猛之力也。"① 对北魏孝文帝汉化改革之功绩，也予以肯定："或问魏孝文。子曰：'可与兴化。'"② 南北对立之际，对东晋与诸南朝政权之帝王与士子，多贬斥；而北方地区，则褒扬前秦苻坚政权与孝文帝之北魏政权，孝文之功业，夫子反复称道："元魏之有主，其孝文之所为乎？中国之道不坠，孝文之力也。"③ 孝文帝成为夫子所提倡之"道"的正面代表，而孝文帝本人自身汉文化修养极高，对儒师也敬重，崔光等人即是以儒术晋身，北朝儒学得到了极大发展，文中子兼学数家经学，也体现出了北朝旧型儒学之特征。再次，此种旧型儒学之最明显特征，就在于对两汉儒学之赏慕。而两汉也成为承继三帝、周公道统之重要承继阶段，《中说》反复倡言两汉之道与德，褒赞荀彧、荀攸等士人，从这一点上来看，王通之旧型儒学特征是以汉儒为本位的。北朝儒生虽多，却多鄙俗而少博通，儒生以倡讨诸家经义之长短为特征，以精辩为喜好，极少关切世用。文中子虽汲取北朝儒生之长却并不以之为优，儒生刘炫以谈《易》无敌于朝内而向文中子炫耀，文中子以"德"、"行"之语讥之。王通虽混合了旧型儒学儒生之诸多特点，其学问路数多自北朝儒生，但又不完全模袭，其自身关切世用，有强烈的承继尧舜、周公之"道"的志向，更多地体现出子学之特点，这也是文中子所倡导的新型学说之起点。

文中子之新型学说主要体现在其以"道"自任。而实现这一途径的方式则是上观三代，取法周公、汉儒，倡导礼乐文明，恢复周公之德治。《中说》一书本身即有浓厚的统合三教之倾向，这在群儒中面目较为特别。其体"道"之精神，表现出三个特点：其一，理论层面上，崇尚三

---

① 《中说》卷四《周公篇》，张沛译注《中说译注》，上海古籍出版社2011年版，第100页。

② 《中说》卷二《天地篇》，张沛译注《中说译注》，上海古籍出版社2011年版，第62页。

③ 《中说》卷四《周公篇》，张沛译注《中说译注》，上海古籍出版社2011年版，第101页。

帝、周公之德治，孔子求诸内心之自觉自任之道德意识尤为其推崇，其言论中也频频将外化行为之种种表现归之于内心之自觉；其二，实践中的政治理念则是礼乐之治。《中说》一书中，文中子反复提及礼乐，《礼乐篇》以讨论上古及近世社会之制为主，以为"周齐之际，王公大臣不暇及礼矣"，周公以德治天下，礼乐少有所用。"天子失礼则诸侯修于国，诸侯失礼则大夫修于家"，礼乐以裨补时阙之功用而为治国者所青睐，文中子所续六经之礼乐，正是以"正《礼》、《乐》以旌后王之失"为目的，礼乐相较于德行、仁义在其理论体系中与近世关系更为密切，也更能为实际所用。其礼乐观念，尤其是礼治理念清晰地体现在《中说》一书中。这也与王通自家精通于礼，"世习礼乐莫若吾族"之家学修养相关①。其三，由礼乐之治而上推两汉七制之主。中子以礼乐之家学立身，而礼乐之治在两汉之际又极受推崇且有成效，五经注疏之学在汉为一代之学问，其中礼学又最具有规范性及容纳性，汉儒之循环守旧，拘守一家之经义就与礼学内部之诸多规范性有关，学礼之人为师承、门禁所拘束，多专一而固守，汉儒体现出的严谨、刻板之学风也与此学问之中内在的诸多牵绊相关。文中子所欣慕的三代尧舜与周公之制，近世无从效仿，而两汉则可观摩取法。此外，王通在经学、史传、记注等多种学术中，最为推崇经学。"子曰：'史、传兴而经道废矣，记、注兴而史道污矣。是故恶夫异端者。'"②经道贵为学术源头，文中子也将汉学汉制立为典范。为此，多次倡赞汉之七代贤能君主。"文中子曰：'七制之主，道斯盛矣。'"③由此，对训、赞、议、诫、谏等有助于兴化之教等政治功用型的文体极为褒赏。这也是王通作为隋唐之际儒学精神之新型特征，即诉诸两汉之礼乐政治，以三帝、周公之"德治"为理想模板，体"道"务实。

---

① 《中说》卷十《关朗篇》："王珪从子求《续经》。子曰：'叔父、通何德以之哉？'珪曰：'勿辞也，当仁不让于师，况无师乎？吾闻关朗之筮矣：积乱之后，当生大贤，世习礼乐，莫若吾族；天未亡道，振斯文者，非子谁欤？'"张沛译注《中说译注》，上海古籍出版社 2011 年版，第 245 页。王珪为太原祁人，文中提及为王通之叔父。王珪与薛收、王绩均有较密切之往来，可见王通家族虽南迁至河东龙门一带，与太原祁地之王氏家族仍有联系，或者有交往密切的政治往来。

② 《中说》卷五《问易篇》，张沛译注《中说译注》，第 134 页。

③ 《中说》卷六《礼乐篇》，张沛译注《中说译注》，第 152 页。

三 《中说》取法北周尊周公之政治倾向性

王通是隋末大儒,河东王氏家族在太和年间已经北归,居住于河汾地区龙门一带,后经历了北魏之分裂及北齐、北周之嬗代,而北齐、北周儒生之地位有很大差异性,所表现出的儒生之实用性也不尽相同,河东王氏家族在这一时期也当有所选择。河东处在东魏、西魏之间,齐武帝与周太祖曾数次征讨,居于此地的家族势必难以自保,必定会有所选择,而其所选择之政治投靠与其自身家学特征及个人致"道"之标准是否有联系,此种联系如何表现等等,也是一个疑点。从《中说》中尊周公、崇尚礼乐之特点来看,王通之学可能受自北周影响较大。这一点也可以从另一则史料得到辅证:

> 魏孝武西迁,樊、王二姓举义,为东魏所诛。深父保周、叔父欢周并被害。深因避难,坠崖伤足,绝食再宿。……太祖平河东,赠保周南郢州刺史,欢周仪同三司。①

材料中所提及樊深出自河东樊氏家族。在东、西魏分裂之际,河东地域处于夹板地带,西临长安,东接洛阳,位置极其重要,势必为双方所争夺。"樊、王二姓举义,为东魏所诛",从这一则史料来看,河东之地的大族及士人多选择西魏为政治投靠,樊氏也在北周得到重用。相同境遇的还有河东乐逊,也同是儒生而被西魏、北周所礼遇。②"樊、王二姓举义",此处王姓,当指河东王氏,也极有可能是河东王通王氏家族。河东王姓,见诸史料的多以王通家族名声为盛,即使非

---

① (唐)令狐德棻:《周书》卷四五《樊深传》,中华书局1971年版,第811页。
② (唐)李延寿:《北史》卷二八《儒林传下》有记载:乐逊,河东猗氏人也。幼有成人之操,从徐遵明于赵、魏间,受《孝经》、《丧服》、《论语》、《诗》、《书》、《礼》、《易》、《左氏春秋》大义。乐逊也在西魏、北周获用,"大统七年,除子都督。九年,太尉李弼请逊教授诸子。既而周文盛选贤良,授以守令。……魏废帝二年,周文召逊教授诸子。在馆六年,与诸儒分授经业"等等,中华书局1974年版,第2746页。可见乐逊所选择的是西魏、北周政权。

王通家族，其族人也可能受乡里风习之影响，倾向于北周政权。

《中说》中所体现的文中子思想，与北周政权尊周公、重礼乐，尚两汉、黜魏晋之政治态度也非常相似。文中子在《天地篇》中曰："二帝三王，吾不得而见也。舍两汉将安之乎？大哉七制之主，其以仁义公恕统天下乎！其役简，其刑清；君子乐其道，小人怀其生；四百年间，天下无二志，其有以结人心乎？终之以礼乐，则三王之举也。"① 两汉之治为其所推崇且在现实中极力取鉴。北周之崇周公，从其对儒生之态度即可明显看出："及太祖受命，雅好经术。求阙文于三古，得至理于千载，黜魏、晋之制度，复姬旦之茂典。"② 不仅如此，北周所建六官也依据《周礼》："初，太祖欲行《周官》，命苏绰专掌其事。未几而绰卒，乃令辩成之。于是依《周礼》建六官，置公、卿、大夫、士，并撰次朝仪，车服器用，多依古礼，革汉、魏之法。"③ 文中子《周公篇》所称述周公之功绩："典而当，私而恕，其穷理尽性以至于命乎。"④ 其政治理想都以周公为榜样，极其恰合。又，北周极为仰慕重视儒生，"正君臣，明贵贱，美教化，移风俗，莫尚于儒"，故多吸引各方儒生前来慕学，"圆冠方领负笈之生，著录于京邑"。儒生之待遇较之北齐虚设的国子学之席位，更为儒生所青睐。北齐国子学博士形同虚设，其帝子王孙："内有声色之娱，外多犬马之好，安能入便笃行，出则友贤者也。徒有师傅之资，终无琢磨之实。下之从化，如风靡草，是以世胄之门，罕闻强学。若使贵游之辈，饰以明经，可谓稽山竹箭，加之以栝羽，俯拾青紫，断可知焉。"⑤ 经术之官职为权贵所把持，成为谋取富贵的手段。国子学的空虚与齐国境内所形成的"燕、齐、赵、魏之间，横经著述者，不可胜

---

① 《中说》卷二《天地篇》，张沛译注《中说译注》，上海古籍出版社2011年版，第50页。

② （唐）令狐德棻：《周书》卷四五《儒林传序》，中华书局1971年版，第806页。

③ （唐）令狐德棻：《周书》卷二四《卢辩传》，中华书局1971年版，第404页。

④ 《中说》卷四《周公篇》，张沛译注《中说译注》，上海古籍出版社2011年版，第93页。

⑤ （唐）李百药：《北齐书》卷四四《儒林传序》，中华书局1972年版，第582页。

数"的局面,看似相矛盾,实则有内在关联。北齐邺都国子学所任非堪儒命,而为权贵把持的局面实际上促成了儒生只能在乡里、城邑之间辗转求学教授。

北齐儒生虽多,但国子学博士多非所任。"时西朝既行《周礼》,公卿以下,多习其业,有宿疑硕滞者数十条,皆莫能详辨。天和三年,周齐通好,兵部尹公正使焉。与齐人语及《周礼》,齐人不能对,乃令安生至宾馆,与公正言"。[①] 熊安生为北齐儒生,齐清河中,阳休之奏立为国子学博士。北周以周公之制为本,境内教化以《周礼》。北齐儒生之多及博学程度,可以大儒刘炫、刘绰为例,以《三礼》为修业之儒生也不在少数。周齐通好,周人与齐人研讨《周礼》,齐人不能对,并非北齐真无人能言《周礼》,而很可能的原因是北齐官学空虚,尽为权贵子弟控制而成为轻取官阶俸禄的门路之因所导致的。

从《中说》来看,王通是一位极有政治理想抱负之儒生,家学中重视礼学,祖辈又多有务实求业之政治理想追求,兼河东一地处在西魏、东魏争抢之核心地带,王通所选择的极有可能是推崇周公之治的北周政权,而非摒弃儒生、喜好犬马之乐的北齐帝王。

第二节 王度之学养及其思想构成

河东王通王氏兄弟的真实性向有争议。王通、王凝、王绩三兄弟的排行得到了一致的肯定。其中分歧最大的莫过于王度、王静的真实性,尤其是有学者将王度与王凝视为一人[②],后来的学者张锡厚、孙望等辨之甚详,可确认王度其人及其作品《古镜记》的真实性。

[①] (唐)李延寿:《北史》卷八二《儒林传·熊安生传》,中华书局1974年版,第2744页。

[②] 汪辟疆先生以为王度与王凝为一人。张锡厚《王绩研究》则指出了王度、王通、王凝、王绩、王静等七兄弟的序列。孙望:《王度考》,也指出了1. 王□、2. 王□、3. 王通(字仲淹)、4. 王□、5. 王凝、6. 王绩(字无功)、7. 王静(字保名)七兄弟的序列。又云"王度,大约不是王家的老大哥,便是王家的老二哥"等等。南京师范大学出版社2002年版,第568—497页。王度与王凝确为二人,且王度撰有《古镜记》。

王度是隋末大儒王通的兄长，较之其兄专精儒学的学术特点而言，他对儒道思想显示出了兼容的态度。其中又体现出不依傍儒家之学，对崇尚自由自适的道家生活的内在肯定。作为以"怪、力、乱、神"见长的志怪小说《古镜记》，其内容及风格都打上了六朝志怪的烙印，与儒家所倡言的"雅正"之美相异。

一　出入经史、兼好"志怪"之学养特征

王度，正史不见记载。后人对其考述，多以遗世文献王绩之传记、王通《中说》、王度《古镜记》及一些书信资料等为线索。由怀疑王度存在之真实性及《古镜记》成书时间到确认王度其人其书《古镜记》之真实性，历经数十年之久，王度所作《古镜记》基本成为定论。[①] 孙望、张锡厚等人也有翔实考证，王度确为王通之兄长。

"五卷本"《与江公重借〈隋纪〉书》中曾提及到王度撰述《隋书》之事："仆亡兄芮城，尚典著局。大业之末，欲撰《隋书》，俄逢丧乱之际，未及终毕。"[②]《古镜记》中也记载"其年（大业八年）冬，度以御史带芮城令，持节河北道，开仓粮赈给陕东"之经历，可见著《隋书》未就之芮城府君即为王度。王度确有著史之举，接续其撰写《隋书》的王绩、王凝也谙长此事。由此可见，河东王氏家族之族人极可能擅长且嗜好著史。

著史风习在隋初唐学林中尤为风行。这种风习在魏晋之际即开始酝酿，南北朝长期割裂，官学散漫不兴，世家冠族之内，代代相传之家学反而成为承继学问之主要途径，著史的风习在崇尚"经世致用"的北方地区获得了较强的生命力，衍至初唐，遂呈现出史书创作繁荣的局面。初唐官修八史《南史》、《北史》、《北齐书》、《周书》、《梁

[①] 参看韩理洲《〈古镜记〉是隋唐之际的王度所作新证》一文，载《学术月刊》1987年6月，第43—49页。该文以前人论述基础，对王度及《古镜记》之系列问题进行了系统考述，得出了三个结论："确有王度其人"，"《古镜记》确系王度所作"，"《古镜记》作于唐高祖武德初年"等。

[②]（唐）王绩：《王无功文集》（五卷本会校），韩理洲校点，上海古籍出版社1987年版，第165页。

书》、《陈书》、《隋书》、《晋书》等所载列传多以士人前后相继的家族发展史为线索，在《南史》、《北史》中体现尤其明显。即使修史之人本身也呈现出家族相承、父子相传的特点，如李德林、李百药父子。官修史书如此，在民间也有更多的士人喜好著史，河东王氏家族王度撰修《隋书》，固然有台阁受命之嫌，但王绩、王凝承继兄业，已不单是了却心愿，其中更夹杂着对著史之熟稔及喜好的感情在内。王氏兄弟所修之《隋书》不可得见，但弟承兄业，颇可窥见其时家学之倾向性及对学林之影响。

　　著史风习与习经及对经书的熟稔相关联。两汉立学之本的经学以一家独盛的局面出现，作为儒家立身之本的《书》、《礼》、《乐》、《易》、《春秋》都以君臣、父子为等级原则，以秩序性、规范性下的合理性及和谐性为前提。所主张提倡的社会秩序性有强烈的人为意识，在人与自然之间，区分出人与自然的派别及分立，将人置于自然之上，在充分规范人类社会秩序的同时，也陷入了违背自然本性的规律之内。五经在被尊为经典的过程中，也愈来愈被高置起来，其所宣扬的"文质彬彬"、"温柔敦厚"等理念的教化之本，愈来愈远离现实而逐渐搁置到了对汉代社会的印象定型中去。经学文明衍生下的史学开始呈现出强劲的发展势头。从这一点上说，史学之发展受经学沾溉，出之于彼，又不完全束缚于彼。著史学者，多以经书为学术门径，入得其门而又出之于外。司马迁对先秦儒、道、墨、法、名各家之学术源流及发展倾向性了然于心，但从《汉书·司马迁传》来看，其所入门及专长的仍以儒家经书为主，由习儒而治史的路径在汉以后的著史学者身上多能发现轨迹。尤其在北朝变乱后期，学林在通经的同时转向出了经史并重的特征。进入隋、初唐，士林在通习经书的同时，更为注重史书取鉴兴衰的实用性价值。民间也盛行著史之风，为此朝廷曾有"禁私撰史"①的制令。太原晋阳王邵，就曾因私撰《齐书》，为吏部侍郎李元操弹劾。河东王氏家族除王绩入隐逸传外，王通、王度、王凝均不入传，文中子有《续六经》、《元经》，其儒家大

---

① （唐）魏徵：《隋书》卷六九《王邵传》，中华书局1973年版，第1601页。

师之学术地位自不待言，门人中王绩最为放诞不羁，但并非无经学素养，刺史杜之松即向其垂问《家礼》，并相招讲《礼》。王度则习《说苑》，文中子《中说·魏相篇》曾有记载：芮城府君读《说苑》，子见之曰："美哉，兄之志也！于以进物，不亦可乎？"①《说苑》多记述孔子及其弟子言论，其叙事言情所遵循的仍旧是儒家之道德规范秩序。这与王通政治倾向相合，故而受其赞叹。其余门人，虽无史料勘正其经学素养，但生长在一个世代以儒立命的家族内，自脱不开经书之熏染。浸染经书，由经而史的风习在王氏兄弟之内或已成为治学的一种倾向性。同时，也代表了其时士林的一种学术风尚。

二　王度与王绩处理儒道思想方式之异同

河东王氏兄弟之间，对于儒道归属倾向，并不相同。虽同出自儒学世家，但王通、王凝所继承的儒学更为纯正，王通以"文中子"之儒学大师之名享誉长安。王凝，史书多未见载。《新唐书·王绩传》曾言及："初，兄凝为隋著作郎，撰《隋书》未成死，绩续余功，亦不能成。"②可见，王凝曾参与过撰写《隋书》一事。然不见有放诞外行，故归之于儒学一派。

在王氏门人中，王绩嗜酒放诞，不尊儒家教化，与其意气相投的则是王度，这在《古镜记》中也有记录："大业十年，度弟绩自六合丞弃官归，又将遍游山水，以为长往之策。度止之曰：'今天下大乱，盗贼充斥，欲安之乎？且吾与汝同气，未尝远别。此行也，似将高蹈。'"这为理解王度创作《古镜记》提供了新的视角。所谓"同气"之源，在初唐之际似应归结于道家思想之兴起。道学是传统的学术，其学术根基是传统的老庄之学。老子以"无为而无所不为"为其处世之道，其理念是回归简朴、自然的生活方式，语言朴实、素雅；庄子

---

① 《中说》卷八《魏相篇》，张沛译注《中说译注》，上海古籍出版社2011年版，第219页。

② （北宋）宋祁、欧阳修：《新唐书》卷一九六《王绩传》，第5595页。诸多文史学家对此事真伪均有看法，或者认为王凝续写王绩未完成之《隋书》，或者以为王绩续写王凝未完成之《隋书》。

同尚自然，但其自然之美则多是瑰丽、夸诞之风格，与老子"大音希声、大象无形"的朴素相较，是巧丽、精工的。所体现的是自然造化之美与人为修饰之美的差异。汉初所倡导的黄老道学思想，是以"无为而治"为基础，老子思想为主因的。魏晋六朝玄学兴起，庄老之思又活泛在士人思想与言行中，在庄老之间，庄子物化之美，巧饰后归于自然之美充斥在风流名士的理念中，玄学清谈派讲究言辞、神态、举止之风流，这与庄子哲学中深为修工之后所达到的个体外化之美相契合，故而六朝玄学称之为庄老之学（而非老庄之学）较为恰当。隋唐两代帝王与道家人士来往密切。琅琊道士王远知，博宗群书，师事陶弘景、臧兢，习其道法。隋炀帝曾亲执弟子之礼，于临朔宫见王远知，又命起玉清玄坛以处之。唐太宗为秦王时，就曾与房玄龄微服私访，谒见王远知，登极后，于茅山置太受观，并度道士二十七人。[①]其弟子潘师正亦为高宗、天后尊敬，造奉天宫、仙游门、寻真门。又新造乐曲《祁仙》、《望仙》、《翘仙》等。道士刘道合亦为高宗尊重礼待，曾造太一观以居之。道士作为一个群体，日渐受到帝王重视并开始发挥其影响力。但最为帝王所青睐的多是服药求仙导引之术，停留在实用享乐的层面[②]，老子哲学中无为而治的社稷理念在道士身上则少有作用。从这个层面上看，儒道虽同为初唐盛行的思想，但儒士则处在政权的核心，在君臣社稷的构图中，据有了臣的队伍。而道士则多停留在仙道术士的层面，其符箓之术为帝王借重来消灾弭难。初唐虽盛行隐逸之风，由儒而隐，由隐而宦的士人占据了隐逸之士的绝大部分，但为帝王看重的多是深怀符箓秘术的道士。

王度、王绩同为河东王氏后人，受家传儒学、经学影响。王绩放浪

[①]（后晋）刘昫：《旧唐书》卷一九二《隐逸传·王远知传》，中华书局1975年版，第5125—5126页。王远知颇受初唐帝王尊崇。"调露二年，追赠远知太中大夫，谥曰升真先生。则天临朝，追赠金紫光禄大夫。天授二年，改谥曰升玄先生。"

[②]（后晋）刘昫：《旧唐书》卷一九二《隐逸传》中所载隐逸道士，王远知师事陶弘景，传其道法；其弟子潘师正从王远知习道门隐诀及符箓；刘道合也以道术为高宗赏慕，"及将封太山，帝令道合于仪鸾殿作止雨之术，俄而霁朗，帝大悦。……高宗又令道合合还丹，丹成而上之"等。可见，道士受到初唐帝王礼重，其符箓神仙、饮食长生之术多为其因。

形骸，虽三次仕宦，均暂居而归。王度则长期仕宦，任御史一职。王绩之散漫放诞在其诗文中有充分体现（详见下节），其狂放是阮籍似的不受拘束。潜处于深处的儒士之思在现世的困顿中逐渐消解，而庄老哲学中任性而为、随心而行的行为则日渐夸大，仕宦的不得意使得庄老思想愈来愈居于上风，王绩也成为初唐方外士人之代表。而王度对待儒道之方式则不同于王绩。在王氏成员中，王度是仕途最为通达的（王绩入仕曾受其引见，见《吕才序》），对儒道两种生存方式处理得较为理性客观。其著《隋书》，一方面体现了初唐士林较为普遍的著学风向，其取鉴兴衰的历史意图也体现了当时儒士"经史并重"的学问特征。《古镜记》中古镜的魔力、人与狐、猿等的幻化，多有神仙道术气息。[1] 虽有志怪的成分在内，但前后穿插有可考的时间线索，多史传之文的叙述影响，使人不得不信其真，有传奇之法。其对道的理解多是术的理解，这也应合了唐初重视道士及其神仙幻化之术的客观现实。王绩之道则是性情之表露，是真实化的个性自然之风采。

---

[1] 王国良：《魏晋南北朝志怪小说研究》一书中曾论述"志怪小说产生之背景"，提及了"佛道思想之弥漫"为志怪小说产生之一背景。以为"太平道与五斗米道，专讲跪拜、符咒，原属迷信集团，组织庞大，教义浅露。迨至魏、晋，道教中人始援引《周易》、《老子》、《庄子》以构成一富有哲理之宗教思想。魏伯阳藉《易》象以论炼丹之道，撰《周易参同契》。葛洪以儒生习道，著《抱朴子》内外二篇，《内篇》专究神仙长生之术；自神化之方，演成修养之术，道教乃有学理之基础。境界既高，逐渐流入上层社会，遂为士大夫所接纳信仰。降及南北朝时期，佛教盛行，寇谦之、陆修静、陶弘景等人，既受冲击，亦得启发，乃拟佛经而大撰法典。从此，道教之祭神供品礼仪、建醮之仪式、斋戒之种类、法箓诫命、宝盖灵幡、服侍等，皆有详备之记载，道教遂成为内涵丰富之本土宗教，普受帝王尊尚，士大夫信奉者亦不乏其人也"。文史哲出版社1984年版，第23页。初唐时期的道教承六朝而来，也更为体系化，为上层士大夫所接受。高宗、武后所尊敬的王远知道士即从陶弘景学道术，道教在初唐兴起且进入上层社会，与其前期学理、教义等的完善分不开。道教中的神仙、怪异之灵异色彩也为初唐文士所采用，并且将之在志怪小说中运用，进而大畅其风。但志怪的主题又是六朝旧有且有充分的发展，唐人遂将志怪主题化为旁笔，其着力渲染的转到情节之铺染上来，由此转入对主人公性情、色貌、爱情等更为直露的表现方式上来。

第三节　隋至初唐嘉遁之风与汾阴名士王绩

嘉遁之风为六朝高门风习，多与名贤氏族清谈、奢汰、好佛老等诸种品性相关联。诸如陈郡谢氏谢玄、谢鲲、谢庄、谢举、谢几卿；琅琊王氏王衍、王澄、王彧、王敦、王献之；太原王氏王济、王承、王湛、王衷、王蕴等，习尚玄风、清谈。北方氏族贵族苻氏家族也尚庄老、尚谈玄。如苻融，"聪辩明慧，下笔成章，至于谈玄论道，虽道安无以出之"①；苻朗更是谈玄的高手，"耽玩经籍，手不释卷，每谈虚语玄，不觉日之将夕。登涉山水，不知老之将至"②，所著《苻子》数十篇行于世，亦《老》、《庄》之流，其风流品性较之东晋士人亦不逊色。隋唐之际的嘉遁之风与此不同。六朝时玄学新风盛行，其行为表现多是纵恣的放荡，无所拘束的任诞，属于世家大族的生活方式之一。而隋唐隐逸的士人则多伴随有或隐或显的政治目的，嘉遁之风由六朝的自然随性，遂转变为功利性的隐居。隋唐之际，伴随着河东王氏、裴氏、薛氏、柳氏等家族的兴起，家学渐响，并且辐射到了临近的长安等地，以王通及其门人为代表的河汾之学开始占据学术及政治地位，影响了唐初的政治文化格局。与此同时，河汾之地还有崇尚隐居的一派，以王绩为代表，用之则出，舍之则藏，由此开启唐初的隐逸之风。

一　唐初由隐致仕的风习

唐初的隐逸之风自隋末已开始。隐逸之士多怀经世报国之志向，抱清节自高之操守。如房玄龄之父房彦谦，曾授学于博士尹琳，通涉五经，雅赡文辞，与薛道衡交好。值炀帝营造东都，穷奢极丽，彦谦曾谏言"夫贤才者，非尚膂力，岂系文华，唯须正身负载，确乎不动。譬栋之处屋，如骨之在身，所谓栋梁骨鲠之材也"③。针对炀帝嗜

---

① （唐）房玄龄等：《晋书》卷一一四《苻融传》，中华书局1974年版，第2934页。
② 同上书，第2936页。
③ （唐）魏徵：《隋书》卷六六《房彦谦传》，中华书局1973年版，第1564—1565页。

好华美骈俪的文体习气，倡言复归雅正，所谓骨鲠之士才是朝廷立身之根本。后来，"知王纲不振，遂去官隐居不仕，将结构蒙山之下，以求其志"①。这种隐居方式多体现为形隐而心不隐，带有洁身自好以求名的功利目的。与房彦谦结交的友人多数都有此种倾向。其友人有太原王邵，北海高构，蓨县李纲，河东柳彧、薛孺。查稽《隋书》传记，多为北方通经博学，令节修名之士。王劭，太原晋阳人。北齐待诏文林馆时，"时祖孝徵、魏收、阳休之等尝论古事，有所遗忘，讨阅不能得，因呼劭问之。劭具论所出，取书验之，一无舛误。自是大为时人所许，称其博物"②；高构，"好读书，工吏事"③；李纲，"慷慨有志节，每以忠义自许"④；河东解人柳彧，少好学，颇涉经史。多次以《雅》、《颂》雅正之美驳当时京邑不雅风气；⑤薛孺，"清贞孤介，不交流俗，涉历经史，有才思，虽不为大文，所有诗咏，词致清远。"⑥经历东魏、北齐，士人不护细行，贪鄙躁进的风气已渐有改变，表现之一即是隐居求清誉，或是与有清节令名的士人结友。房氏所结太原王劭诸人中，以北方地区为主，其中河东道地区居多。而河东地域蒲、绛等地的大家族裴氏、柳氏、薛氏相互之间来往较多，其影响力在初盛唐之际尤为明显。

初唐承隋末隐居之风，形成了多处适宜隐居之地，诸如东皋山、中条山、太白山、首阳山、白鹿山、陆浑别墅等。其中又以王绩隐居之地河汾东皋山较为著名。与王绩结伴隐居的有仲长先生，"结庵独

---

① （唐）魏徵：《隋书》卷六六《房彦谦传》，中华书局1973年版，第1565页。
② （唐）魏徵：《隋书》卷六九《王邵传》，中华书局1973年版，第1602页。
③ （唐）魏徵：《隋书》卷六六《高构传》，中华书局1973年版，第1556页。
④ （后晋）刘昫：《旧唐书》卷六二《李纲传》，中华书局1975年版，第2373页。
⑤ 诸如"人戴兽面，男为女服，倡优杂技，诡状异形。以秽嫚为欢娱，用鄙亵为笑乐，内外共观，曾不相避。高棚跨路，广幕陵云，袨服靓妆，车马填噎。肴醑肆陈，丝竹繁会，竭赀破产，竟此一时。尽室并孥，无问贵贱，男女混杂，缁素不分。"见（唐）魏徵《隋书》卷六二《柳彧传》，中华书局1973年版，第1483—1484页。
⑥ （唐）魏徵：《隋书》卷五七《薛孺传》，中华书局1973年版，第1413页。

处垂三十载，非其力不食，傍无侍者"①。王绩有《游山赠仲长先生子光》诗："幽寻多乐处，勿怪往还迟"，婉转表达两人深情。仲长又有《独游颂》、《河渚先生传》，记述隐逸生活及与隐士之往来。王绩有《河渚独居赋》，仲长以为可与薛收《白牛溪赋》连类。由此看来，河渚地区已成为名节之士暂时寄身的理想处所，且形成了相互以辞气相高的创作风气。"汾阴侯生，以卜筮著名。因游河渚，一论而服。曰：'东方、管辂不如也。'由是显重，守令至者皆亲谒……文中子比之虞仲、夷逸。"②仲长先生由隐而显，并且成为当时士人向往的楷模。王通门下弟子薛收就曾向王通问询仲长子光："子曰：'天人也。何谓天人？'子曰：'眇然小乎！所以属于人；旷哉大乎！独能成其天。'"③隐居逐渐为儒林士人所重视，并且成为风尚，相互追念。儒学士与隐居士人之间随之形成了相似的精神共识标准，即以个人情操的高尚清洁对抗俗世的纷扰秽浊，在易代之际，尤其成为一些士人选择的藏身求名之径。

王通，隋末大儒。据杜淹《文中子世家》所载文中子家世，祖上多有大儒博学之士。十八代祖殷，以《春秋》、《周易》训乡里；六代祖玄则，仕宋，历太仆、国子博士；其父铜川府君，讳隆，传先生之业，教授门人千余。其先祖曾转徙南北，历任刘宋国子博士，北魏并州刺史等职，世有儒名。王绩《游北山赋》也曾述及家祖。王通有家学渊源，还曾四方游学。游学之风的兴盛是与朝廷国子学趋向黯淡，儒家经典释义为个体家族所掌握的大背景相适应的。这在永嘉之乱后的北方地区表现更为明显，北魏拓跋氏，原是鲜卑族的后裔，"畜牧迁徙，射猎为业，淳朴为俗，简易为化，不为文字，刻木纪契

---

① （唐）王绩：《答处士冯子华书》，韩理洲点校《王无功文集》，上海古籍出版社1987年版，第149页。

② （唐）王绩：《仲长先生传》，韩理洲点校《王无功文集》，上海古籍出版社1987年版，第178页。

③ （隋）文中子：《中说·天地篇》，张沛译注《中说译注》，上海古籍出版社2011年版，第41页。

而已"①。立国后，多以"大一统之义"的《春秋经》为训导②，逐战四方。汉晋文明的官方儒学脉络逐渐弱化，世代专儒守经的家学反而成为接续经学脉络的关键。到北魏后期，北方地区形成了儒学兴盛的局面，与这一情势相适应的是士林间游学之风的兴盛。北地大儒徐遵明就曾游学四方，师事屯留王聪、燕赵张吾贵、范阳孙买德，又曾赴阳平馆陶赵世业家求《服氏春秋》。又如董徵，师清河监伯阳受《论语》、《毛诗》、《春秋》、《周易》，河内高望崇受《周官》，后于博陵刘献之遍受诸经。③游学之风的兴盛，促成经生相互间的交流，有助于培养集大成的儒学大师，如隋末大儒王通。王通早年怀有济苍生、经世治国的抱负，曾西游长安，谒见隋文帝，上《太平十二策》。"大业中隐于此溪，续孔子六经，近百余卷。门人弟子相趋成市，故溪今号王孔子溪也。"④弟子千余人，河南董常、太山姚义、京兆杜淹、赵郡李靖、南阳程元、扶风窦威、河东薛收、中山贾琼、清河房玄龄、巨鹿魏徵、太原温大雅、颍川陈叔达等，咸称师北面，受王佐之道。这些士人在初唐立国后，多数都得到重用。值得注意的是，其中许多士人也都有过隐逸的经历。如杜淹，聪辨多才艺，弱冠有美名："与同郡韦福嗣为莫逆之交，相与谋曰：'上好用嘉遁，苏威以幽人见征，擢居美职。'遂共入太白山，扬言隐逸，实欲邀求时誉。隋文帝闻而恶之，谪戍江表。"⑤还有河东薛收："闻高祖兴，遁入首阳山，将应义举。"⑥而汉化的少数民族士人经过北魏以来长时期的融合，与汉人

---

① （北齐）魏收：《魏书》卷一《帝纪》，中华书局1974年版，第1页。

② 道武帝天兴三年（400）颁布《天命诏》，以"春秋之义，大一统之美"为其理论口号。（清）严可均辑《全上古三代秦汉三国六朝文》，中华书局1958年版，第3511页。

③ （唐）李延寿：《北史》卷八一《儒林传·董徵传》，中华书局1974年版，第2721页。

④ （唐）王绩：《游北山赋》自注，韩理洲点校《王无功文集》，上海古籍出版社1987年版，第5页。

⑤ （后晋）刘昫：《旧唐书》卷六六《杜如晦传附叔杜淹传》，中华书局1975年版，第2470页。

⑥ （北宋）宋祁、欧阳修：《新唐书》卷九八《薛收传》，中华书局1975年版，第3890页。

接触较为频繁且形成了相近的政治团体。原姓鲜卑乌丸氏的王珪，官微身贱，隐居之时即与房玄龄、杜如晦交好①，后官至礼部尚书，为唐太宗所倚重。新旧《唐书》所载传记多以朝廷名士立目，事实上，有更多的乡野人士喜好隐逸。诸如贞观中曾任记室参军的刘粲："然志不拘俗，心好逸游，乍隐乍朝，或出或处。摹王充之学，时届旗亭；重晏仲之居……"②又如入唐后失去政治地位而选择隐居的贾通，"天厌隋德，鼎命将移，深达止足之方，谢病高蹈，遂怡神衡泌，养素丘园，置酒弦琴，赋诗展志"③，等等。从京邑到乡里，许多经历旧朝而来的士人选择隐逸生活，或者从之而沽名钓誉，为再次仕宦寻求门径；或者终归于此，使之成为心隐的理想栖居地。

儒学士、隐居者、取士者三种身份的合一，在隋唐之际的士人中不乏其人，王绩便是其中比较突出的一个。他年十五就西游长安，拜谒越国公杨素。"明经思待诏，学剑觅封侯"④；又曾依附窦建德数月；贞观年间，又曾出任太乐丞。隐逸与仕宦相结合，由隐致仕，仕退则隐；以隐求名，名盛则仕，这种仕隐交错、反复的行为方式影响了有唐一代的隐逸风气。

二 汾阴名士王绩放诞外行下的儒学修习

"名士"是一个内涵和外延不断衍生变化的概念。"名"与"士"本各自独立出现，均有独特的语境使用规则。《尹文子》中将"名"与法、儒、墨三家并列为一个学术门派，从"名"、"形"与事物相稳称之意提出："名有三科：一曰命物之名，方圆白黑是也。二曰毁

---

① 王珪，原姓乌丸氏，后赐姓王氏。"隐居时，与房玄龄、杜如晦善。母李尝曰：'尔必贵，然未知所与游者何如人，尔试与偕来。'会玄龄等过其家，李窥大惊，敕具酒食，欢尽日，喜曰：'二客公辅才，汝贵不疑。'"（北宋）宋祁、欧阳修：《新唐书》卷九八《王珪传》，中华书局1975年版，第3890页。

② 周绍良主编《唐代墓志汇编》，上海古籍出版社1992年版，第10页。

③ 同上书，第31页。

④ （唐）王绩：《晚年叙志示翟处士正师》，韩理洲点校《王无功文集》，上海古籍出版社1987年版，第110页。

誉之名，善恶贵贱是也。三曰况谓之名，贤愚爱憎是也。"① 作为名形、名实之结合而言，名成为客观内化的形、实之物质实体的外在叙述语体，而"名"这一称谓本身也体现出了由客观实体倾向主观化认定的过程，且逐渐带有人为褒贬之意。"士"的指称则更为古老，战国时期的游士为其早期形态。"名"与"士"结合成"名士"一词，在秦汉时期较为多见。但其指称却不一致。《史记》中曾提及"名士"："自是之后，名士迭兴，晋用咎犯，而齐用王子，吴用孙武，申明军约，赏罚必信，卒伯诸侯。"② 此处"名士"多指刑名之士而言。《吕氏春秋·尊师篇》言："此六人者，刑戮死辱之人也，今非徒免于刑戮死辱也，由此为天下名士显人，以终其寿，王公大人从而礼之，此得之于学也。"③ 此处名士专指学术之士。而在汉代较为通行的用法则指有德行、通经术且不仕之士。《礼记·月令》载："（季春之月）开府库，出币帛，周天下。勉诸侯，聘名士，礼贤者。"郑玄注："名士，不仕者。"孔颖达疏："名士者，谓其德行贞绝，道术通明，王者不得臣，而隐居不在位者也。"④ 道德、经术成为名士所需的条件，在尚儒之两汉特征较为明显。《后汉书》卷五六《种暠传》云："河南尹田歆当举六孝廉，五人皆有贵戚书命，不敢违，歆欲自用一名士，乃以暠应诏。"《后汉书》卷六七《党锢列传》也载："陈蕃、窦武欲

---

① （清）王先谦集解《荀子集解》卷一六《正名篇》注引《尹文子》，中华书局1988年版，第411页。

② （汉）司马迁：《史记》卷二五《律书》，中华书局1959年版，第1241页。

③ （战国）吕不韦：《吕氏春秋集释》卷四《尊师》："子张，鲁之鄙家也；颜涿聚，梁父之大盗也；学于孔子。段干木，晋国之大驵也，学于子夏。高何、县子石，齐国之暴者也，指于乡曲，学于子墨子。索卢参，东方之巨狡也，学于禽滑黎。"许维遹集释，中华书局2009年版，第93页。上举六人，早年微贱，谋生于市井。其后拜名师，习儒、墨之学而知名。此处"名士"多指享有盛誉的治学之士。

④ （清）阮元校：《十三经注疏》，《礼记正义》卷一五《月令》，上海古籍出版社1997年版，第1363页。赵翼：《陔馀丛考》一书中在"名贼"条下，列举了汉魏到隋初唐名士、名流、名臣、名将、名父、名将、名守、名医、名王、名贼等出现的情况，释名士为"士之有名者曰名士"，商务印书馆1957年版，第836—837页。从广义的释义来看，此种解释可以容纳此一时期名士之总特征，但名士所指称在不同时期有不同的侧重点，两汉之际，德行、经术及隐逸之特征更能代表此时期名士之典型性。

诛宦官，引用天下名士"等等。汉末魏初，为世人所称誉的名士之身份界定已发生转向，由原来德行、经术的标准转为尚谋略、侠义的取用特征，袁绍、曹操及王允等一大批士人均积极接纳侠义之士。魏晋之际，名士更成为风流士人的指代，"名流"之贵族化称誉更能代表此时期尤其是南朝名士的特征。《颜氏家训》专列《名实篇》讨论南北名士"名"与"实"相背离的状况。德行、道术、隐逸三个特征成为名士的属性。但三者又并非同时具备，而呈现出阶段性的特点。

隋唐之初，承南北朝分裂政权而来，各地多有势力强大的家族政权称霸一方。此时的河东地域逐渐形成了强势的薛氏、柳氏、裴氏三大家族，而凸显出的则是以王通为代表的河汾之学。作为一个具有地域性特征的学术流派，河汾之学影响了有唐一代的政治社会发展。[1] 王氏家族世代家传经学，家族成员多具有浓厚的儒生彬彬之气，而其门人王绩则不同于此，被世人以名士称之。

称王绩为名士，主要着眼在其隐逸特征上。他不同于此时期由隐致仕的王氏门人，仕宦经历尤其波折，几次出仕结果都是不了了之。唐贞观四年（630），其兄王凝得罪了朝阁重臣，故"王氏兄弟皆抑而不用"[2]。同为王氏后人，王绩的行为方式却更为旷达、任性。一方面内心深处藏有强烈的明经报国之志向，"明经思待诏，学剑觅封侯"；同时又怀有方外之情，"诗书缚孔丘，礼乐愁姬旦"，在其诗中屡屡流露出遗世之感思与对田园生活的向往，加之其狂放不羁的个性，遂成为唐代隐逸诗人之首。其放旷行为仿效阮嗣宗，纵酒任性；精神上又以陶渊明皈依田园为指引，由仰慕之情而渐生向往之意。

1. 纵酒、任诞中的真实性情

王绩诗中抒情主人公，多数都是一个洒脱的酒客形象。从隋炀帝大业末除秘书省正字，因"端簪理笏，非其所好也"而乞调外职，到唐高祖武德年间因"日给良酿酒三升"而待诏门下省，获"斗酒学

---

[1] 参见邓小军《河汾之学与贞观之治的关系》，《四川师范大学学报》1981年第6期。

[2] （唐）王福畤：《录东皋子答陈尚书书》，张沛译注《中说译注》，上海古籍出版社2011年版，第266页。

士"之称誉,到其因太乐令焦革善酿酒而求为太乐丞等经历,几次出仕入仕均与其嗜酒有关。

避世隐居,也日与酒为伴,真实地表露了内心深处的感受:"不如高枕卧,时取醉销愁"(《赠程处士》),"但令千日醉,何惜两三春"(《尝春酒》),"不如多酿酒,时向竹林倾"(《独酌》),"平生唯酒乐,作性不能无。朝朝访乡里,夜夜遣人酤"(《田家》)。现世的困顿中唯有以酒为伴,消解忧郁的同时又能通往精神自由的无何有之乡。《无心子》、《五斗先生传》、《醉乡记》等,多是随心任性、自恣心意之笔,在烂醉的酒客之外,别见一思想自由驰骋的方外高士形象。沉醉酒乡之际,王绩多次地幻化出魏晋名士的身影,并倾心交接追捧。"阮籍醒时少,陶潜醉日多"(《醉后口号》),"散腰追阮籍,招手唤刘伶"(《春园兴后》),"且逐刘伶去,宵随毕卓眠"(《剧题卜铺壁》),"彭泽有田惟种黍,步兵从宦岂论钱"(《解六合丞还》),"阮籍生年懒,嵇康意气疏"(《田家》),"谁知彭泽意,更觅布兵那"(《赠学仙者》),"坐棠思邵伯,看柳忆嵇康"(《春日还庄》),"陶渊明对酒,非复礼仪能拘;叔夜携琴,惟以烟霞自适"(《答刺史杜之松书》),等等。酒与酒客反复入诗,任诞不羁中体现出守真自然之观感,诗歌更为真实地传达了性情挚真的特点。

宦与隐,既矛盾又和谐地统一于诗人身上。纵酒、任诞是王绩自身的行为特点,更是其借以效仿魏晋名士的途径和手段。王绩也正是通过这样的方式,确立了自己高士的地位。其影响力体现在王绩所担任的太乐丞一职,在王绩离职后,由庶族任职的浊官转为清流。清浊与士庶是相对应的,六朝世家大族凭世代积门荫,平流进取,坐致公卿。有厚禄却又不任世事,以清谈、嘉遁、奢汰为嗜好,家族内部门禁森严,禁止与寒庶士人通婚、往来。享有清誉却又不堪俗务,而庶族门第虽低,却承担了大量政务性的工作。作为一种后起的政治势力,寒庶士人逐渐集结合力,并且"掌权窃柄"[①],在南朝后期,尤其是梁陈时期,形成了较大的政治影响力。唐初的门第划分不同于南

---

① 王伊同:《五朝门第》,"流品",中华书局2006年版,第222页。

朝，但士庶清浊的区别却依然存在。王绩因嗜酒求为太乐丞，却因"非士职"不授；挂冠而归后，太乐丞遂变为清流。唐初名士多隐逸以求名，这种方式愈益被推崇、效仿，使得朝廷开始大量征召隐逸士人，"高宗天后，访道山林，飞书言穴，屡造幽人之宅，坚回隐士之车"①。隐逸士人作为一种合力，形成了一股较大的声势，影响了唐初及以后的社会发展。而王绩嗜酒放荡，则是开有唐一代隐逸之风的先行者。

2. 落拓外表下的儒者修习

王绩作为隐逸士人，被后人接受的多是纵酒任诞的狂客形象，而其兼通经史的儒者身份则很少受到注意。这与唐初河汾地区逐渐积聚起来的经学传统势力也是相一致的。

王绩原是太原祁人。其先祖曾经仕宦南朝刘宋及北魏拓跋氏政权，太和年间迁居到了河汾一带。隋唐之际，王氏家族声名鹊起。与此同时，河东地区薛氏、裴氏、柳氏等家族也有族人形成较旺的声名。诸如薛氏"河东三凤"，"收为长离，德音为鹭鹚，元敬年最少，为鸦雏。"②河东薛氏经历了一个由武趋文的过程，以薛谨、薛道衡为界，前后区别较为明显。远祖薛兴、薛涛"皆以义烈著闻"；薛辩"俶傥多大略，由是豪杰多归慕之"；薛谨，高才博学。随薛辩归魏后，官授河东太守，后袭爵汾阴侯。在任上，修复儒学，复兴了河汾地区的文化学脉。"时兵荒之后，儒雅道息，谨命立庠序，教以诗书。三农之暇，悉令受业，躬巡邑里，亲加考试，河汾之地，儒道更兴。"③后世薛氏定居河东，几乎历代皆有人出任河东太守一职。又如绛州闻喜裴炎，"少补弘文生，每遇休假，诸生多出游，炎独不废业。岁余，有司将荐举，辞以学未笃而止。在馆垂十载，尤晓《春秋左氏传》及《汉书》。擢明经第，寻为濮州司仓参军。累历兵部侍郎、中

---

① （后晋）刘昫：《旧唐书》卷一九二《隐逸传序》，中华书局1975年版，第5116页。

② （北宋）宋祁、欧阳修：《新唐书》卷九八《薛收传》，中华书局1975年版，第3893页。

③ （唐）李延寿：《北史》卷三六《薛辩传》，中华书局1974年版，第1325页。

书门下平章事、侍中、中书令"①，所喜好熟稔的也是史、传文学。

河东王氏家族则兼修经、史，杂贯多种术艺。王通《中说》辑录门人弟子对话，从体例上模仿《论语》语录体。《元经》模范经典，有将其学说纳入经典诠释范围内的经学著作的倾向。王氏族人通经，且有浓厚的著史风习。王凝，曾著《隋纪》而未果，故王绩有续撰《隋纪》之意。尤其值得注意的是，丧服礼本是南朝儒生精通的礼经，北朝儒生甚少通习。②王绩虽然行为放荡，不遵礼仪，但却熟晓于丧服礼。曾有杜使君向其借《家礼》并相召讲《礼》，王绩以"弃俗遗名，与日已久"③为托辞婉拒。杜之松借其《家礼》后云："蒙借《家礼》，今见披寻。微而精，简而备，诚经传之典略，闺庭之要训也。"④后又垂问家礼丧服新义，王绩征引古今，释疑解惑。对三年的丧服礼节以及君臣夫妻间次序先后等问题均有精到的论述解释，批驳"妻为正服，臣为义服，则君臣之际，不如夫妇之情乎？"的乖谬之处，认为正服、义服无厚薄之分，"妻为正服，所以无害于君臣；臣为义服，所以不伤于夫妇"⑤。这为理解这位自视为"意疏体放"的方外人士提供了新的视角。

三 王绩诗赋的多面性特征及其取法渊源

王绩被后人所接受的身份几乎都是隐逸士人。其好友吕才寻访遗文，编成文集五卷。中晚唐经学家陆淳则有意识地删改："余每览其

---

① （后晋）刘昫：《旧唐书》卷八七《裴炎传》，中华书局1975年版，第2843页。
② （唐）魏徵：《隋书》卷三二《经籍志》中所列精通丧服礼之数家，多以南朝士人为主，尤其是会稽贺氏家族，如贺循有《丧服要记》十卷，《丧服谱》一卷；贺游《丧服图》一卷；贺场《丧服义疏》二卷，等等。北方地区罕有论述，且集中在大家族之内，如安平崔氏家族崔逸《丧服图》一卷等。中华书局1973年版，第918—924页。
③ （唐）王绩：《答刺史杜之松书》，韩理洲点校《王无功文集》，上海古籍出版社1987年版，第134页。
④ （唐）王绩：《杜使君答书》，韩理洲点校《王无功文集》，上海古籍出版社1987年版，第138页。
⑤ （唐）王绩：《重答杜使君书》，韩理洲点校《王无功文集》，上海古籍出版社1987年版，第141页。

集，想见其人，恨不同时得为忘形之友。故祛彼有为之词，全其悬解之志。"① 其有为之心志逐渐被忽略，而无为之形态日益放大。吕才所辑录五卷本为当时所本，最接近王绩诗文的原貌。吕才所作《王无功文集序》，直笔实录，并不讳言其早年西游长安的干谒生活，这对理解王绩由积极的仕进者转化为消极的方外人士提供了更为全面的认识。陆淳删改文集为三卷，去掉了文集中有为之词，遂使后世人多以隐逸士人来界定其身份。诸如宋人陈振孙以为"嗜酒简放，不乐仕进"②，马端临以为其"放逸傲世"③。明黄汝亨刊刻《东皋子集序》以为"东皋子放逸物表，游息道内。师老、庄，友刘、阮"④。王绩以老庄自然之道体性情之真，其嗜酒、任诞、不乐仕进的特点多被人接受。而其仕进之心则逐渐被淹没在隐逸的表象之下。事实上，王绩形隐与心隐表里并不总相一致，早期多体现为形隐心不隐，到罢归太乐丞才逐渐完成身心俱隐的过程。诗文的发展也与这一内在的心路变化历程相一致。

王绩十五岁西游长安，干谒杨素，怀积极入仕之心。隋末大业年间炀帝喜好华文丽辞，同时又不乏壮阔的情思，刚健的气质，尤其是将塞外之景与壮士之情时时纳入精描细刻的宫廷生活中去，绮丽之美随之成为风情壮阔的个人情志之陪衬，呈现出壮丽宏大的风情之美。杨素、薛道衡交往频繁，其诗歌风格更好地代表了朝堂文学所崇尚的诗歌类型。杨素"落花入户飞，细草当阶积"（《山斋独坐赠薛内史诗二首》），薛道衡"暗牖悬蛛网，空梁落燕泥"（《昔昔盐》）等诗语之特点，多融有梁陈宫体诗精细摹物之技巧。王绩漫游长安，其诗文自然也投其所好，薛道衡看到《登龙门忆禹赋》，就曾叹为"今日

---

① （唐）陆淳：《删东皋子集序》，周绍良主编《全唐文新编》卷六一八，吉林文史出版社2000年版，第6994页。

② （宋）陈振孙：《直斋书录解题》卷一六，上海古籍出版社1987年版，第466页。

③ （元）马端临：《文献通考·经籍考》卷二三一，浙江古籍出版社2000年版，第1843页。

④ （明）黄汝亨：《黄刻东皋子集序》，韩理洲点校《王无功文集》，上海古籍出版社1987年版，第224页。

之庾信也"①。可见王绩早期诗歌确有学习六朝骈俪体及藻饰的文辞的倾向。该赋不见存,《全唐文》卷一三一辑录了大业四年(608)王绩所作的《三日赋》:"逢上林之卷雾,值章台之吐霞。尘半湿而街静,气全收而野华。蒲梢果下之龙骑,绣轴珠轮之犊车。锦则凤凰衔叶,绫则鸳鸯戴花。粉色倾新市,衣香满狭斜"②,等等,四六骈体文,缀金镂彩,代表了王绩早期的诗文特征。从三月三日祓禊节长安所见景象入笔,铺金列彩,渲染帝京世情,干谒之景,大堤女、羽林骑,凡俗世情皆以雕金镂玉之笔摹画,形式上多呈现为一种四六文对仗的形式之美,可见其深染六朝风习。

一方面,王绩诗文有雕金镂玉之特点;另一方面,更能代表其风格的还是疏野质朴之文。这可能是由于王绩对骈赋和诗歌两种文体功能的认识不同所导致的。骈赋仍被冠以骋辞炫技的功用,进而成为干谒时显示才学的方法之一。诗歌则成为托物言志,抒写个人情志的凭借。这样或许可以解释王绩诗和赋何以呈现出两种不同风格的原因。隋末唐初诗歌呈现出新的气象,但从诗歌文体上看多承袭六朝偶对之习,选择物象的厚重繁密堆叠在一起极易造成板滞之印象,太宗诗歌多呈现出此种特点。而王绩诗歌则是以散句入诗,"气格遒健,解涤初唐排偶板滞之习气,置之开元、天宝间,弗能别也"③。王绩并没有如隋唐之际的多数侍从文人一样,将诗歌骈俪化,也并不是没有掌握偶对技巧,而是以散句入诗,骈对入赋,将诗和赋两种文体功能相区别,使得其诗和赋呈现出不同的特色。简而言之,赋体华美骈俪,诗歌疏野简淡,两种风格的形成与王绩个体的遭遇及性格特点密切相关。具体表现在:其一,王绩并未成为真正的侍从文人,其担任的秘书正字、扬州太和县丞、太乐丞,均是不入流的小官。与庙堂文人相

---

① (唐)吕才:《王无功文集序》,韩理洲点校《王无功文集》,上海古籍出版社1987年版,第2页。

② (唐)王绩:《王无功文集》,韩理洲点校《王无功文集》,上海古籍出版社1987年版,第34页。

③ (清)纪昀等:《钦定四库全书总目》卷一四九《东皋子集三卷提要》,中华书局1965年版,第1277页。

比，将其归入在野文人更为合适。在野文人的特点使得其远离了庙堂文学。初唐诗歌偶对骈俪、精巧工整的特点多是在宴集赋诗，相互攀比才能的竞争意识下形成的。远离朝堂的王绩自然无法参与此种竞技，个体相对落后的诗学观念反而促成其特异的疏野之风。其二，王绩本身是世家子弟，是太原王氏的后嗣，"八岁读《春秋左氏》，日诵十纸"①，十五岁漫游长安，谒见杨素，薛道衡即赞叹为"今日之庾信"，丰厚的家学文化底蕴与个人自身的才情都促使王绩过早养成了恃才傲物的性格，也使得其在仕与隐之间的生活选择上更加从容自信。与庙堂文人的身份相较而言，不受拘束的隐士生活更适合于王绩嗜酒、任诞的行为作风。这种个性化的洒脱性情极易形成个性化的诗风。

王绩诗歌的特征，如疏野有致，意境高古，气格遒健；尽洗铅华，独存体质等特点，都是个性化的特征表述。但是这些特点如何形成，王绩诗歌汲取了前人哪些成果，目前学界少有论述。

通观王绩诗文，其称道最多的是魏晋人，其中以阮籍、陶渊明为主。取阮籍，多以烂漫的酒客形象入诗，合于诗人自身嗜酒的品性；取陶渊明，则多以"会意"为主，多则给人予田园恬静、自然之美好感受。王绩诗歌之美，也来源于这样两个不同的层次。或者是傲诞愤懑的酒客心迹，或者是守真自然的田园翁形象。两种貌似相反的形象构筑起了王绩诗歌的两种美感，一种是功利急切的，另一种则是平淡宁静的，这也是处在两种不同心态下的表露。前者如《薛记室收过庄见寻率题古意以赠》，以急切感伤略带欣喜急切的笔调追溯宿昔旧事，对"尔为培风鸟，我为涸辙鱼"的不同境遇感慨万千，一语道尽隐逸内情。"曳履出门迎，握手登前除"，再次重现了诗人心中激荡的仕宦热情。整首诗活画出了一个行走于仕途，求干谒之路的士子。其诗中平淡恬静之美的风格，则多从陶诗取经。诸如《野望》一诗："东皋薄暮望，徙倚欲何依。树树皆秋色，山山唯落晖。牧人驱犊返，猎马

---

① （唐）吕才：《王无功文集序》，韩理洲点校《王无功文集》，上海古籍出版社1987年版，第1页。

带禽归。相顾无相识，长歌怀采薇。"落点是以静态的诗人视角为主，从远处东皋山淡淡薄暮笼罩下的宁静氛围入笔，将入眼的物象都放入恬淡安静的背景之下，摒弃了凡俗的喧嚣与骚扰，以静写动，牧人与牛犊，猎马与禽鸟，和谐地铺展在画面中，统一于诗人眼中。这种写法与陶诗"采菊东篱下，悠然见南山"（《饮酒》其三）相类似，以静写动，流动全诗的多是诗人的意念，以意为诗，故而多给人以宁静的美感。

王绩诗歌呈现出傲诞愤懑与宁静自然之不同美感，酒客与田家成为诗歌之两种主体人物类型，这种差异性特征不但体现了在其对前人诗歌选择性地习取，也体现在对习得对象的理解性把握及在诗歌中能否确切得到体现的实践性程度。

王绩在《答处士冯子华书》中曾言"遇天地晴朗，则于舟中诵大谢'乱流趋孤屿'之诗，眇然尽山林陂泽之思"，可见他曾学习大谢体。谢灵运诗巧构文思，字词奇拗，显然不是王绩这样率性、洒脱、嗜酒之人所可取鉴成功的。在山水与人，客观与主观之间，大谢观照的是前者，努力呈现的是自然造化之美，很少掺杂个体的情感。而王绩则将山水附带在个体情感之上，同样是山水田园诗，王诗给人的感觉却是见人不见景。拿王绩诗《夜还东溪》为例："石苔应可践，丛枝幸易攀。青溪归路直，乘月夜歌还。"这首诗反用谢灵运诗"苔滑谁能步，葛弱岂可扪"之意。谢诗言苔滑、葛弱，强调的是苔、葛的物之自然性，人力不可作用，给予物象自生独立之品格。而王绩诗则破坏了物象独立存在之美，强行加入主观的人为作用痕迹，处处可见一个洒脱自信的隐逸士人形象。这也是王绩虽学大谢体却始终不能形神相似的原因。

王绩诗歌主要学习阮籍和陶渊明。学习阮籍体现在两方面：首先，学习阮籍嗜酒放诞的行为状态并将这种外化的放荡状态真实地置入诗歌中。阮籍的诗歌中渗透了生命之忧郁，有浓厚的嗟生意识；生活上则是率意放荡，任性而为的。王绩诗歌中处处显现出一个烂醉如泥的酒客形象："昨宵瓶始尽，今朝瓮即开。梦中占梦罢，还向酒家来"（《题酒店壁》），"但使百年相续醉，何愁万里客衣单"（《过程处士饮率尔成咏》),"不如高枕卧,时取醉销愁"(《赠程处士》),"野杯浮郑酌,山酒漉陶巾。但令千日醉,何惜两三春"(《赏春酒》),"但使百年相续醉,何辞夜夜瓮间眠"(《解六合县丞》),"不如多酿酒,时向竹林倾"(《独酌》),"平生唯酒乐,作性不能无。朝朝访乡里,夜夜遣人酤"(《田家》之三),"比日寻常醉,经年独未醒"(《春园兴后》),"思君夜渐阑,载酒一相看"(《冬夜载酒于乡馆寻崔使君善为》),"年光恰恰来,满瓮营春酒"(《初春》),"田家多酒伴,谁怪玉山颓"(《春庄酒后》),"黄金消欲尽,只为酒家贫"(《题酒店楼壁绝句》),等等。一方面是其真性情的体现,同时也是行为的质朴表露,外在行为与内在心性相一致,使得其诗歌呈现出质朴、真实的风格。其次,托物咏怀的抒情方式。阮籍咏怀组诗诗意晦涩难明,多是由于其"厥旨渊放,归趣难求"(钟嵘《诗品·上》)的作诗宗旨所决定。其诗工于比兴和象征,但"其托体之妙,或以自安,或以自悼,或标物外之旨,或寄疾邪之思,……不但当时雄猜之渠长,无可施其怨忌,且使千秋以还了无觅脚跟处"[1]。王绩诗歌除将类似阮籍式的放诞的人生痕迹摹写入诗外,部分诗歌还借鉴了阮诗托物咏怀的技巧,不同于阮诗的晦涩难明,王诗呈现出清浅真实的风格。如《阶前石竹》一诗:

上天布甘雨,万里咸均平。自顾微且贱,亦得蒙滋荣。萋萋结绿枝,晔晔垂朱英。常恐零露降,不得全其生。叹息聊自思,此生岂我情!昔我未生时,谁者令我萌?弃置勿重陈,委化何所营?[2]

将石竹拟人化,搁置在自然物化中众生平等的起点上,感叹生命的美好,同时表露对于死亡的忧伤。由乐转悲,由对死亡的恐惧而转发对生的质疑,再转入虚无的境界中。石竹明显是王绩自拟,反映了

---

[1] (清)王夫之:《古诗评选》卷四,《船山全书》第一四卷,岳麓书社1996年版,第677页。

[2] (唐)王绩:《王无功文集》,韩理洲点校,上海古籍出版社1987年版,第70页。

隐居生活中诗人真实的思想感情。这种手法的借用，也多是从阮诗习得。阮诗咏怀诗无迹可求，"言在耳目之内，情寄八荒之表"，极度愤懑的情感始终处在压抑的状态下，堆积既深且久，且无法宣泄，故而化为一腔难觅痕迹的怨悱之气。而王绩诗则是挚真情感的直接表露，由物及人的情感宣泄路径可直寻而得。

王绩对陶诗的学习主要体现在以自然、会意为宗的审美情趣上。其一，王绩诗追求自然真美的诗歌境界。其诗中多可得见不加渲染的真实乡村生活图景，具体的人情物态直笔描摹，豁然如在目前。诸如"老妻能劝酒，少子解弹琴"（《春晚园林》），"野妇调中馈，山朋促上樽"（《春庄走笔》），"野妻临甕倚，村竖捧瓶来"（《春庄酒后》），写出了乡野生活中自然、自足、怡然自得的生活状态。"二月兰心紫，三春柳色青"（《山园》），将山园景色置于动态的时空观照中，清新活泼。"聚徒疑鲁国，游人即郑乡。先生坐不议，弟子入成行"（《过乡学》），侧面写出了乡塾教学场景。陶渊明诗风格以自然为主。如梁启超所言"'自然'是他理想的天国，凡有丝毫矫揉造作，都认作自然之敌，绝对排除。他做人很下艰苦功夫，目的不外乎保全他的'自然'。他的文艺只是'自然'的体现"①。陶诗自然之美是经过思想过滤后的自然风格美，是人与景和谐相处的自然美，经过了人为的加工所显现出来的自然之美，换言之，多体现为一种文艺形式上的自然美。同是写乡俗家园生活，陶渊明《责子诗》：

  白发被两鬓，肌肤不复实。虽有五男儿，总不好纸笔。阿舒已二八，懒惰故无匹。阿宣行志学，而不爱文术。雍端年十三，不识六与七。通子垂九龄，但觅梨与栗。天运苟如此，且进杯中物。②

诗歌典雅中带有清真之美，着重从神态上简笔勾勒幼子的天真可

---

① （清）梁启超：《陶渊明之文艺及其品格》，载《陶渊明》，商务印书馆1923年版，第41页。

② （东晋）陶渊明：《陶渊明集笺注》，袁行霈笺注，中华书局2003年版，第304页。

爱与一己无奈之神情。相对于陶诗的清真之美，王绩诗的自然更多地体现为"浊实"之美。如《田家》之一：

> 阮籍生年懒，嵇康意气疏。相逢一饱醉，独坐数行书。小池聊养鹤，闲田且牧猪。草生元亮径，花暗子云居。倚杖看妇织，登陇课儿锄。回头寻仙事，并是一空虚。①

王绩多以实际的物态与情态之象不加渲染地填充诗歌，单句意象完整，脱离了陶诗上下句构成一个完整意象的写法。句意由虚变实，笔法由精练转向拙俗；视角由意识转向物态，实现了由神态描写转到形态描写的过渡；风格上由典雅、含蓄转向稚拙、真率，进而从总体上完成了由朦胧的意念之美到实描的朴野之美的转换。

其二，王绩诗追求"会意为主"的诗意之美。这是王绩内心渴望，却很少能达到的诗歌境界。自然与会意构成了王绩取法陶渊明的两重境界。陶诗的自然与会意妙然结合在一起，自然是以会意为工的自然之美，会意又是作用于自然上的心灵交接之境界。陶诗更好地处理了自然与会意的关系。王绩取法陶渊明，多数诗歌只达到了自然之美，而无法接近陶渊明诗空灵的意境之美。其自然之风格也不同于陶渊明诗之自然，王诗自然主要体现在人情与物态交相呼应，主要通过外在形态的直白描写来凸显乡野田园生活之朴野；陶诗则将人情与物态适度隔离，给予双方平淡独立之风格特征，两种的交融多是通过虚空的神态描写来完成，造成一种飘摇恍惚、淡若春茶的清香之美。

王绩是隋唐之际在野文士的代表。其身上体现了较为浓厚的河汾士族的修学倾向，集中表现为兼宗经、史。同时王绩又是个性化的诗人，表现为嗜酒、放诞。个性化的性格特点在其诗文中具体表现为浊实、朴野之美。这种风格的形成是王绩向魏晋风度之代表阮籍、陶渊明取法的自然结果。不同于初唐宫廷诗排偶板滞之习，王绩以在野诗

---

① （唐）王绩：《田家》，《王无功文集》，韩理洲点校，上海古籍出版社 1987 年版，第 65 页。

人的风格特征，为初唐诗的发展输入了新鲜的养料。其所追求的乡野生活中人情与物态之本真描摹的手法，解放了宫廷诗日益趋向狭窄逼仄的窘境，呈现出了初唐诗自然、本真的性情之美。

第四节　王勃对王氏家族学养之继承及其对儒道思想的搁置

王勃是初唐杰出的文人之一，与杨炯、卢照邻、骆宾王并称为初唐四杰。王勃出自河东王氏，为王通后人。杨炯为弘农杨氏、卢照邻出自范阳卢氏、骆宾王出自乌伤（今浙江义乌）骆氏，但兖州求学经历对其学养亦有影响。长安是唐都文明之核心，围绕长安之河东郡、弘农郡与长安之文化发展倾向也有密不可分的关系。唐初文人在宫廷与草野之士身上呈现出了较为突出的不同创作倾向，宫廷文学以板滞、雕镂为特征，虞世南、许敬宗等人在颂贺之风中雅化了唐诗，将唐诗一步步束之高阁；而在野文士则进一步开拓了唐诗的丰美与高大、雄浑、自然之境界，效果最为显著的自然是四杰诗文。而四杰诗名之所以享誉初唐，才名迥出于宫廷文士之上，在于其诗文中自然流淌的性情之美，自然之真，为唐诗发展之活水、源头，故而初唐被后人所注重和欣赏的多是四杰之诗。四人之诗歌虽是"当时体"，但各自侧重点不同，所形成的风格也与个体的性情及才学等知识结构相关，理清这些问题对于重新认识王勃及当时四杰之间的诸多争论，颇有益处。

一　王勃之著述与学养

王勃位居四杰之首，所继承的主要是河东王氏家学，以儒学为主，其中易学之阴阳、盛衰等观点又成为其思想构成之一部分。《新唐书·文艺志》著录《周易发挥》五卷，《次论语》十卷，《王勃集》三十集，本《传》载有《汉书指瑕》、《平台秘略》、《易发挥》数篇、《唐家千岁历》、《舟中纂序》五卷等，对儒、史、历法、算学、医学、易学都有一定程度的掌握。易是儒家六经之一，与诗、书、礼、乐、春秋并称，其所构筑的思想主因是形而上的，卦爻相生相变、变动不居、循环相化的生成转换等适合于解释自然物态的伸缩盈虚。在崇尚自然、无为的庄老一派中，《易》又与《老子》、《庄子》一起构筑起了道家理论基础。汉初黄老之学，唐初道学都可以在其中发现《易》的影响。《易》在释儒与释道中，游刃有余。王勃幼承儒训，祖王通曾仿《论语》体对话之作而著《元经》，王氏家族熟稔于孔孟之言，王勃有《次论语》十卷，可见其所服膺的仍是儒家思想。

道士在初盛唐之时，是一种流行的职业。道观林立，道场遍布南北，道术较之道家之哲理思考更易流行于唐代社会，李唐王朝统治者表现出了浓厚的对道家方术的喜好。王勃与杨、卢、骆在长期的南北漫游生活中，道观、道士成为其重要的活动场所和交接人士。如王勃的《寻道观》、《观内怀仙》、《秋日仙游观赠道士》等，都以道观内的生活感想入笔。道在唐人眼中更多地是以一种功利性的解救方术而存在的。王勃思想中的易学理解多是儒家体系内的，在儒者困境的同时，化解了"人"与"困"、"穷"与"通"的矛盾，思想上儒易相生相化，体现在诗文创作中，动与静的物态对比描写、"盈"与"虚"的消长哲理、"穷"与"达"的人生困境等问题迎刃而解，故而诗文气势通达，明朗清晰，不落困窘艰涩之境。这与卢的窘迫、骆的烦辞缀语之冗复风格不同。

王勃作为大儒王通的后人，既对传统家传之学儒学有所继承，同时兴趣广泛，对易学、史学、医学、算学、历法等多有涉猎。其中影响王勃最多的仍是儒家经籍，其中易学之哲理思考方式更为深入地影响了其生活方式，在初唐士人将"道"具化为嘉遁隐逸及入道观、交道士、求道术的途径时，王勃则将易学之动静盈缩之哲理思考放入到诗文中，这也间接地使其诗文呈现出不同于初唐人的特色。

二 "王、杨、卢、骆"称序原因

后人惯以"王、杨、卢、骆"为次序来称誉四杰，然对四人排名先后顺序多有争议。杨炯有"吾愧在卢前，耻居王后"[①]的言论，而

---

① （后晋）刘昫：《旧唐书》卷一九〇《杨炯传》，中华书局1975年版，第5003页。

卢照邻却言"喜居王后,耻在骆前"①,即使四杰本身对先后排名也各持不同意见。自唐以后,四杰成为初唐文风的代表之一,高下之争或由于夹杂个体情感而有不同倾向。韩愈《新修滕王阁记》云:"愈少时则闻江南多临观之美,而滕王阁独为第一,有瑰伟绝特之称;及得三王所为序、赋、记等,壮其文辞,益欲往一观而读之,以忘吾忧;系官于朝,愿莫之遂。"②对王勃《滕王阁序》就颇多向往之情。四杰排序,今人也有诸多解释。③本节从当时流行的裴行俭"浮躁浅露"之说起,分析此种说法之成因,同时对王勃之诗文与杨、卢、骆之不同略作阐释,为四杰排序争端提供一新的解释缘由。

裴行俭是河东裴氏的后裔,这一支裴氏在唐代势头强劲。开元年间所出的进士中,一半多自河东地区,而裴氏却占据了河东地区的过半。即使在日益衰落的贞元年间,裴氏仍旧保持了一定的权势地位。裴行俭"幼以门荫补弘文生。贞观中,举明经,拜左屯卫仓曹参军"④。入仕及晋升途径是门荫与经学,这多与裴氏族人相同。行俭曾祖裴伯凤为周骠骑大将军。祖父、父亲都居高位,行俭得以门荫进入仕途。裴氏家族由崇尚军功向文化家族转化的特征在唐初较明显,而大家族取得文化地位的社会认同方式自然以经学为主。习经成为裴氏家族文化之源,同时也提供了另一晋身途径。裴行俭自身以门荫、明经的方式取得官阶,后以累累军功进阶高位,族人裴炎也"尤通《左氏春秋》,举明经及第"⑤。裴氏自身及家族的认同方式使得其将门荫、军功、经术之地位崇高化。

与裴氏不同,四杰成名方式则是诗文。王勃虽为王通后人,其儒

---

① (唐)张鷟:《朝野佥载》卷六,王云五主编,丛书集成初编本,第80页。

② (唐)韩愈:《新修滕王阁记》,《韩昌黎文集校注》,马其昶校注,上海古籍出版社1998年版,第91页。

③ 语言学家王力、周祖谟等人对王、杨、卢、骆的排列顺序多从四声抑扬顿挫的角度考虑,即平、上、去、入四声的排列规则,这符合于语言的排列习惯,也更为后人习惯性地记忆和接受。

④ (后晋)刘昫:《旧唐书》卷八四《裴行俭传》,中华书局1975年版,第2801页。

⑤ (北宋)宋祁、欧阳修:《新唐书》卷一一七《裴炎传》,中华书局1975年版,第4247页。

学声名已难以相较。时人更为注重王勃家族的,是其诗文成就。王勃六岁善文辞,九岁著《指瑕》,后因对策刘详道授朝散郎的小官。又以献颂闻名,被沛王召为署府修撰。河东王氏较之裴氏、柳氏、薛氏相差较大,尤其是在王通之后,王氏家族之儒家文化身份渐渐淡化,文学较之经学,逐渐成为一种较容易且成功率较高的仕宦途径。王勃以《滕王阁序》被时人誉为"天才",王氏兄弟勔、勮、助等也都以文才出名。一方面,唐初以诗赋取士的制度刺激了时人以文章求功名的想法;同时,作为政治文化地位日渐弱化的家族,传统的儒家经学已日渐不能适应新兴的取官途径,较之其他方式,文才更容易在广博的阅读与修习中取得,这些特点使得王氏族人更留意修养文才,且将之用作晋身途径。杨、卢、骆与王勃都以"文章显",王勃的家世史传中颇多记载,杨炯、卢照邻、骆宾王虽出自州郡大姓,然家世难详,有没落的可能性。占据一定社会地位的大家族较乐意选择通经的方式致仕。而新兴的取官方式——诗赋取士,在饱受争议的同时,也越来越多地为下层士人所青睐,在文风上表现出对六朝文学华美绮艳之风的追摹。南与北之争在唐初持续很久,"清绮"与"气质"之美,为南北各自所长。唐初士人,虽有抵制南风之口号,实则模拟与喜爱,太宗、上官仪等宫廷文士多擅长华美绮丽之辞采。四杰长期漫游,依然脱不掉六朝文学的底色。这与杨炯在《王勃集序》中所反对的"骨气都尽,刚健不闻"的唐初文学特征看上去似乎相矛盾。四杰之"风骨"又建立在形式华美的文风基础上,在排斥与选择中都有所为,这种矛盾性的双重汲取较易为人所诟病。且裴行俭裴氏族人多以门荫、军功及明经的方式入仕,这些方式虽陈旧却有广阔的社会土壤。文章之士或亦通经,但多以文才闻名,其自身矛盾的处境使其在口号理论与实际运用,否定与学习中呈现出矛盾的双重性,在自身遭遇困境时,更容易为人归结于定型化的性格特征,裴氏"浮躁浅露"之说或许与此有关。

《新唐书》卷二〇一《王勃传》记载:"勃与杨炯、卢照邻、骆宾王皆以文章齐名,天下称'王、杨、卢、骆',号'四杰'。炯尝曰：'吾愧在卢前，耻居王后。'"①《旧唐书》卷一九〇《杨炯传》亦有"王、杨、卢、骆"的称序记述。可见，"王、杨、卢、骆"的排序为时人所常用。然王与杨之次序并不恒定，正如杨炯所言"耻居王后"，王杨之优劣高下亦为时人所论。称赏四杰的张说即认同杨炯所说，以为："杨盈川文思如悬河注水，酌之不竭，既优于卢，亦不减王。'耻居王后'，信然。'愧在卢前'，谦也。"②王、杨之高下世人见解并不相同。这种不一致性还体现在新旧《唐书》处理王、杨二人的传记上。《旧唐书》所记述的四杰以卢、杨、王、骆为先后，且以较大篇幅细致介绍了杨的生平履历，王勃在杨炯之后，简单序列其经历。《新唐书》则不然，所遵从的是王、杨、卢、骆的顺序，且王勃是记述的重心。杨、卢、骆的传记都附在王勃传记之后。《新唐书》为理性化的宋人所修，所遵从的是王、杨、卢、骆的叙述顺序，展现出一定的历史认同性。而《旧唐书》所记述的则更能反映唐人的真实心理。王、杨之高下，不仅是杨炯个人有所非议，也是一个社会性的话题。而两种不同的看法，是由两种不同的审美观照所导致的。

　　唐人崔融以为王勃"文章宏逸，有绝尘之迹，固非常流所及"③。张说评杨炯："杨盈川文思如悬河注水，酌之不竭"，前者宏逸，后者绵连，风格不尽相同。王勃文章宏逸之美，重点在其高大雄宏，不可规摹之诗境；而杨炯文章如悬河注水，体现的是其用语绵长之特点。杨炯之诗文常通过偶对，构筑物象，以正对、反对、递进、转折等关系顺承文章的发展，给文章以连绵不绝的气势。这一技巧在唐初文士手上颇多运用，四杰中将这一技巧发展到极致的是骆宾王，骆氏文章以不绝的偶对、排比物象描写勾连文脉，冗长琐碎。杨炯诗歌，如《从军行》所描写的："烽火照西京，心中自不平。牙璋辞凤阙，铁骑绕龙城。雪暗凋旗画，风多杂鼓声。宁为百夫长，胜作一书生。"偶

---

① （北宋）宋祁、欧阳修：《新唐书》卷二〇一《王勃传》，中华书局1975年版，第5738页。

② （后晋）刘昫：《旧唐书》卷一九〇《杨炯传》，中华书局1975年版，第5003—5004页。

③ 同上书，第5003页。

对中穿插抒情叙事,以正对反对,承与转勾连全文,讲究文辞与结构的技巧,同时也注重情感的宣泄铺排。王勃诗文在文才之外,更为特别的则是其哲理境界上的开拓,用哲思消解个体的遭遇困境。王、杨虽并称,二人风格却各有所别,杨炯诗文更多的是一个性情耿直的辞人之笔,这点同卢氏相近,而王勃则融入了天道盈缩等哲理思想,在辞人之外,别见一通达的学者。这或许是王勃文章宏逸,常人难以企及的深层原因所在。

　　四杰是对"争构纤微,竞为雕刻"的龙朔诗风的主要变革者。掮起变革之风的是杨炯在《王勃集序》中所提到的薛元超、卢照邻:"尝以龙朔初载,文场变体……骨气都尽,刚健不闻。思革其弊,用光志业。薛令公朝右文宗,托末契而推一变;卢照邻人间才杰,览青规而辍九攻。知音与之矣,知己从之矣。"① 薛元超祖父是薛道衡,父亲是长于军檄露布之作的薛收,元超高宗朝多有宫廷和作。麟德(664—665)年间,薛元超曾被远放于"越嶲之邛都",有《醉后集》三卷。这一次流放促成薛元超对宫廷诗风的变革,由上官体的附丽者转为变革者。而口号则是"骨气"、"刚健"说。而对"骨气"说的诗歌理论倡导最为有力的则是卢照邻。卢氏倡导"骨气"的途径是复古,正如《南阳公集序》中所言"两班叙事,得丘明之风骨;二陆裁诗,含公干之奇伟"②。"风骨"与"奇伟"是卢氏欣赏和创作所追求的。这种主张和创作上的努力是以不依傍古人,自我创新,反对"落梅芳树,共体千篇;陇水巫山,殊名一意"③ 的模拟风气为前提的。表现在乐府诗歌创作上,往往借助汉魏乐府古题直抒胸臆,现存诗作中《陇头水》、《巫山高》、《芳树》、《昭君怨》、《梅花落》、《关山月》、《上之回》、《折杨柳》、《紫骝马》、《战城南》等,都沿用汉魏乐府古题,或者以新事入旧题,或者即旧题抒写情怀。另有借用南朝齐梁乐府横吹曲词《刘生》、《雨雪曲》等,也突出的是塞外奇伟之

---

① (唐)卢照邻、(唐)杨炯,徐明霞点校《卢照邻集》、《杨炯集》,中华书局1980年版,第36页。

② 同上书,第71页。

③ 同上书,第74页。

景,征战之苦与相思之情。这在龙朔(661—663)后的诗人诗作中,较为特别。卢照邻所借用的汉魏或者齐梁乐府古题,是以"汉魏风骨"为导向的,这也体现在其屡屡倡言的复古,自作古之文中。杨炯所言"愧在卢前",很可能缘于此。在杨炯诗歌中,也有数首汉魏乐府古辞,《有所思》、《梅花落》、《折杨柳》、《紫骝马》、《战城南》等,与卢照邻的创作思路相一致。杨炯又是复古派,倡导"骨气"说的重要革新人物,其乐府诗歌创作很可能受到卢照邻的影响。故而,杨炯所言"愧在卢前",多是从卢照邻以汉魏古乐府旧题自作新事,直抒胸臆,倡导风骨一派的理论与实践先导性等方面而言的。从现存诗作来看,王勃少有乐府旧题的诗歌,其变革龙朔诗风的路径与卢、杨追求"风骨"不同,而是以"宏博"[①]为导向对抗"纤微"。这些分歧或许是杨炯所言"耻在王前,愧在卢后"之原因所在。

三 王勃"宏博"之诗风及其中的儒道之因

如前所述,"风骨"与"宏博"成为四杰创作不同的风格导向。较之卢、杨的风骨,王勃之诗文体现出宏博、宏逸的特点。杨炯认为其有使龙朔诗风"反诸宏博"之功效,崔融则以"文章宏逸"为评断。较之龙朔诗人纤微、琐细之风,王勃诗风以宏、博、逸见长,这不仅与龙朔诗人为代表的宫廷诗风相异,与杨、卢、骆差别也较大,个性化的特征较为明显。此种特征固然有其个性化的色彩,然其儒道思想对"宏博"之诗风也产生了一定程度的影响。

1. 北方"象数"学影响下的易学观

汉代为经学发端与成长、形成的重要阶段。由其分化而来的象数、义理两派在南北朝时期呈现出各自的学问特点。南学多以王弼之学为继承,重玄学义理,多玄虚之谈;而北学则仍传郑玄之学,象数之学在北方地区有较广阔的影响。为义理派多所攻击的龟卜、占筮、谶纬之学在河北一地仍有留存。两《唐书》均记载王勃有《周易发

---

① (唐)杨炯:《王勃集序》言:"反诸宏博,君之力焉。"(唐)卢照邻、(唐)杨炯,徐明霞点校《卢照邻集》、《杨炯集》,中华书局1980年版,第36页。

挥》五十卷，其学多家传。而王氏在晋阳穆公王虬之时已投奔北魏，"太和中为并州刺史，家河汾，曰晋阳穆公"①，自孝文帝太和（477—499）年间，王氏已定居于河汾，其所接受的易学可能多自象数一派，而受到阴阳五行、天地盈缩等观念的影响。

象数之学为汉一代之学问，孟京易学最能代表汉代学术之特点。②在南北分裂之际，郑玄之学多在北方地区流传。河东王氏王通以儒者身份见称，王绩、王度虽亦有儒学习养，但诗文中更多地体现出黄老道学隐逸求仙风气。王勃在《悼比我系》中自述自身学养之高贵，其所继承和宣扬的仍是王通之儒学。其诗文中仍旧弥漫着神仙之思，诸如《怀仙》、《忽梦游仙》、《寻道观》、《山居晚眺赠王道士》、《观内怀仙》等等，屡屡将其苦心寻访道观之足迹展现笔端，然对黄老之道仍多停留在术的层面。表现在诗文中，由方术、药引而来的神仙之术和思屡屡在道观、道士之作中呈现。这又不仅是王勃个人喜好，四杰，如卢照邻即好此中秘术，生死系之。王勃之易学观念更多地来自于儒学层面，尤其是汉儒象数之学。玄学派以黄老之学解《易》在其身上未有体现，这与《周易正义》所云的南学重王弼、北学以郑氏《易》学为主的情势也相吻合。象数之学以"取象"为主，以天地、阴阳、乾坤之象而生万物变化之理，天地盈虚、阴阳化生诸种道理寓示其中，在王勃诗文中也有体现。

首先，王勃诗文中有浓厚的易学之气。正如其《八卦卜大演易论》一文，以"通神明之德，类万物之情"的《易》八卦之文解释

---

① （唐）杜淹：《文中子世家》，张沛译注《中说译注》，上海古籍出版社2011年版，第262页。

② 朱伯崑先生在《易学哲学史》中谈及汉代易学发展，认为："西汉学者解易，就其学风来说，可以归纳为三种倾向，一是以孟喜和京房为代表的官方易学。此派易学，宋人称之为象数之学。……二是以费直为代表的易学。费氏著作已失传。就班固所述及其后来的影响来看，此派易学不讲卦气和阴阳灾变，而是以《易传》文意解经，注重义理，多半是继承汉初的易学传统。……三是以道家黄老之学解释《周易》，或者说，将易学同黄老学说结合起来，讲阴阳变易学说。……以上三种解易的倾向，在汉代影响最大的是孟喜和京房的易学，他们是汉易象数学派的创始者。汉易作为易学史上的一大阶段，可以以孟京易学为代表。"朱伯崑《易学哲学史》，华夏出版社1995年版，第114—115页。

自然物态、气候、节日等的形成及变化之因果循环关系，并以对立统一的视角去解释诸种形态："夫阴阳之道，一向一背；天地之理，一升一降。故明暗相随，寒暑相因，刚柔相形，高下相倾，动静相乘，出入相藉。泯之者神也，形之者道也。"① 王氏易学授自关朗，王勃从曹元授《周易章句》。《易》学哲学原理具体化到王勃诗文中，用来解释对自然物态及个体生命穷达之理解。如"私秉宇宙独用之心，受天地不平之气"（《春思赋》）；"此仆所以抚穷贱而惜光阴，怀功名而悲岁月也"（《春思赋》）；"感大运之盈虚，见长河之纡直。蜀川风候隔秦川，今年节物异常年。霜千柳叶衔霜翠，雪里梅花犯雪妍"（《春思赋》）；"今朝花树下，不觉恋年光"（《春游》）；"故死生有数，审穷达者系于天；材运相符，决行藏者定于己"（《上刘右相书》）；"穷则独善其私，达则兼善天下"（《上刘右相书》）；"故曰知与不知，用与不用，观乎得失之际，亦穷达之有数乎"（《上绛州上官司马书》）；"然勃尝闻之《大易》曰：'人之所助者，信也；天之所助者，顺也。'是以君子不以否屈而易方，故屈而终泰；忠臣不以困穷而丧志，故穷而比亨"（《上百里昌言疏》）等。对人生相对通达的理解，使得其诗文不纠缠于困窘、苦迫之辞，用穷通、盈虚之理论来消解人生的困难与诸多不可解的难题，这使其诗文有境界开朗之特点。比较于卢照邻《五悲文》中因悲而生的祈怜之心与不竭的凄苦之音，有通达、朗阔之特点。王勃为后人所称道的千古美文，有骈俪偶对的佳构之体，四杰也都长于此体。而其诗文卓异之处还在于王勃善于将悲喜、穷达、困通等人生之理以骈偶的形式呈现在文中，如"天高地迥，觉宇宙之无穷；兴尽悲来，识盈虚之有数"（《滕王阁序》）；"所赖君子见机，达人知命。老当益壮，宁移白首之心；穷且益坚，不坠青云之志"（《滕王阁序》）。钱锺书先生云："人情乐极生悲，自属寻常，悲极生乐，斯境罕证。悲哀充尽而渐杀，苦痛积久而相习，或刻意缮性，观空作达，派遣譬解，冀能身如木槁，心似石顽。"② 此种对立、

---

① （唐）王勃：《八卦卜大演易论》，（清）蒋清翊《王子安集注》，上海古籍出版社1995年版，第298页。

② 钱锺书：《管锥编》，中华书局1994年版，第884页。

转化之哲学原理包融在其关于仕宦之穷达、生命之困蹇的生活体验中，且有意形诸笔端。

其次，对宏大、绵长物象的选择。白云、流水、龙沙、翰海、春草、春云、海内、天涯等，与初唐诗文偏爱以狭细琐碎之笔描摹具象的物态之笔不同，王勃诗爱入宏大、绵长的物象，且对物态的描摹不求雕琢，而以自然实景来状物。在状物中又追求流动、变化的诗意之美，静动相宜中呈现出生动的物象与潺潺的情思。如"龙沙春草遍，翰海春云生"（《春思赋》）；"海内存知己，天涯若比邻"（《送杜少府之任蜀州》）等。

第三，狭窄与宽大诗境的转换。王勃诗文中亦有对狭窄、琐细物象的精工描摹，这种雕琢之美，为初唐多数文人所兼备，但子安诗文更注意狭与宽、细与宏、淡与浓等的对称协调，在汲取前人长处的同时，时时化出己意。如"复有青楼大道中，绣户文窗雕绮栊"（《临高台》），细笔雕工与粗笔概览。又"歌屏朝掩翠，妆镜晚窥红"（《临高台》）；"狭路尘间黯将暮，云开月色明如素"（《临高台》）；"鸳鸯池上两两飞，凤凰池下双双度"（《临高台》）；"画栋朝飞南浦云，珠帘暮卷西山雨。闲云潭影日悠悠，物换星移几度秋"（《滕王阁》）；"狭水牵长镜，高花送断香"（《对酒》）；"泉声喧后涧，虹影照前桥"（《上巳浮江宴韵得遥字》），着力追求的是对称性的自然之美，且在其中寓有生物体之盛衰穷通意识。

2. 黄老之道与嘉遁、游仙之思

初唐儒道思想极其活跃。孔颖达《五经正义》的颁定，将儒家经学定于一尊，进一步庙堂化、正统化。在实践中，更为活跃的是道教人士的兴起及其活动。李唐王朝自称是老子李耳的后代，道教、道观、道教徒开始逐步进入士人的视野，成为士人交游的重要选择对象。初唐士林中兴起的漫游风气，或隐或显地结合了一定的政治目的。王勃诗文中，道士、道观成为主要的诗文投递对象与描写抒情场所，不仅王勃，杨炯、照邻、骆宾王也都热衷于结交道教中人。

正如初唐时期，帝王所推崇的道术之养生、求仙的功效，士林用嘉遁之行与游仙之思解释了对道的理解。王勃有游仙之思的诗歌，几乎都是在漫游旅途中创作的。相较于王勃，卢照邻则产生了实际的嘉遁行为，求"术"以解病患之实际功用占据了主体的行为动机。

道家思想在初唐颇为兴盛。老、庄学术思想中无为、逍遥之论，被初唐士人进一步演化为身体力行的隐逸行为，然多数选择了由隐致仕之路，早期的王绩及与之交往的王珪、薛收、杜淹等也曾践行过此种模式。以嘉遁之行解老、庄之道，在思想深处仍以儒为主。道是外化的儒，外道而内儒成为初唐士人诠释仕宦途径之法。

3. 对儒与道之调和

如前所述，王勃诗文中有明显的儒道思想之作用。儒家思想体系中，《易》学又受到了汉以来"象数"一派的影响，流露出以天地阴阳乾坤之道，自然物象之生老兴衰来求解的哲学之思，这给予其诗文以特色，也是后人频繁赞叹之主因。相较而言，黄老道学之气则多停留在"术"的层面。道观，发思古之幽情；道术与求仙术相结合，神仙思想蔓延。道家之学更多地体现在道术的功用，一方面频频入道观求取神仙秘术，追求仙术；同时，结交道士，谋求政治发展的偏门路径。就四杰来说，王勃与他人之别，主要体现在前者，以天地盈虚之观念，解释自然物化，元亨利贞，阴阳交替。在诗文创作中，形成的是相对绵长、空阔的时空概念，虽有纤微之物的描写，但有对比性的阔远之物态的衬托，将细态置于宇宙空间描写之内，返回到"宏博"之境。

儒道关系中，作为儒者之道不同于黄老之道。儒者之道，体现在王勃对《易经》中太极阴阳乾坤之道的理解与运用上，造成这种现象的原因在于王勃对儒家圣人之道典范的确立与坚守。《上吏部裴侍郎启》一文中，王勃指出了"圣人之道与文章之道"的继承路径，"文章之道"要以"圣人之道"为导向，圣人之道以"开务成务"，为风气之先，王勃将圣人推源到周、孔，故而要将《易》置于核心地位，成为理论价值观之源。而文章之道由于践行圣人之道，故而成为"经国之大业，不朽之能事"[①]，文章之士"立片言以居要"，履道之统。

---

① （唐）王勃：《平台秘略论》，（清）蒋清翊《王子安集注》，"艺文"，第303页。

文章有典正、雅化之需求，反对雕刻之风及单纯追求华美之风的诗赋之士。从这一点上看，无论是王勃的"宏博"之风，还是卢照邻、杨炯所倡导的"风骨"之气，在理论上都是以体道、立言为基准的，其基本立场是一致的。四杰作为一个群体而为后人所接受，其口号中之"风骨"，风格中之"宏博"都成了一种为时代所需的风气，虽是两面特征，然可推之一源，故唐人以"初唐四杰"并提王、杨、卢、骆四人。

第四章 "儒"与"侠"的矛盾及调和
——王维"诗画"艺术之成因探寻

儒与道，将唐代士人的生活在仕与隐之间进行解码和重建，由此而形成了以仕宦为中心和以隐逸为中心的两种生活主题。前者，自中央而地方，自皇城而郡县，仕宦成功的士人形成了以宴饮赋诗、应制酬唱等为特点的文人喜好；后者，一般意义上而言，则主要指隐遁于山林丘泽、道观寺庙之地的士人所选择的生活方式。从诗歌题材上看，山水田园诗为主导，陶谢诗的艺术魅力即得自于对山水田园朴素自然的描绘和其中蕴含的真实的人文情感。这些情感既是独特的又是大众化的，在被奉为经典的同时，又会探究其艺术魅力之源与缘，于诗歌又形成了另外一重的推动力。然而在士林思想深处，儒与道，仕与隐，究竟是纠缠在一起的，在其生活中也难以脱离以仕为目的的隐逸生活方式。这种由隐而仕的道路选择，自然经历了避世而隐、为隐而隐的阶段，在隋唐之际渐渐地表现出为仕而隐的倾向。由于这种隐逸自然夹杂了一个政治清明的期待心理，所以在隐的问题上表现出较强的功利性。南朝高门大族的嘉遁之风很大程度上是一种自然的心理追求，为乐而乐，对自然接近于僧侣似的探索与感悟，心性修为朝向一种自然的物态追求；而隋唐之交的隐逸之风又走向了为仕而隐的道路上来，隐逸生活夹杂了功利目的，诗文中体现出浓厚的儒者建功立业的主题思想。而此一时期的儒者虽以儒自命，然而在实际的思想形态中，早就融合了儒释道三教，尤其是佛教，不论是南朝汉族之佛，还是北方胡汉交杂下的佛教理念与生活，已较为深入地影响了时人的思想及生活方式。僧侣的南来北往，译经、传经、取经，无形中促进了不同区域文化的融合。唐代佛教文化的繁荣，脱离不开僧侣活动的影响。唐代儒学文化发展阶段中的天宝年间的儒学复古运动与中唐之际的春秋学派、古文运动，也都涉及一个如何协调儒道与佛的关系问题。

河东地域也表现出了三教通融的文化特色。北魏后期所出现的"河汾之地，儒道更新"的局面，"儒道"表现出了复杂的内涵。以王通王氏家族为例，家族中家学渊源是以儒为本位的，在对儒的理念奉行与实际践守中，是高度自觉的。王通的"三教可一"，表面看是以儒为主，容纳佛道，而之所以如此可能背后是一个更为迫切的社会必须面对的民族融合问题。唐王朝佛教艺术的繁荣，延续了北朝时期佛教艺术发展的倾向，雕刻中所出现的僧侣造型，有了胡族人物的特征。王通对拓跋鲜卑政权的认可，与南朝后期断断续续相继归来的中原原有的世家大族，在不得已中也有着对新政权所寄予的希望。对佛教的宽容接纳，从某种程度上看，也正是由于作为一门构筑在心灵史上的宗教艺术在胡汉民族中均有了较为广泛的接受群体。而传统的源自于老庄哲学之"道"与"自然"，在经历了魏晋玄学、南朝玄学发展之后，在王绩这里呈现出了新的个性化的体貌。南朝世家大族清谈、嘉遁之风多是贵族式的生活情趣，较少夹杂功利性的目的，由此南朝的山水诗，摹写物态达到一个充分接近自然的状态。王绩早期的隐逸夹带了儒学世家传统的功利目的，在真正走向心隐的过程中，交织着痛苦的政治心情体验。在王绩似隐非隐的背后，存在着一个真正的方士、隐逸群体，他们构成了一个相对完整的道教徒似的生活，知识体系上不乏精通于时学，道德操守上能实践德行一体的诉求，在当地很快能确立起自己的地位，成为隐逸群体的精神领袖。

作为地域文化形态的儒与道在河东都有真实的图景，王通讲学之河津地区，频繁有自长安来的士人求教；而河东境内汾水与涑水之间的中条山一地就盛行隐逸之风。后魏世祖拓跋焘时，河东罗崇之就隐居于此："常饵松脂，不食五谷，自称首道于中条山。世祖令崇还乡里，立坛祈请。崇云：'条山有穴，与昆仑、蓬莱相属。入穴中得见仙人，与之往来。'"① 武后时，张果"隐于中条山，往来汾、晋间，时人传其有长年秘术，自云年数百岁矣"②。德宗时，阳城"隐于中条山，远近慕其德行，多从之学。闾里相讼者，不诣官府，诣城请决。陕虢观察使李泌闻其名，亲诣其里访之，与语甚悦。泌为宰相，荐为著作郎"③。中晚唐时简淡潇洒、不乐仕进的王龟，"及从父起在河中，于中条山谷中起草堂，与山人道士游，朔望一还府第，后人目为'郎君谷'"。④ 在儒道之外，河东之地还蔓延着一股侠义之风，于士人生活中隐约可见。唐人的仕隐观念中，或多或少地伴随着仕宦的政治目的，存在为仕而隐的倾向。仕相较于隐，较能反映士人真实的心理动机，从这一层面上看，道又服从于儒，故本文选取了儒的视角对其与侠的关系及文学表现进行分析。

第一节　北地尚武任侠风气的蔓延

侠与儒、道并立，在唐代成为一种重要的社会思潮。从行为表现上看，一诺千金、士为知己者死、贵死贱生等观念开始沉淀在士人的理想人生模式中，并且在实际中积极地践行；从侠文化的作用来看，其与倡导文质彬彬、尽善尽美的儒家人格模式既相矛盾，又和谐地统一起来，在隋唐之际的士人身上有了鲜活体现。外在形态上的侠义行为又不是表象化地存在的，而是与传统的君臣、尊卑、功名、官爵、封荫等观念相联系的，由此衍生出以侠求名的人生模式，这也成为唐代文士理想化的人生图景之一，在诗文中强烈地抒发着对侠义之举与

---

① （北齐）魏收：《魏书》卷一一四《释老志》，中华书局1974年版，第3054页。
② （后晋）刘昫：《旧唐书》卷一九一《方伎传·张果传》，中华书局1975年版，第5106页。
③ （后晋）刘昫：《旧唐书》卷一九二《隐逸传·阳城传》，中华书局1975年版，第5132页。
④ （后晋）刘昫：《旧唐书》卷一六四《王播传附起子龟传》，中华书局1975年版，第4281页。

侠义之士的崇拜且身体力行之。

一 河东儒文化笼罩下的尚武尚侠之风

隋、初唐的河东文化中，首先儒文化在与道、佛、侠等力量的对比中居于主导地位，客观上与史官叙事相关，其次儒文化的传承性特点使其更容易以载体的形式容纳诸家思想精粹。从三大家族来看，河东裴氏在秦汉时发迹，经过魏晋南北朝长时期的发展，到隋唐之际已充分显现出儒学、经学并重，门第高贵、博学多才的特点来。见于《旧唐书》记载的裴氏族人，延续了北朝大族通经好学的学养特点，如裴炎："少补弘文生，每遇休假，诸生多出游，炎独不废业。岁余，有司将荐举，辞以学未笃而止。在馆垂十载，尤晓《春秋左传》及《汉书》。擢明经第，寻为濮州司仓参军。累历兵部侍郎、中书门下平章事、侍中、中书令。"① 在通经之外，对文章之术也表现出强烈的喜好，且逐渐成为一种家风，而多有少年才子闻名。如裴耀卿："少聪敏，数岁解属文，童子举。弱冠拜秘书正字，俄补相王府典签。"② 又裴漼："绛州闻喜人也。世为著姓。父琰之，永徽中，为同州司户参军，时年少，美姿仪，刺史李崇义初甚轻之。先是，州中有积年旧案数百道，崇义促琰之使断之，琰之命书吏数人，连纸进笔，斯须剖断并毕，文翰俱美，且尽与夺之理。崇义大惊，谢曰：'公何忍藏锋以成鄙夫之过。'由是知名，号为'霹雳手'。"③ 在文章才学之外，又兼有多种术艺之长，如裴宽："宽通略，以文词进，骑射、弹棋、投壶特妙。"④ 而家族门第之高贵又直接促成其族人相对便捷的入仕途径，裴冕："河东人也，为河东冠族。天宝初，以门荫再迁渭南县尉，以吏道闻。"⑤ 裴遵庆："绛州闻喜人也。代袭冠冕，为河东著族。遵庆志气深厚，机鉴敏达，自幼强学，博涉载籍，谨身晦迹，不干当世

---

① （后晋）刘昫：《旧唐书》卷八七《裴炎传》，中华书局1975年版，第2843页。
② （后晋）刘昫：《旧唐书》卷九八《裴耀卿传》，中华书局1975年版，第3079页。
③ （后晋）刘昫：《旧唐书》卷一〇〇《裴漼传》，中华书局1975年版，第3128页。
④ （后晋）刘昫：《旧唐书》卷一〇〇《裴宽传》，中华书局1975年版，第3129页。
⑤ （后晋）刘昫：《旧唐书》卷一一三《裴冕传》，中华书局1975年版，第3353页。

之务。以门荫累授潞府司法参军。"① 裴氏门荫之特权,一方面说明家族已经具备的政治权益之优厚,更重要的还在于有效地保护了家族利益的延展性。相对于裴氏的尚儒尚文而言,河东薛氏则表现出了文武兼备的家族特质。从文学表现来看,北齐的薛道衡,到后来的薛收、薛元超等,都表现出了不俗的文学能力。在对学术与文学重视的同时,部分族人仍旧继承了早先习尚武力的家风,这一方式在群雄逐鹿中原的时候,更为人主所青睐。如薛仁贵升迁的方式就颇具传奇色彩:

> 贞观末,太宗亲征辽东,仁贵谒将军张士贵应募,请从行。至安地,有郎将刘君为贼所围甚急,仁贵往救之,跃马径前,手斩贼将,悬其头于马鞍,贼皆慑服,仁贵遂知名。及大军攻安地城,高丽莫离支遣将高延寿、高惠真率兵二十五万来拒战,依山结营,太宗分命诸将四面击之。仁贵自恃骁勇,欲立奇功,乃异其服色,着白衣,握戟,腰鞬张弓,大呼先入,所向无前,贼尽披靡却走。大军乘之,贼乃大溃。……及军还,太宗谓曰:"朕旧将并老,不堪受阃外之寄,每欲抽擢骁雄,莫如卿者。朕不喜得辽东,喜得卿也。"寻迁右领军郎将,依旧北门长上。②

战场上所向披靡,以一人之力而建奇功,这于尚武的家族士人有了充分的表现机会。又如冀州苏定方:"冀州武邑人也。父邕,大业末,率乡闾数千人为本郡讨贼。定方骁悍多力,胆气绝伦,年十余岁,随父讨捕,先登陷阵。父卒,郡守又令定方领兵,破贼首张金于郡南。……贞观初,为匡道府折冲,随李靖袭突厥颉利于碛口。靖使定方率二百骑为前锋,乘雾而行,去贼一里许,忽然雾歇,望见其牙帐,驰掩杀数十百人。颉利及隋公主狼狈散走,余众俯伏,靖军既

---

① (后晋)刘昫:《旧唐书》卷一一三《裴遵庆传》,中华书局1975年版,第3355页。

② (后晋)刘昫:《旧唐书》卷八三《薛仁贵传》,中华书局1975年版,第2780页。

至,遂悉降之。军还,授左武侯中郎将。"① 以武力谋略取得军功而封官拜爵成为一条很重要的入仕途径。不仅尚武之人以之为根基,对习儒尚文之人也产生了吸引力。

与尚武之人对武力的修习不同,文士更多地表现出了对侠义之风的慕习,河东王氏王绩就曾有《晚年叙志示翟处士》一诗:"明经思待诏,学剑觅封侯。弃繻频北上,怀刺几西游。中年逢丧乱,非复昔追求",讲述年少时学剑、北上、西游的侠义之梦。贞观重臣魏徵,也有古诗《述怀》(一作《出关》),叙写早年落拓不羁,重然诺、轻功名之事:

中原初逐鹿,投笔事戎轩。纵横计不就,慷慨志犹存。杖策谒天子,驱马出关门。请缨系南粤,凭轼下东藩。郁纡陟高岫,出没望平原。古木鸣寒鸟,空山啼夜猿。既伤千里目,还惊九折(一作"逝")魂。岂不惮艰险,深怀国士恩。季布无二诺,侯嬴重一言。人生感意气,功名谁复论。②

由隋唐之际混乱的政治格局入笔,述弃文而武的过程及经历。"纵横计不就,慷慨志犹存",讲述早年四处奔波谋略不为人所识,慷慨有古侠义之士的气度。后叙独自四方谋讨生活,所经历的险碍与内心的孤独伤感,有感伤的成分在内,却浑化为一股悲凉之气。"岂不惮艰险,深怀国士恩",将内心的执着归结到一士之恩的因果上,自然引出古侠义之士季布、侯嬴之事,结尾慷慨抒怀。诗中所描述的经历也是唐初侠义之士真实自然的生活记录与性情特写。

在武与侠的维度上,文士体现出两个不同层次的理解,也存在一个由武而侠的自然替换过程。边塞诗中对武将功业的渲染,多是一种宏大叙事的场面,如窦威《出塞曲》:"匈奴屡不平,汉将欲纵横。看云方结阵,却月始连营。潜军度马邑,扬斾掩龙城。会勒燕然石,方传车骑名。"③

---

① (后晋)刘昫:《旧唐书》卷八三《苏定方传》,中华书局1975年版,第2777页。
② (清)彭定求等编校:《全唐诗》卷三一,中华书局1999年版,第441页。
③ (清)彭定求等编校:《全唐诗》卷三〇,中华书局1999年版,第433页。

立功边塞，扬名四方的豪情，于内心深处潜滋暗长，却拘囿于个体能力而难以实现。而侠义之士重然诺，轻生死，贵结交，重义气等行为却很容易模仿。事实上，唐代文士也较多地有此侠义之气。从河东道一地来看，就颇有侠义之举。如柴绍："幼趫捷有勇力，任侠闻于关中。少补隋元德太子千牛备身。高祖微时，妻之以女，即平阳公主也"[1]；又唐俭："并州晋阳人，北齐尚书左仆射邕之孙也。父鉴，隋戎州刺史。俭落拓不拘规检，然事亲颇以孝闻"[2]；武士彟："并州文水人也。家富于财，颇好交结。"[3]这些侠义之士又多非市井细民，而多具有一定的社会优势，或出自儒门，或历代仕宦，或家财万贯，等等。

《隋书·地理志》论及了北方地区任侠风气的地理分布格局：

> 前代称冀、幽之士钝如椎，盖取此焉。俗重气侠，好结朋党，其相赴死生，亦出于仁义。故班固志述其土风，悲歌慷慨，椎剽掘冢，亦自古之所患焉。前谚云："仕官不遇遇冀部。"实弊此也。……太原山川重复……俗与上党颇同，人性劲悍，习于戎马。离石、雁门、马邑、定襄、楼烦、涿郡、上谷、渔阳、北平、安乐、辽西，皆连接边郡，习尚与太原同俗，故自古言勇侠者，皆推幽、并云。[4]

由河东沿汾水迤北，唐代的河东道与以燕赵为核心的河北道地区也都蔓延着浓厚的侠义风气，而其重心则在古幽、并地区。唐诗中咏侠义的诗歌也以幽并为多，高适《蓟门行》（其四）就以描写幽州任侠之事为主："幽州多骑射，结发重横行。一朝事将军，出入有声名。纷纷猎秋草，相向角弓鸣。"[5]写出了侠客由征战沙场而取得功名的人

---

[1] （后晋）刘昫：《旧唐书》卷五八《柴绍传》，中华书局1975年版，第2314页。
[2] （后晋）刘昫：《旧唐书》卷五八《唐俭传》，中华书局1975年版，第2305页。
[3] （后晋）刘昫：《旧唐书》卷五八《武士彟传》，中华书局1975年版，第2316页。
[4] （唐）魏徵：《隋书》卷三〇《地理志中·辽西郡》，中华书局1973年版，第859—860页。
[5] （清）彭定求等编校：《全唐诗》卷二一一，中华书局1999年版，第2190页。

生模式。李颀《古意》诗也以幽燕客为主:"男儿事长征,少小幽燕客。赌胜马蹄下,由来轻七尺。杀人莫敢前,须如猬毛磔。黄云陇底白雪飞,未得报恩不能归。辽东小妇年十五,惯弹琵琶解歌舞。今为羌笛出塞声,使我三军泪如雨。"①写出了幽燕之地,少年嗜赌、轻死生、重然诺的性格特点。《塞下曲》则以并州儿描写为主:"少年学骑射,勇冠并州儿。直爱出身早,边功沙漠垂。戎鞭腰下插,羌笛雪中吹。膂力今应尽,将军犹未知。"②对幽并任侠之风有生动的刻画。《古意》诗中的幽燕客重义轻死,勇猛无畏,视死如归;而《塞下曲》中的并州儿则胸怀立功沙场、报国扬名的远大志向。

侠在唐代的河汾风气中有充分体现,侠义之行、侠义精神构筑起了河汾文化的一个重要人文景观。不论是侠义之士还是侠义之气,都脱离不开儒文化的影响;从另一个侧面来看,侠义风气的盛行,背后隐藏的深层次的欲望多难以脱离功名,这也脱离不开传统儒家思想的作用,只是将仕宦及功名的潜在需求,以另一种可能实现的方式表现出来而已。

二 北方文士对武与侠的接受及诗歌表现

北方地区蔓延开来的侠义之气影响了士人的生活理念,以君臣、忠孝为体系的儒文化不再是行为的唯一尺度,而糅合了隐逸、尚武、任侠等多种行为模式。

唐初的士人来源于陇右、江左及山东,其中古山东是侠义风气较为盛行的地区,也是东魏、北齐文化承递的主要接受区。《晋书·苏峻传》记述了战乱之际,苏峻建坞堡,以保护流亡百姓之事,"永嘉之乱,百姓流之,所在屯聚,峻纠合得数千家,结垒于本县。于时豪杰所在屯聚,而峻最强。遣长史徐玮宣檄诸屯,亦以王化,又收枯骨而葬之,远近感其恩义,推峻为主"。③这种具备战斗经验及谋略的侠义之士,成为乱时流亡士人内心极度期盼的英雄。在与胡族势力及混

---

① (清)彭定求等编校:《全唐诗》卷一三三,中华书局1999年版,第1355页。
② 同上书,卷一三四,第1359页。
③ (唐)房玄龄等:《晋书》卷一〇〇《苏峻传》,中华书局1974年版,第2628页。

乱的割据势力斗争的情况下，类似苏峻的自发的武装势力层出不穷，如祖逖："性豁荡，不修仪检，年十四五犹未知书，诸兄每忧之，然轻财好侠，慷慨有节尚。每至田舍，辄称兄意散谷帛以赈贫乏，乡党宗族以是重之。"① 壁坞、坞堡保护了战乱时期汉族民众的安全，且在一定程度上促进了文化的传承。而坞堡主的身份则凸显出较为浓厚的侠客特征：好勇多谋、乐善好施、行侠仗义、不拘小节、通脱简荡等，这些性格特征成为散布乡土的侠义之士较为共通的特点。而都邑侠客，尤其是长安、洛阳两地的所谓侠客，则是另外一番面貌。南朝乐府古题中，《长安道》、《洛阳道》，是寻见的乐府旧题，离不开对繁华都邑景象的描述，其中王孙公子一掷千金、私结侠客、金刀宝马、佳苑玉人等，都做了铺金雕饰的描写，富贵骄奢之气充斥文中。如张正见《艳歌行》：

城隅上朝日，斜晖照杏梁。并卷茱萸帐，争移翡翠床。萦环聊向牖，拂镜且调妆。裁金作小靥，散麝起微黄。二八秦楼妇，三十侍中郎。执戟超丹地，丰貂入建章。未安文史阁，独结少年场。弯弧贯叶影，学剑动星芒。翠盖飞城曲，金鞍横道傍。调鹰向新市，弹雀往睢阳。行行稍有极，暮暮归兰房。前瞻富罗绮，左顾足鸳鸯。莲舒千叶气，灯吐百枝光。满酌胡姬酒，多烧荀令香。不学幽闺妾，生离怨采桑。②

"未安文史阁，独结少年场"，暗示了少年可能出自书香门第、权贵之家，却有贵游子弟结伴游荡街市的喜好。"弯弧贯叶影，学剑动星芒"，这位佳公子却曾好勇且习有武艺。"调鹰向新市，弹雀往睢阳"，可见其任侠行为中的纨绔习气。这首乐府古诗的内容在佳人与贵游公子之间展开，由此确立了视角的双重性。以佳人为主导则以女性柔美的体态、流转的眼神、不舍的思恋为线索，由此而构筑起了男

---

① （唐）房玄龄等：《晋书》卷六二《祖逖传》，中华书局1974年版，第1693—1694页。

② 逯钦立辑校：《先秦汉魏晋南北朝诗》，中华书局1983年版，第2472页。

性对女性的审美心理。在女性柔弱之美确立的同时，又赋予少年放荡不羁、习玩成性、貌似勇侠的特点，从而确立了柔与刚的对比。"行行稍有极，暮暮归兰房"，暗示了佳人与公子相互之间难舍难分的关系。此处的少年或曾怀有以武建功名的想法，然生活的安逸，家族的文士化，使其不可能真正走进惩恶扬善的侠义之士中去，而是一边在向往一边在蜕化，因善而来的侠义之气蜕化为斗鸡走狗、弹射笑人、逞凶斗富，在其中又欲图呈现个人的勇猛无敌。在风月温柔乡中又渴望实现对自己能力的认证，信心的激发，其实也只是家族及王朝败亡前的征兆而已。到南陈后主叔宝，女性意识几乎完全占据了诗歌的主体地位，曾拟作《三妇艳词》十一首，对女性行为及心理做了全面描述。这些女性化的描写又建立在男性理解的视角上，思恋、绘妆、体态、声音、床帏生活等成为主角，汉魏乐府中女子忠贞之气节，则几乎无存。又《自君之出矣》六首，以女性思念之情前后贯穿，在此因素作用下，南朝诗歌中的侠少有勇武之气，而颇多靡艳之情，侠士形象多带有王孙贵游子弟的色彩。而北朝文化中，侠的形象更多地体现出勇武谋略、死难节义、救济穷困的性格色彩。诗歌的表现视角也更为开阔，而多有雄豪之气。

第二节 "河朔"文学审美传统的形成

《隋书·文学传序》提及了汉魏至隋，数百年的文风变化，重点是南朝齐梁、北魏太和年间的文人为文喜好："暨永明、天监之际，太和、天保之间，洛阳、江左，文雅尤盛。于时作者，济阳江淹、吴郡沈约、乐安任昉、济阴温子昇、河间邢子才、巨鹿魏伯起等，并学穷书圃，思极人文，缛彩郁于云霞，逸响振于金石。……闻其风者，声驰景慕，然彼此好尚，互有异同。江左宫商发越，贵于清绮，河朔词义刚贞，重乎气质。气质则理胜其词，清绮则文过其意，理深者便于时咏，文华者宜于歌咏，此其南北词人得失之大较也。"[①] 隋代承袭

---

① （唐）魏徵：《隋书》卷七六《文学传·序》，中华书局1973年版，第1729页。

南北分裂割据而来,继承了各个地域的不同文化。于文学来看,魏徵将之归结于江左与河朔之别,且分别以清绮、刚贞和气质定性其特点。这反映了隋唐史家对当时文学风气的一种体认,这又表现在各地域的文化积累及其文学特点之上,且"河朔"与"江左"之区别也代表了时人的一种文学流派特性。

一 初唐时期"河朔"与"江左"文学概念的提出

魏徵"河朔"与"江左"文学的区分,不仅是一种文学或者文化上的南北之别,也深层次地折射出政治区派上的矛盾。从文学发展来看,隋唐之际的"河朔"文学形成了自己的特点。与南朝重视诗文礼乐的文士传统相区别,河朔文学体现出强烈的好武尚侠的文学特征,受此影响,形成了刚贞气质之美与南朝纯文士的清绮之美相对立,成为初唐文学的两种表现。这两种文学体式又不是绝然割裂的,而多处在既相学习又相排斥的状态中。

初唐四杰是唐初新风的代表。龙朔体"纤细"、"雕刻"之风曾为四杰所批判。在"积年绮碎,一朝清廓",打破了龙朔诗风之后,走向了龙朔诗风的另一个对立面:

> 妙异之徒,别为纵诞,专求怪说,争发大言。乾坤日月张其文,山河鬼神走其思。长句以增其滞,客气以广其灵。已逾江南之风,渐成河朔之制。谬称相述,罕识其源。扣纯粹之精机,未投足而先逝;览奔放之偏节,已滞心而忘返。乃相循于踬步,岂见习于通方?信谲不同,非墨翟之过;重增其放,岂庄周之失?唱高罕属,既知之矣。以文罪我,其可得乎?[①]

纵诞、怪异、宏大、滞重、灵怪成为另一个极端的文风走向,即杨炯所提到的"河朔之制",由于过分求新求怪,而走入了艰涩之境。"已逾江南之风,渐成河朔之制",存在一个由江南文风向"河朔"

[①] 周绍良主编:《全唐文新编》卷一九一,吉林文史出版社2000年版,第2196页。

文风的渐进过渡，江左、江南与"河朔"，也成为较固定的用语，表面上是一种文学风格特征；文化上则经历了自身的更新递嬗过程，而呈现出不同的文学审美倾向。

二 "河朔"文学审美传统的形成

"河朔"与江左、江南并提，从诗歌发展的历程来看，主要地区应是以古燕赵地区为中心，向北延伸至雁门、马邑、涿郡、上古、渔阳、安乐、辽西等地，而不仅指北地三才后来创作高峰期的洛阳、邺下时期。以太和、天保年间的作品来看，有南朝文学丽辞、绮靡化的倾向，如王德《春词》、周南《晚妆诗》。前者借春天的花、鸟、风，来衬托女子的青春美丽，情感淳朴而真挚。《晚妆诗》风格最与南朝诗相近，也选取了男性的视角对女性行为进行描述，最后"愿托嫦娥影，寻郎纵燕越"，又超出了一般艳情诗乏无寄托的情感空虚之态，而回归到了相思相随的情感需求上来。又王荣《大堤女》最能代表北地诗人写女性的模式，"宝髻耀明珰，香罗鸣玉佩。大堤诸女儿，一一皆春态。入花花不见，穿柳柳阴碎。东风拂面来，由来亦相爱。"①宝髻、明珰、香罗、玉佩，有修辞之力然仍以简明为特点，后者"大堤诸女儿，一一皆春态"，由对服饰的描写转入到气质神性的刻画，对神情的刻画又是以春天明丽的春光为背景的，表现出因贪慕春光而来的顽劣性情，这也是诗者内心对女性的真实心态。"东风拂面来，由来亦相爱"，借春风之爱再次道出了内心的爱慕之情。

北地三才以温子昇生活年代最早，有"博鉴百家，文章清婉"②之誉，与后来的邢邵、魏收作为一个较接近的文学群体而为人所评述。此前，北地文学的发展并不受重视，文学作品少为人所称道。韩延之、萧综等技艺较高的文人，多由南方逃难而来。前期平城文学是以高允、宗钦为代表的，既为汉宗族大家，又为拓跋统治者所重用，他们的出处选择可以看出当时大家族的政治倾向及文学表达强度。高

---

① 逯钦立辑校：《先秦汉魏晋南北朝诗》，中华书局1983年版，第2224页。
② （唐）李延寿：《北史》卷八三《温子昇传》，中华书局1974年版，第2783页。

允是神麍四年（431），拓跋氏征自燕赵地区的名士，其《征士颂》①也记载了这次征召："魏自神麍以后，宇内平定，诛赫连积世之僭，扫穷发不羁之寇，南摧江楚，西荡凉域，殊方之外，慕义而至。于是偃兵息甲，修立文学，登延俊造，酬谘政事。梦想贤哲，思遇其人，访诸有司，以求名士。咸称范阳卢玄等四十二人，皆冠冕之胄，著闻州邦，有羽仪之用。亲发明诏，以徵玄等。乃旷官以待之，悬爵以縻之。"② 这一次征贤，汇聚了当时河北、山东等地的许多大族，如范阳卢氏、博陵崔氏、渤海高氏、赵俊李氏、河间邢氏等。

神麍征士人物表

籍贯	人物	今地
范阳	卢玄、祖迈、祖侃	河北涿州
博陵	崔绰、许堪、崔健	河北安平
广宁	言崇、常涉	河北涿鹿
渤海	高毗、李钦、高允	河北景县
京兆	杜铨、韦阆	陕西西安
赵郡	李诜、李灵、李遐、吕季	河北赵州
太原	张伟	山西太原
中山	刘策、张纲、郎苗	河北定州
常山	许琛	河北正定
西河	宋宣、宋愔	山西介休
燕郡	刘遐	北京
河间	邢颖	河北河间
雁门	李熙、王道雅、冉弼	山西代县
广平	游雅	河北肥乡
长乐	潘天符、杜熙	河北冀州
上谷	张诞、侯辩	北京延庆

---

① 刘跃进：《南北朝文学编年史》，人民文学出版社2000年版，第203页。考订此文作于皇兴元年（467），允时年七十八岁。《高允年谱》考订此文作于皇兴三年（469），允时年八十岁。

② （清）严可均编：《全后魏文》卷二八，《全上古三代秦汉三国六朝文》，中华书局1958年版，第3654页。

这些家族在五胡十六国时期同各少数民族政权或多或少都有过合作,随着北魏跟后燕的战争,多又都降服于魏。经历了西晋末年的动乱,官学日渐衰弱,这些高门大族以父子相传的方式承继家学,诸如经、史、文学及阴阳历法、术数等方面的知识,以此保存了汉文化。

高允即为征士中杰出的人物。这些士人"仕宦荣显者很少,尤其未能获得实际军政大权"①,这些门第较高的汉族士人并没有实际的政治优势,汉文化也处在鲜卑文化的压制下。然自此始,文人间有了集会赋诗的习惯,"昔与之俱蒙斯举,或从容廊庙,或游集私门,上谈公务,下尽忻娱,以为千载一时,始于此矣"②。客观上却促进了高门大族之间的联系。与汉文化及文学受压抑的状况相比,鲜卑民族的尚武好勇精神却在蔓延播散。

拓跋鲜卑从原始的氏族群落进化到封建化的国家制度,经过了三个阶段,即大鲜卑山时期、大泽时期、漠南时期。其中经历时间较长的大鲜卑山时期和大泽时期由游猎经济过渡到了游牧经济的时代。森林游猎,培养了鲜卑人制造弓箭狩猎的能力,到了草原地区,借助于战马,仿佛猎人插上了翅膀,驱驰若飞。③ 这两个时期积累起了鲜卑人能战且好战的能力。尚武精神伴随着民族的成长滋生在血液中。拓跋魏早年面临前汉刘渊、刘聪,后赵石勒等多个政权的威胁,使其不得不强化军事力量,善于在疆场驰骋作战的武将成为鲜卑统治者首要选拔和重用的力量。北魏前期的列传多取有军功之人入传,生活于代地的长孙氏家族就是其所借重的军事人才。长孙嵩,位柱国大将军;子颓,征南大将军;子敦,北镇都将;子道,右卫将军;子悦,南统将军。从子长孙道生也除南统将军、冀州刺史。其子嗣也多有将才。

---

① 参见张金龙《从高允〈征士颂〉看神麚四年征士及其意义》,《北魏政治史研究》,甘肃教育出版社1996年版,第68页。张文具体分析了这些被征士人在北魏一朝的仕宦经历,得出了"这些从北方广大地区征召来的具有较高文化修养的英才彦士不仅无人任要职,而且社会地位也不高,近一半人没有爵位,有爵者封爵多较低"的结论。

② (北齐)魏收:《魏书》卷四八《高允传》,中华书局1974年版,第1081页。

③ 米文平:《拓跋鲜卑文化发展模式》,《鲜卑史研究》,中州古籍出版社1994年版。

第四章 "儒"与"侠"的矛盾及调和——王维"诗画"艺术之成因探寻   145

又长孙肥、尉古真、穆崇、和跋、奚牧、莫题、庾业延、贺狄干、李栗、刘洁、古弼、张黎、奚斤、叔孙建等也均有战功。《魏书》卷二五到卷三一，所列 27 人几乎都是武将出身。这些武将在太祖、太宗、世祖朝平定四方的战乱中发挥了重要作用，与之相应的则是尚武、尚气质精神的培养。这些内在的精神特质在鲜卑族人身上有着高度的凝聚，逐渐沉淀到了文化中，在汉文学处于复苏之际，呈现于朴质文辞中的精神即是此种尚武好勇之气。侠士作为武勇之气的主要载体也成为一个重要的描述对象，高昂诗歌《征行诗》："垄种千口牛，泉连百壶酒。朝朝围山猎，夜夜迎新妇。"① 即鲜明地呈现了武士的粗豪勇猛之气。

后期出现的文人温子昇："熙平初，中尉东平王匡博召辞人以充御史，同时射策者八百余人。子昇与卢仲宣、孙骞等二十四人高第。"② 以辞为技的士人得以充实掖庭，而北地文辞也逐渐为南朝人所重视。梁武帝萧衍就曾让张皋写子昇文笔传于江外，也感叹："曹植、陆机复生于北土，恨我辞人数穷六百。"③ 济阴王辉业也云："江左文人，宋有颜延之、谢灵运，梁有沈约、任昉。我子昇足以陵颜谢，含任吐沈。"④ 北地三才虽有意模仿南朝，然诗歌中也颇有气质，如温子昇《白鼻騧》："少年多好事，揽辔向西都。相逢狭斜路，驻马诣当垆。"⑤ 诗中的好事少年就颇有任性妄为的侠客之风。又如邢邵《冬日伤志篇》：

　　昔时惰游士，任性少矜裁。朝驱玛瑙勒，夕衔熊耳杯。折花步淇水，抚瑟望丛台。繁华宿昔改，衰病一时来。重以三冬月，愁云聚复开。天高日色浅，林劲鸟声哀。终风激檐宇，余雪满条

---

① 逯钦立辑校：《先秦汉魏晋南北朝诗》，中华书局 1983 年版，第 2257 页。
② （北齐）魏收：《魏书》卷八五《温子昇传》，中华书局 1974 年版，第 1875 页。
③ 同上书，第 1876 页。
④ 同上。
⑤ 逯钦立辑校：《先秦汉魏晋南北朝诗》，中华书局 1983 年版，第 2220 页。

枝。遨游昔宛洛，踟蹰今草莱。时事方去矣，抚己独伤怀。①

在对过去年少任性行为的回忆中引入诗题，"朝驱玛瑙勒，夕衔熊耳杯"，说明了这只是一个翩翩富贵佳公子的傲诞行为。"繁华宿昔改，衰病一时来"，将视线拉回到现实中来。"愁云聚复开"，以景写情。"林劲鸟声哀"，以林中风声之劲衬托鸟声的悲哀，暗写了心头潜藏的悲苦。"遨游昔宛洛，踟蹰今草莱"，以对过去生活的追羡来暗示而今的困顿。三才中以魏收文辞最为华美，然其早年"随父赴边，好习骑射，俗以武艺自达"②。

"河朔"与"江左"文学概念的出现以永嘉祸乱后南北分裂的政治局势为背景，"河朔"文学的精神气质跟拓跋族人好勇尚武及受此影响下的汉族文士的心理密切相关。北魏早期的平城文学虽质朴、粗豪，却存有"河朔"文学气质的根底。后期的洛阳、邺下、长安文学，文士们或者群起学南，或者南人北迁，所呈现的多是文辞技巧的繁丽化倾向，然北地勇武尚豪之风对其亦有影响。王褒《渡河北》、《燕歌行》、《关山篇》，庾信《燕歌行》、《出自蓟北门行》，宇文招《从军行》等，这些诗歌描写以关山、代北、燕门、辽东、河北等地的景象为主，多慷慨悲凉之气。如"秋风吹落叶，还似洞庭波。常山临代郡，亭障绕黄河。心悲异方乐，肠断陇头歌。薄暮临征马，失道北山阿"（《渡河北》），边城景色中的对苍凉心态的描写延续了河朔文学的抒情方式。河朔文学之构成有两方面：其一，平城时期的北土作家所创作的文学，文辞自然朴野；其二，以河朔、关中、河北、燕门等边僻之地，尚武尚侠之举为表现对象的诗文。这些作家并非截然以南北为区分，而以对边塞风情的真实展示及慷慨质朴的情感抒发为特色。

---

① 逯钦立辑校：《先秦汉魏晋南北朝诗》，中华书局1983年版，第2265页。
② （唐）李百药：《北齐书》卷三七《魏收传》，中华书局1972年版，第483页。

第三节　走向心灵的诗歌——王维之诗文与禅

开元、天宝年间涌现出了大量杰出的诗人。太原王氏家族王之涣、王翰诗歌以诗境、骨气为称。源自太原王氏，后迁琅琊的王氏族人王昌龄以"声峻"①闻名于开元诗坛。而由太原王氏迁居蒲州后的王氏族人王维与绛州裴氏裴迪往来于蓝田辋川别墅，酬唱终日，有诗画一体的风度之美。这些诗人盛名的形成略早于李、杜，且隋唐之际有族人南迁河东蒲、绛等地，王通讲学龙门之地，河津地区在隋末已形成了良好的文化氛围。由北齐的薛道衡，隋末的王绩，到初唐的王勃，河东家族文学的发展，尤其是诗歌艺术在诗境的精致化与个性化方面走在了前列，王绩的诗歌有田园之象，朴野清新，成为以后田园诗发展的一个走向。诗歌中流露出来的归隐情思，在儒道、孔庄之间的纠结，很大程度上是一种内在于心的儒学与外在的老庄之学的结合，在这种积极的结合之下，王绩诗歌自然地摒弃了六朝诗的学习倾向，在归隐中，逐渐将真实的生活观感体悟融入创作中，而成为一个性独特的诗人。王绩诗歌在诗歌接受史上并没有受到如陶渊明、谢灵运、王维诗一般的赞誉，却是由陶谢诗歌走向王维诗歌的一个必经阶段。六朝诗的铅华秾丽到了王绩这里，在真实的田野山林图像中得到了清洗，而描摹物象的技巧却在诗人自觉的艺术汲取中得到了继承。王绩诗歌中流露的寥落心境中期待、惊喜、惊惧、喜忧参半的复杂心情，其实是士林中一种普遍的政治心结，尽管这种心结并不如盛唐时期时期儒佛结合下如此的淡定与冷寂，却是一种真实的心路历程。

有"盛唐名家"②之称的王维幼年也生长在河东蒲州，其个人的才名与诗歌风格又受到了地域学风及家风的影响。王维的山水诗，从

---

① （唐）殷璠《河岳英灵集》评王昌龄诗云："元嘉以还，四百年内，曹、刘、陆、谢，风骨顿尽。顷有太原王昌龄、鲁国储光羲，颇从厥迹。且两贤气同体别，而王稍声峻。"中华书局1992年版，第219页。

② （明）高棅：《唐诗品汇·总叙》，上海古籍出版社1988年版，第8页。

隋初唐河东文化的发展与地域学人文化与文学的积淀来看，河东之地已成为一个有较强凝聚力的文化核心所在，这为盛唐诸多优秀诗人的出现准备了条件，尤其是王维、裴迪，有嘉遁之风、酬唱之习与修禅之好，田园诗主题的创作在此背景下呈现出新的特点。隋、初唐隐逸诗人王绩离经叛道，山水田园诗以质朴之辞，素笔白描生活的窘境与内心起伏不定的情感，诗歌中所形成的是一个寥落而苦闷烦躁的士人侧影；而王维借靠外家崔氏先天的门第与文化优势，15岁游长安，即为权贵垂爱。其自身兼备数艺之长，尤长书画，艺术中又渗透着禅理禅悟，成为皇城权贵们理想的贵族艺术代表。唐人的唐诗选本，王维诗也被多家所选。《河岳英灵集》在诸家诗选中影响极大，入选诗人以北方地区为主，"风骨"与"兴象"代表了殷璠选诗的标准。王维以禅入诗，禅走入了诗人的内心世界，又以简淡平和的内心观照自然万物。物象融有沉寂之态又显示出灵动之思，形成了王维诗独特的风貌。

一　《河岳英灵集》与河汾地域作家

开元诗的选本以唐人殷璠《河岳英灵集》为主。这本诗选褒贬不一，贬斥者以清人何焯为重："此集所取不越齐、梁诗格，但稍汰其靡丽者耳。唐天宝以前诗人能窥建安门径者，惟陈拾遗、李供奉、杜拾遗、元容州诸人，集中独取供奉，又持择未当。他如常建、王维，则古诗仅能法谢玄晖，近体仅能法何仲言，殆不足以传建安气骨也。此书多取警秀之句，缘情言志，理或未尽。"[1] 赞赏者如沈德潜："唐诗选自殷璠、高仲武后，虽不皆尽善，然观其去取，各有旨归。"[2] 两者评价不一，也各见实情。何焯评语以风骨为旨要，批评殷璠诗选仅取李白，而不及其余。其次，常建、王维诗选不当，王维诗之风骨一面较之高、岑诸人，并不为优，仍选王维诗有风骨的一面；王维山水

---

[1] 汲古阁刻本《河岳英灵集》何焯批语，转自李珍华、傅璇琮《河岳英灵集研究》，中华书局1992年版，第249页。

[2]（清）沈德潜：《说诗晬语》卷下，（清）王夫之：《清诗话》，上海古籍出版社1963年版，第556页。

第四章 "儒"与"侠"的矛盾及调和——王维"诗画"艺术之成因探寻 149

田园诗最为特别,兴象混融,为唐诗的精品。而殷璠诗选则取其警秀之句入诗,如《入山寄城中故人》:"行到水穷处,坐看云起时",有佳句而整诗意象不佳。又如《淇上别赵仙舟》:"天寒远山净,日暮长河急",工于炼句而无佳篇。何焯批评其选诗以谢玄诗警秀之句为基准,也切中肯綮。然殷璠诗选代表了唐人心中唐诗的最佳风貌,所选唐诗也体现出以"风骨"和"兴象"为基准的选诗依据,尤其是风骨体,诸家诗选几乎都有选入。

与《河岳英灵集》同出殷璠之手的诗歌选本,还有《丹阳集》。丹阳,原称润州,天宝元年二月改润州为丹阳郡。州郡治所在丹徒,下辖丹徒、丹阳、金坛、延陵、江宁、句容等6县。《丹阳集》选录了6县18位诗人的诗歌。《丹阳集》的成书早于《河岳英灵集》,从选诗宗旨及体例安排来看,标举气质,导后者之先路。两本选集选诗宗旨虽近,却明显有地域之别。前者以江左丹阳一地为中心,丹阳为南朝齐梁萧氏帝王的乡里。而后者则以黄河、东岳泰山为核心,容纳荟萃了河岳地区的人杰。两者一南一北,较好地展示了开元时期南北地域诗歌繁荣的特点。殷璠的诗选体例及宗旨对后来高仲武《中兴间气集》有较大影响。从今存《唐人选唐诗(十种)》来看,唯有《中兴间气集》有明显学习《河岳英灵集》的痕迹,其余多是体例单一的诗歌选本,多是先序言后诗人诗选的体例安排。从选诗宗旨来看,前者标举兴象,后者则举比兴之体。

《河岳英灵集》标举兴象者如下:

常建:建诗似初发通庄,却寻野径,百里之外,方归大道。所以其旨远,其兴僻,佳句辄来,唯论意表。

綦毋虚诗:情兴幽远,思苦词寄,忽有所得,便惊众听。

陶翰诗:历代词人,诗笔双美者鲜矣。今陶生实谓兼之,既多兴象,复备风骨,三百年以前,方可论其体裁也。

孟浩然诗:浩然诗、文彩丰茸,经纬绵密,半遵雅调,全削凡体。至如"众山遥对酒,孤屿共题诗",无论兴象,兼复故实。

贺兰进明诗:又有古诗八十首,大体符于阮公,又《行路难》五首，并多新兴。

崔署诗：署诗言词款要，情兴悲凉，送别登楼，俱堪泪下。

《中兴间气集》① 标举比兴者如下：

李嘉祐诗：袁州自振藻天朝，大收芳誉。中兴高流，与钱郎别为一体。往往涉于齐梁，绮靡婉丽，盖吴均何逊之敌也。

朱湾诗：诗体幽远，兴用洪深。因词写意，穷理尽性。于咏物尤工。如"受气何曾异，开花独自迟"，所谓哀而不伤，国风之深者也。

韩翃诗：匠意近于史，兴致繁复。一篇一咏，朝士珍之，多士之选也。如"星河秋一雁，砧杵夜千家"，又"客衣筒布润，山舍荔支繁"，又"疏帘看雪卷，深户映花兰"。方之前载，芙蓉出水，未足多也。其比兴深于刘员外，筋节成于皇甫冉也。

张继诗：诗体清迥，有道者风。如"女停襄邑杼，农废汶阳耕"，可谓事理双切。又"火燎原犹热，风摇海未平"，比兴深矣。

由上举数例可见，高仲武《中兴间气集》选诗体例及宗旨受到《河岳英灵集》得影响。两者同标兴体，然兴体之特点不尽相同。前者雄浑雅健，后者则哀婉神伤；前者以明秀为炼，后者则以冷清为调；前者是开元明朗刚健、兴象混融的开元诗风之选，后者则透露出凄清细密的大历诗风格调。开元、大历年间为唐诗发展的两个重要阶段，由盛而衰的国势情态在诗歌发展由明亮到阴冷的表现风格上也可略窥一斑。《河岳英灵集》所代表的是唐人诗选家对唐诗的看法，而入选的诗人诗作以黄河地域为限，客观上展现了开元前期北地诗人的繁荣盛况。

---

① 所用《中兴间气集》版本出自（唐）元结、（唐）殷璠等选《唐人选唐诗（十种）》，中华书局1962年版。

第四章 "儒"与"侠"的矛盾及调和——王维"诗画"艺术之成因探寻

《河岳英灵集》入选诗人共 24 家[①]，诗 234 首[②]。常建，长安人，诗 15 首；李白，陇西人，13 首；王维，河东人，15 首；刘眘虚，嵩山人，11 首；张谓，6 首；王季友，河南人，6 首；陶翰，润州人，11 首；李颀，颍阳人，14 首；高适，沧州人，13 首；岑参，南阳人，7 首；崔颢，汴州人，11 首；薛据，河东人，10 首；綦毋潜，荆南人，6 首；孟浩然，襄阳人，9 首；崔国辅，清河人，11 首；储光羲，兖州人，12 首；王昌龄，琅琊人，16 首；贺兰进明，籍贯不详，7 首；崔署，宋州人，6 首；王湾，籍贯不详，8 首；祖咏，洛阳人，6 首；卢象，汶水人，7 首；李嶷，5 首；阎防，河中人，5 首。其中山东籍作家有高适、崔国辅、储光羲、王昌龄、卢象等，计 5 人。南北走向的黄河及其支流渭水、洛水、汾水等，贯穿长安、洛阳一线，涌现出来的诗人较多，有常建、王维、刘眘虚、王季友、李颀、岑参、崔颢、薛据、崔署、王湾、祖咏、阎防等，计 12 人。其中汾水流域河东地域作家有王维、薛据、阎防，计 3 人。《全唐诗》著录王维诗四卷，《河岳英灵集》选诗 15 首，除王昌龄选诗 16 首外，王维选入诗歌为多。其次，薛据，《全唐诗》共收 12 首，《河岳英灵集》选入 10 首；阎防，《全唐诗》收诗 5 首，《河岳英灵集》全部收入。王维、薛据、阎防均为河东人，可见在盛唐时期，汾水地域所出诗文名家体现出地域集中性，即以河东地域为核心。同时，河东地域内的士人相互之间来往密切，诸如薛据与王维、阎防等人交好。士人的交好建立在特定的基础之上，在盛唐之际，是以嘉遁为共同取向，以寻道、觅道为嘉遁旨归。这股风潮在盛唐弥漫，且河东地域为风尚所在。王维才名为时人所重，其诗文透露出一些河东地域文士的交往特

[①] （宋）李昉《文苑英华》作 35 人。《文镜秘府论》作 35 人。卢盛江《文镜秘府论汇校汇考》录入，中华书局 2006 年版，第 1519 页。《宋中兴馆阁书目》所载《河岳英灵集》作 24 人。《直斋书录解题》作 24 人。李珍华、傅璇琮《河岳英灵集研究》辑录 24 人。

[②] （宋）李昉《文苑英华》作 170 首。《文镜秘府论》作 275 首，卢盛江《文镜秘府论汇校汇考》，中华书局 2006 年版，第 1519 页。《宋中兴馆阁书目》所载《河岳英灵集》作 230 首。《直斋书录解题》作 234 首。李珍华、傅璇琮《河岳英灵集研究》辑录 230 首。

点及为文风格,此将作为重点在下一节重点论述。而遭到忽视的则是薛氏族人薛据,宋以后甚少提及。

同盛唐时期文人的广泛交游结友方式相同,薛据与诗坛杜甫、王维、岑参、刘长卿、高适等人多有诗歌赠答。诸如杜甫诗"赋诗宾客间,挥洒动八垠。乃知盖代手,才力老益神"(《寄薛三郎中据》);又"文章开突奥,迁擢润朝廷。旧好何由展,新诗更忆听。别来头并白,相见眼终青"(《秦州见敕目薛据毕曜迁官》);刘长卿也曾赞叹薛据诗文"雄辞变文名,高价喧时议。下笔盈万言,皆合古人意"(《送薛据宰涉县》);高适诗"故交负灵奇,逸气抱謇谔。隐轸经济具,纵横建安作"(《淇水酬薛三据兼寄郭少府微》),等等。薛据出自河东望族薛氏,兄薛播、薛摠均有文名。薛氏一族早在北魏时期就已定居河东一带,在薛辩任河东太守之时,又复兴儒道,河东一地显现出唐前文化的萌芽状态来。而薛氏族人最先得利于河东一地长期的文化积养。家族文化的世代相传,到开元天宝之际,致有兄弟七人"并举进士,连中科名。衣冠荣之"① 的盛况。其中又以薛据才名为盛。《封氏闻见记》有一则记载:

> 旧良酝署丞、门下典仪、大乐署丞,皆流外之任。国初,东皋子王绩始为良酝丞。太宗朝,李义甫始为典仪府。中宗时,余从叔希颜始为大乐丞。三官从此并为清流所处。开元中,河东薛据自恃才名,于吏部参选,请授万年县录事。吏曹不敢注,以咨执政,将许之矣。诸流外共见宰相诉云:"酝署丞等三官,皆流外之职,已被士人夺却,惟有赤县录事是某等清要。今又被进士欲夺,则某等一色之人无措手足矣。"于是遂罢。②

流品之说自世家大族势力形成之后,开始以延续传递世家大族利益的方式被确认。在两晋南朝尤其为士人所推崇,所谓"平流进取,

---

① (后晋)刘昫:《旧唐书》卷一四六《薛播传》,中华书局1975年版,第3956页。
② (唐)封演:《封氏闻见记校注》卷三《铨曹》,赵贞信校注,中华书局2005年版,第23页。

第四章 "儒"与"侠"的矛盾及调和——王维"诗画"艺术之成因探寻

坐致公卿"的方式最直接地保障了大族的政治利益。北朝门第虽不如南朝严格,孝文帝汉化后,"分定四姓"诸政策也有向汉人世家政治学习的取向。隋唐以来,姓氏之尊为帝王及四方大族所争,唐帝王李世民就曾削减山东大族势力,以皇族为首,外戚次之,崔氏为第三,重新确立大族的地位。① 流品之说与门第之说相应,与世家大族利益相合,延续至唐仍发挥功用。河东王氏一族虽未列为河东三大族②,然隋、初唐之际出现过大儒王通,其兄王度、王绩皆有文史之才学,亦享有盛誉。然王氏一门有可能主要以文才为时所重,在乡里所有的社会势力并不如其他三大家族,故在王勃之后,逐渐凋隐,开元天宝年间已鲜有族人享有声名。薛氏则不然,历经唐三百多年时间,颇有士人进取。北齐之际有薛道衡,隋初唐有薛收、薛元超等,开元年间则以薛据声名为盛。薛据自恃才名,求万年县录事一职之事,颇有效仿王绩任良酝丞一事。王绩腹饱诗礼之学,却又嗜好饮酒,于嘉遁中放浪形骸。其曾任职的良酝丞本非流品之任,却因此而变为清流之官。薛据此事虽不举,然可证其才名为时所重。

薛据存诗12首,残句两句。怀古与山水各6首,为其诗歌中的两大主题。薛据曾以"风雅古调科"中进士,诗歌也多弥漫着复古情怀。其怀古诗的写作章法是以古起兴,夹叙夹议。诸如《怀哉行》:

  明时无废人,广厦无弃材。良工不我顾,有用宁自媒。怀策望君门,岁晏空迟回。秦城多车马,日夕飞尘埃。伐鼓千门启,鸣珂双阙来。我闻雷雨施,天泽罔不该。何意斯人徒,弃之如死灰。主好臣必败,时禁权不开。俗流实骄矜,得志轻草莱。文王赖多士,汉帝资群才。一言并拜相,片善咸居台。夫君何不遇,

---

① (唐)柳芳《氏族论》:"自魏重士族,山东人士自矜地望,婚姻多责财币或舍其乡里而妄称名族,或兄弟齐列而更以妻族相陵,太宗恶之,命吏部尚书高士廉等撰《氏族志》征天下谱牒,质诸史籍以考其真伪辨其昭穆,第其甲乙,褒进忠贤,贬退奸逆,分为九等:以皇族为首,外戚次之,崔氏干为第三,凡二百九十三姓千六百五十一家。"

② 河东三大族以裴、柳、薛为准。(唐)柳芳《氏族论》载:"关中,亦号郡姓。韦裴柳薛杨杜首也。此关西之望也。杨氏华阴,韦氏杜氏京兆,裴氏柳氏薛氏皆河东。"

为泣黄金台。①

不遇是怀古诗的主题。除《怀哉行》外，"君今皆得志，肯顾憔悴人"（《古兴》）；"奈何离居夜，巢鸟飞空林"（《冬夜寓居寄储太祝》）；"征鸟无返翼，归流不停川"（《初去郡斋书怀》）；"道在君不举，功成叹何及"（《古兴》）；"时命不将明主合，布衣空惹洛阳尘"（《早发上东门》），皆流露出为主所弃、不为时用的不平情结。怀古诗有学习鲍照诗的倾向，但情感的表达方式及程度又不同。鲍照诗的情感是直泻而下，极度愤懑的，诸如《拟行路难》组诗，诗歌中所寓有的不遇是不可调和的，而薛据诗则委婉为文，婉转叙述对明主的期待及自身的才志，颇有自荐之意。

山水诗是薛据诗的另一大主题。《河岳英灵集》中所收阎防诗5首均为山水诗。王维诗多怀古、送别主题，与薛据、阎防的收录标准不一。而薛据、阎防的山水诗都有摹习大谢诗的倾向。大谢诗将摹写之物客观化，给予细致的描摹，冷静的探寻思索。薛阎二人诗中也多大量的对物象的细致描摹。诸如"溪壑争喷薄，江湖递交通"（《登秦望山》）；"林屿几邅回，停皋时俯仰"（《西陵口观海》）；"喷薄湍上水，春容漂里山"（《夕次鹿门山作》）等。然薛诗并未与自然真正亲近，自然中夹杂着复杂的隐遁之情，对山水之情态描写多有隔离之感。而阎防则将自然纳入怀抱，"爱兹山水游，忽与人世疏"（《与永乐诸公夜泛黄河作》），欣赏且爱慕之，故轻松、放旷之情时时见诸字间。

《河岳英灵集》是盛唐诗人殷璠选诗的范本。前承《丹阳集》，后启《中兴间气集》。其诗选宗旨以风骨、兴象为皈依，在两书选本中均有体现。风骨与兴象又涉及唐诗复古与创新的问题，风骨多自汉魏，唐人继承之又有所新变，然汉魏风骨终是难于逾越的高峰。相较于风骨，兴象之说更为唐诗，尤其是盛唐诗所专属。这一诗歌技巧在多种诗歌选本中都有所强调。《河岳英灵集》所选诗人以黄河流域、

---

① （清）彭定求等编校：《全唐诗》卷二五三，中华书局1999年版，第2844页。

环泰山地区为核心,其中河汾之地的河东地域成为汇聚唐诗名家的重要场所,这其中有历史积淀下来的人文等诸多因素的影响。河东薛氏薛据是开元时期重要的诗人,而其文名在宋以后黯淡,其怀古诗与山水诗不仅代表了盛唐时期士人的诗歌创作特点,也显现出河东地域作家的交游及创作方式。

二 唐诗选本中的王维诗

唐诗选本大致分为两种情况,一种是有明确的诗歌宗旨,诗歌年代及地域的选集,如《丹阳集》、《河岳英灵集》、《箧中集》等;另一种则是收诗宗旨相对模糊,选录标准并不严格的诗选,不同风格的诗作多有收入,诸如《国秀集》、《才调集》等(参见文末附表四)。从中可以看出,各家诗选对王维诗歌的评价不一,入选诗作也各不相同。从总体上看,《河岳英灵集》入选王维诗歌最多,选诗标准又兼顾"风骨"与"兴象",在诗作中有具体体现,从诗歌主张与诗作入选相结合的角度来看,殷璠诗选较好贯彻了这一主题,其所以受到历来评家的赞赏,也多归因于此。

此外,《极玄集》也是另一有特色的选本,盛唐诸家单选王维、祖咏,且将王维诗放在首位,与大历时期的司空曙、韩翃、皇甫冉、皎然、戴叔伦成一体系。姚合做出这样的安排,遵从的并非是《河岳英灵集》以盛唐风骨、兴象为基准的选诗套路,其基准在于大历诗歌。入选诗家多为中唐大历时期声名较旺的诗人。而这些诗人所形成的清冷、幽远、孤寂的诗风在盛唐诗人中寻找,自然要归宗于山水田园诗家王维。王维诗兼备风骨与兴象,从诗作来看,早期多学习汉魏风骨及初唐四杰诗,多有骨鲠之气。尤其是作于凉州的《使至塞上》、《出塞外》、《凉州郊外游望》、《凉州塞神》、《双黄鹄歌送别》、《从军行》、《陇西行》、《陇头吟》、《老将行》诸诗,风霜凛冽,然汉魏古诗以慷慨悲凉之气取胜,王维诗同盛唐边塞诗风,笼罩自信刚健之气,典型如《老将行》:"少年十五二十时,步行夺取胡马骑。射杀山中白额虎,肯数邺下黄髭儿!一身转战三千里,一剑曾当百万师。汉兵奋迅如霹雳,虏骑崩腾畏蒺藜。卫青不败由天幸,李广无功缘数奇。自从弃置便衰朽，世事蹉跎成白首。"① 汉魏诗则直抒性情，很少借用事理。如曹操诗《蒿里行》："关东有义士，兴兵讨群凶。初期会盟津，乃心在咸阳。军合力不齐，踌躇而雁行。势利使人争，嗣还自相戕。淮南弟称号，刻玺于北方。铠甲生虮虱，万姓以死亡。白骨露于野，千里无鸡鸣。生民百遗一，念之断人肠。"② 古直悲凉之气贯穿于诗文首尾。虽有董卓祸乱、四方义士征讨的社会背景在铺垫，然对社会民情流离失所的描写中寄托了难以倾诉的哀伤之情，无典而理自深，情自真。汉魏风骨也多体现出情深而典少，诉实情而少事理，借助情感宣泄，一气呵成的表达特点。唐诗的风骨不同于汉魏。汉诗悲凉，唐诗雄壮；悲凉之气缘于情感的直接喷薄而出，而雄壮则缘于层层用典，情感的抒发多借助于所选择的典故，虽亦有悲壮之感，但工整的文辞与精密的典故削弱了情感的表达力度，故有雄而少悲之感。唐边塞诗之风骨，强调诗之风多于骨，唐诗之风采是全面而多样的，汉诗则只在骨鲠悲凉之气，故唐诗之风采盛于汉，而风骨之气却弱于汉。

唐诗之风骨承袭于汉魏，然唐人在诗选中却极为注重风骨之气，从唐人的诗歌选本中明显可以看出此一特点。然风骨又不足以体现唐诗之风采。相较于汉魏古诗之风骨，兴象之说更能体现唐诗的风貌。而兴象之风在王维通向大历诗人的道路上，自成一路径。《极玄集》将王维诗与大历诗人诸家先后依次序列，将王维诗之冷寂视为中晚唐诗之先导。王维诗前后期差别较大。前期诗多有盛唐诸家风范，尤其是风骨凛然一派，多有学习汉魏古诗的痕迹。真正能体现且代表王维诗个性风格的是辋川诗作，尤其是《辋川集》，异于盛唐诸家。大历诗风前承盛唐开元诗，后启贞元、元和诗，从开元与贞元年间诗人创作来看，大历诗风更多地表现出了贞元诗风的走向，而与开元诗开朗、宏阔的气度不一。诗歌的发展自然有前后相继的历程，王维之终南、辋川诗作为大历诗人所新觅得的诗径开启了法门。大历十才子中

---

① （唐）王维：《王维集校注》，陈铁民校注，中华书局1997年版，第148页。
② 逯钦立辑校：《先秦汉魏晋南北朝诗》，中华书局1983年版，第347页。

曾任职蓝田县尉的钱起与王维有诗歌酬唱,《故王维右丞堂前芍药花开凄然感怀》、《晚归蓝田酬王维给事赠别》、《蓝上茅茨期王维补阙》。王维诗即心即佛。钱起诗有向佛的一面,如《紫参歌》:"贝叶经前无住色,莲花会里暂留香。蓬山才子怜幽性,白云阳春动新咏。"① 贝叶经为佛教僧徒习读经文的读物,莲花为成佛化身的高洁之体,钱起虽有学习王维禅诗的一面,然钱起诗多体现出冗杂的物象堆砌,喧闹的尘世痕迹与对凡俗的眷恋之情,不如王维诗化得干净、利落、冷清。王诗一味地道归去之意,而钱起诗则似入其中而又跳跃其外,静中掺杂喧闹之情,尘世凡俗之相时时落入诗中。钱起另有两首作于蓝田尉的诗歌,《游辋川至南山寄谷口王十六》、《蓝田溪与渔者宿》。钱起诗与王维诗同有清冷之意,然两者有别。前者长于送别,入诗之物象常处在割裂、孤单的境地,正如钱起作诗喜欢用孤、独、隔、绝这样的字眼,又如不能、分枝、何时等词语的使用,有意为冷清之调的底色较为明显。正如"更怜垂纶叟,静若沙上鹭"所云,对禅寂之物,钱起多有抗拒之感,不能达到真正的物我一体之境。这与王维对禅的执着之态——"岂惟留暂宿,服事将穷年"(《投道一师兰若宿》) 有别。王维诗似冷实暖,一心为佛,冷寂之中时时悟出禅理,淡出尘外,于求心求法上觅得更高一路径。钱起学王维而不得法门,只在外寻,为求送别伤感之情冷意象,在孤霞、冷泉、秋山、秋蝶、夕阳、孤云、山月、暮禽等物象中层层堆砌排比,外似清冷而实则纷扰,似入而实出。

大历十才子中另有司空曙也有怀念王维的诗作《过胡居士睹王右丞遗文》:

旧日相知尽,深居独一身。闭门空有雪,看竹永无人。每许前山隐,曾怜陋巷贫。题诗今尚在,暂为拂流尘。②

---

① (清)彭定求等编校:《全唐诗》卷二三六,中华书局1999年版,第2596页。
② 同上书,第3309页。

相较而言，司空曙得王维诗之精髓。禅趣时时见诸诗中，如《过胡居士睹王右丞遗文》中所述及的睹文而思交接友人之趣，将往事层层拉入眼前，忆旧日里的寻访、赏竹、隐逸、语趣，情景毕现，又将视线拉回到今日人事皆不在的境况里，以佛尘结笔，不落哀伤寞臼。参禅之趣进一步打通了司空曙与王维的距离，诗歌中有娴雅之趣而少哀苦之情。"翠竹黄花皆佛性，莫教尘境误相侵"（《寄卫明府常见短靴褐裘又务持诵是以有末句之赠》）；"龛泉朝请盥，松籁夜和禅"（《送僧无言归山》）；"雨中黄叶树，灯下白头人"（《喜外弟卢纶见宿》）等，与十才子中他人有别。别家之诗多苦寒之象，如耿湋《上巳日》："共来修禊事，内顾一悲翁。玉鬓风尘下，花林丝管中。故山离水石，旧侣失鹓鸿。不及游鱼乐，裴回莲叶东"[①]一诗，体现了大历诗人的创作特点，苦寒、哀愁、凄冷之语遍布诗中，且在送别、壮游、边塞等诸多诗体中都逼真地展现出苦寒之态，远离了盛唐气象。而司空曙之诗则"婉雅闲淡，语近性情"[②]，参禅悟道中饶有喜乐清雅之趣，与王维诗之外枯寂而内融乐颇有神似之感。只是王诗固在参悟禅趣，而司空虞部则专在述娴雅之情，风格有殊。

三 走向禅境的诗画艺术

王维诗参佛极深，本人也有"诗佛"的称誉。然其亦专于儒老之术，在儒老佛之间进舍退藏。王维家族居于河东蒲州，这一支同河东王通王氏家族一样，也发源于太原王氏，后迁徙至河东一带。在王维、王缙之前，并无显宦，且与太原王氏族人来往较少，二王诗文中几乎见不到有关与太原王氏族人来往的诗文。王维母亲出自博陵崔氏一族，倒是经常见到与崔兴宗来往的记载。崔氏一门对王维信仰的形成及仕宦途径之选择远在没落的王氏族人之上。王维十五岁离开蒲州西入长安求取功名，后又隐居终南山、辋川，从"诗佛"称誉的得名来看，辋川诗歌是王维诗风形成的代表作。而王维十五岁之前生活的

[①]（清）彭定求等编校：《全唐诗》卷二六八，中华书局1999年版，第2981页。
[②]（明）胡震亨：《唐音癸签》卷七，上海古籍出版社1981年版，第63页。

第四章 "儒"与"侠"的矛盾及调和——王维"诗画"艺术之成因探寻　　159

蒲州一地与十五岁后拜谒宴游的上都长安生活所形成和发生的变化在其诗文中都有体现。

其一，兼宗儒道释在蒲州生活时期就已形成，但三者对诗人的作用不一。蒲州时期好儒，仕宦观念强烈，释老习禅的习惯虽有，然处在功名心的作用下，并不明朗。

蒲州，司马迁称之为"天下之中"，有"舜都蒲坂"的历史传说。始皇时期，已在此地设立秦州，后又曾改名为雍州。唐武德年间重置蒲州，领河东、河西、临晋、虞乡、宝、解、永乐等县。蒲州地理位置尤其重要，西通长安，东连洛阳，北达太原。蒲州之蒲津："乃自古临晋、蒲坂之地，为河东、河北陆道西入关中之第一锁钥。"①永嘉之乱，匈奴族人曾祸及河汾一带，蒲州之地处在汾水南端，裴氏、柳氏家族均有族人南迁。北魏后期，薛氏族人迁回河东，薛辩任河东太守之时，复兴学术，河汾之地"儒道更兴"。延及唐代，出现强势的三大家族，此地的文化氛围已然不可小觑。绛州王通家族与蒲州王维家族的南迁，或许与河东一地的文化繁荣势态相关。

母亲崔氏，据王维云："亡母故博陵县君崔氏，师事大照禅师三十余岁，褐衣疏食，持戒安禅，乐住山林，志求寂静"（《请施庄为寺表》），而王维与王缙则"俱奉佛，居常蔬食，不茹荤血，晚年长斋，不衣文彩"。②蒲州时期佛性修养的根基为辋川隐居的虔诚礼佛埋下了种子。与蒲州时期佛理观念相伴随的，还有对乡土友人的情谊。王维的交游好友中，以裴迪为首，另有薛据、崔兴宗等人。裴迪、薛据分别出自河东大族裴氏和薛氏，崔兴宗为王维内弟。现存两首与薛据赠酬的诗歌："希世无高节，绝迹有卑栖。君徒视人文，无固和天倪。缅然万物始，及与群物齐。分地依后稷，用天信重黎。春风何豫人，令我思东溪。草色有佳意，花枝稍含黄。更待风景好，与君藉萋萋"③（《座上走笔赠薛据慕容损》），写嘉遁中的乐趣与情感。"束带趋承

---

① 严耕望：《唐代交通图考》，第一卷《京都关内区》，"长安太原驿道"条，中国地图出版社1982年版，第99页。

② （后晋）刘昫：《旧唐书》卷一九〇下《王维传》，中华书局1975年版，第5052页。

③ （清）彭定求等编校：《全唐诗》卷一二五，中华书局1999年版，第1237页。

明，守官唯谒者。清晨听银蚪，薄暮辞金马。受辞未尝易，当是方知寡。清范何风流，高文有风雅。忽佐江上州，当自浔阳下。逆旅到三湘，长途应百舍。香炉远峰出，石镜澄湖泻。董奉杏成林，陶潜菊盈把。范蠡常好之，庐山我心也。送君思远道，欲以数行洒"①（《送张舍人佐江州同薛据十韵》），写嘉遁中景色之秀丽，与自由的身心体验，意在邀友同隐。王维诸友中，与裴迪交友时间最长，感情寄托也最深。除去《辋川集》20首，王维与裴迪同和之外，另有11首赠酬裴迪的诗歌。虽不见得二人的情谊自乡里已经培养起来，但相识之后的同乡情谊也必定促成了两人的友情。王维、裴迪之和，修禅境界虽有差异，然两人都曾奉佛，诗中也历历可见。与后人所识得的"诗佛"相异，王维也是一位精通儒家经典的士人，如耿沣所题《题清源寺（王右丞故宅）》：

    儒墨兼宗道，云泉隐旧庐。孟城今寂寞，辋水自纡余。内学销多累，西林易故居。深房春竹老，细雨夜钟疏。陈迹留金地，遗文在石渠。不知登座客，谁得蔡邕书。②

  对儒道佛三教，王维有所选择。作用于儒家精神核心之上而形之于外的孝悌之道，王维潜心遵循："事母崔氏以孝闻。与弟缙俱有俊才，博学多艺亦齐名，闺门友悌，多士推之。……居母丧，柴毁骨立，殆不胜丧。"③ 以此孝悌为内在推动力，15岁的王维京畿漫游生活，有着浓重的光耀门楣的心理作用。

  其二，15岁京畿的游谒生活向王维打开了耀眼绚烂的功利大门，也加速了退隐的步调。"一生几许伤心事，不向佛门何处销"（《叹白发》），儒与释老的矛盾在此一时期进一步凸显出来，两者的对立中，王维选择了辋川来消解困厄。

---

  ① （清）彭定求等编校：《全唐诗》卷一二五，中华书局1999年版，第1244页。
  ② （清）彭定求等编校：《全唐诗》卷二六九，中华书局1999年版，第2987页。
  ③ （后晋）刘昫《旧唐书》卷一九〇下《文苑传·王维传》，中华书局1975年版，第5051页。

第四章 "儒"与"侠"的矛盾及调和——王维"诗画"艺术之成因探寻

天资颖异，诗画兼通，使得王维在长安很容易为富贵之门所青睐："凡诸王驸马豪右贵势之门，无不拂席迎之，宁王、薛王待之如师友。"① 然帝京之豪奢并未使其留恋于富贵之乡，反而愈加有归去之意。以《从岐王过杨氏别业应教》诗为例：

> 扬子谈经所，淮王载酒过。兴阑啼鸟换，坐久落花多。径转回银烛，林开散玉珂。严城时未启，前路拥笙歌。②

《从岐王夜宴卫家山池应教》、《敕借岐王九成宫避暑应教》也是类似的作品。盛唐诸家宴游诗多以金粉璀璨、莺歌燕舞等为文，这些景象也是宴游图景中重点呈现出的，历来诗家宴游题材之作几乎都难以脱此窠臼。宫廷诗人自不为例，即使是境界开阔的初唐四杰也难以例外，典型如卢照邻《长安古意》："长安大道连狭斜，青牛白马七香车。玉辇纵横过主第，金鞭络绎向侯家。龙衔宝盖承朝日，凤吐流苏带晚霞。百丈游丝争绕树，一群娇鸟共啼花。"③ 富贵繁华之象为士人所津津乐道，精雕细琢的匆匆之笔中隐现出些许流连和羡慕之情。而王维诗则洗去金粉之气，使宴游诗呈现出难得一见的淡雅之色。其中的方法则在于移情移景。自然与人工是王维划分取用的两种不同材料，在两者中则专取自然之美。山水田园诗中的脱不出自然之灵气，这一类诗歌也最为得心应手。较难处理的是宴游诗，金香玉粉与人情俗态，历历毕现，如何将俗态还原于自然本真，王维的处理方法则是移自然之常景与禅寂之心态于物象之中，以清化浓，以冷化俗，以真化矫。如《从岐王过杨氏别业应教》，啼鸟与落花，径与林，为山林景色中诸家习用的冷寂之象，将开篇之经、酒等世俗之气冲淡。又如"涧花轻粉色，山月少灯光。积翠纱窗暗，飞泉绣户凉"，以自然之涧花、山月来削弱人工的金粉灯光之色，又以积翠、飞泉来缓解纱窗、

---

① （后晋）刘昫：《旧唐书》卷一九〇下《文苑传·王维传》，中华书局1975年版，第5052页。

② （唐）王维：《王维集校注》，陈铁民校注，中华书局1997年版，第22页。

③ （清）彭定求等编校：《全唐诗》卷四一，中华书局1999年版，第522页。

绣户的人为浮躁之象，移自然之景于人为雕琢物态之上，化万物为和谐平淡之气。又如"隔窗云雾生衣上，卷幔山泉入镜中"，触目皆自然，宛若无雕工，工于技，隐于心。

其三，终南山、辋川隐居生活实现了王维以禅为乐的生活理念，辋川世界有禅趣，更有世俗之乐。

王维诗歌以隐逸之情为主，送别、山水是王维作诗的两大主题，也体现出了人情与物外之情的两种处理方法。送别诗中杂有功利与隐逸的矛盾情思，功利之渲染又多集中在塞外功勋的建立上，这一点沿袭了盛唐诸家边塞诗风的特点，而归隐的忧思与怡然之情则是王维的专长，向往隐逸之根缘于自然，而对自然的解释则无外乎禅定的自身与禅化的山水。王维山水的格调也建立在修禅与禅化的基础上，《辋川集》与其说是山水之美，毋宁说是禅定之美。山水客体是王维禅定的主体，而田园诗中的主角则是活化的人情物态，王维田园诗作远不如山水诗之多，显示出王维对山水之景的借用及喜好程度远在田园诗之上。诗存不多，难得地见到王维诗中的农园物态与景象。如《偶然作》其二：

> 田舍有老翁，垂白衡门里。有时农事闲，斗酒呼邻里。喧聒茅檐下，或坐或复起。短褐不为薄，园葵固足美。动则长子孙，不曾向城市。五帝与三王，古来称君子。干戈将揖让，毕竟何者是？得意苟为乐，野田安足鄙？且当放怀去，行行没余齿。[①]

田园诗呈现出了不同于山水诗的一面。前者喧闹中有农家生活的怡然之意，这与走向禅定的山水诗路径不同。田园诗到陶渊明手中得到极大开拓。在静穆的伟大之外，陶渊明诗也逼真地展示出农园生活的喜乐和忧思，诸如《责子》诗："白发被两鬓，肌肤不复实。虽有五男儿，总不好纸笔。阿舒已二八，懒惰故无匹。阿宣行志学，而不爱文术。雍端年十三，不识六与七。通子垂九龄，但觅梨与栗。天运

---

① (唐) 王维：《王维集校注》，陈铁民校注，中华书局 1997 年版，第 71—72 页。

苟如此，且进杯中物。"① 这与"结庐在人境，而无车马喧"（《饮酒》）中所烘托出的静寂之态有别。显然，前者是生活的本真状态，而后者则是沉于静寂的自然之心态。陶渊明之诗名，在于后者的沉淀积养。王维田园诗有同陶渊明的地方，如对田园生活的喜乐之情，与农夫辛劳朴实的耕作生活的赞美之情。又如"牧童望村去，猎犬随人还"（《淇上即事田园》），这与陶渊明"山气日夕佳，飞鸟相与还"（《饮酒》）诗清和之气神似。陶渊明对凡俗苦恼的消解旨在饮酒，而进入田园生活的牧歌式沉醉中。而王绩的酒醉则呈现烂漫自然之态，有朴野之美。王维的田园诗则是生活的佐料，对田园生活之辛苦并不如陶渊明体会真切，陶渊明是将真实的农夫生活唯美化后呈现出向自然皈依的静寂心态，田园是生活的中心，也是其自然的旨归。而王维的自然之道唯在山水，而山水又不是其终端的寄托，而是其生发佛心与禅定的凭借。从这一角度来看，王维的山水是指向禅定的内心的。表现在两个方面：

其一，山水的凝寂化及其与心的交接。

王维对山水情态的描写与之前诸家不同。陶渊明长于田园生活描写，客体的山水多衬托在主体的人文情怀背景之下，菊花、南山、飞鸟等属于山水物态的自然之物，陶渊明将其搁置在田园生活内，充分田园化，成为人的思想与自由的写照。从这一角度来看，山水的田园化是陶渊明对山水的解读。陶渊明是田园诗人，而真正完成体认山水自然之态的是谢灵运。其对山水的解读则近乎宗教式的探寻，寻根究底似的虔诚体认拉开了山水诗的大门，也确立了这一题材的谢灵运创作模式。如《入彭蠡湖口》一诗：

客游倦水宿，风潮难具论。洲岛骤回合，圻岸屡崩奔。乘月听哀狖，浥露馥芳荪。春晚绿野秀，岩高白云屯。千念集日夜，万感盈朝昏。攀崖照石镜，牵叶入松门。三江事多往，九派理空存。露物尽珍怪，异人秘精魂。金膏灭明光，水碧缀流温。徒作

---

① （东晋）陶渊明：《陶渊明集笺注》，袁行霈笺注，中华书局2003年版，第304页。

千里曲,弦绝念弥敦。①

烦闷的心绪是出游的前提。而出游由于有了疏解苦闷之情的主旨在内,其游走就更带有探根究底的苦行僧似的精神在内。以景抒怀,随着心绪的解开,而进入另一重苦闷中,对山水又给予细部描摹,抒发苦闷。而山水也成为大谢忠实的依靠,景色的险急暗幽中逐渐见出了明亮光芒的底色,如从"洲岛骤回合,圻岸屡崩奔"到"乘月听哀狖,浥露馥芳荪"的描写,再到"春晚绿野秀,岩高白云屯"的渐渐明亮之感。山水成为大谢所体认之宗教,也确实起到了宗教式的解脱苦闷精神之用。谢朓则不然。谢朓将山水诗从大谢笔下执着的宗教式探寻中解脱出来,虽也在亦步亦趋地探寻自然,然没有了大谢专在探究的精神,而旨在轻松恬淡,正如其作诗主张"好诗圆转流美如弹丸",苦闷之情极力避免,而归之于闲逸。将山水诗引出了大谢体的苦闷探求中。陶渊明的桃花源,大谢的始宁别业,前者是牧歌式的和缓雍容之美,后者则以宗教式的苦闷及探解为内心寄托,构成了山水田园诗的两大派别。陶渊明的田园风格兼备质朴与唯美,为后世田园诗家难以逾越。而大谢则开山水诗一派,宗教式的探寻方式将山水诗引入别致清新的天地中,山水更多地以独立的客体形象出现在作品中。

王维对山水的解读也更多地诉之于宗教,尤其是禅宗一派。禅定后即心即佛,即佛即心的修禅境界作用于山水上,体现出山水的冷寂化及其与心交接的特点。王维诗多处呈现山水与心相通的灵幻之境,如《竹里馆》:"独坐幽篁里,弹琴复长啸。深林人不知,明月来相照。"深林与明月本为孤清冷寂之象,而两者打通,以明月来照亮深林,在清冷之境融入相思相近之情。又如"嫩竹含新粉,红莲落故衣"②,物象融融,饱含诗情。山水客体与人事主体,在王维禅定的过程中,皆化为主体之心,从而将山水化人,人化自然,而统一于禅定

---

① (南朝·宋)谢灵运:《谢康乐诗注》,黄节注,中华书局2008年版,第134页。

② (唐)王维:《山居即事》,《王维集校注》,陈铁民校注,中华书局1997年版,第450页。

后的内心观照。王维诗的兴象之美，一方面来源于山水客体之美，同时更重要的是出自于禅定后的内心观照，而后者将其送入美妙的莲花之门。

其二，莲花、贝叶中的普世情怀。

王维修禅，禅定后进入的极乐世界在诗中多处存有幻影，最集中的表现就是诗中多出现莲花、贝叶等物象。如《登辨觉寺》一诗：

竹径连初地，莲峰出化城。窗中三楚尽，林上九江平。软草承趺坐，长松响梵声。空居法云外，观世得无生。①

"着处是莲花，无心变杨柳"，诗歌渗透着禅心禅悟，妙想之莲花、贝叶处处显现在笔下。辋川诗歌以雅致幽静著称，更渗透着佛理禅思。莲花是古诗中常见的物象，《诗经》与《楚辞》中从"比"体艺术角度对荷花进行了类比。《诗经》中多以荷花与娇美的女性类比，而《楚辞》则以荷花与男子的高洁志向类比，荷花的意象所指有了变化。汉乐府中《江南》古曲："江南可采莲，莲叶何田田。鱼戏莲叶间，鱼戏莲叶东，鱼戏莲叶西，鱼戏莲叶南，鱼戏莲叶北。"重叠复沓，咏出了江南水乡的清秀与歌女的婉约伶俐。六朝乐府民歌将这一主题扩大，出现了专咏莲花的曲调《采莲曲》，佳篇如萧纲的《采莲曲》："晚日照空矶，采莲承晚晖。风起湖难度，莲多采未稀。棹动湖难度，船移白鹭飞。荷丝傍绕腕，菱角远牵衣。"由莲花展开，莲塘、莲色、莲子、菱角、采莲人、采莲船等物象融入诗中，婉约清丽。梁刘孝威的《采莲曲》也承袭了南朝乐府的特色："金桨木兰船，戏采江南莲。莲香隔浦渡，荷叶满江鲜。房垂易入手，柄曲自临盆。露花时湿钏，风茎乍拂钿"，以清浅婉约见长。在南朝极大发展的采莲旧曲风姿婉约，清丽动人，入唐后，这一曲调经久不衰，王勃、李白、王昌龄、崔国辅、张籍、白居易等人都有习作。莲花清丽婉约之美遂

---

① （唐）王维：《山居即事》，《王维集校注》，陈铁民校注，中华书局1997年版，第176页。

为名家撷取入诗。

　　莲花在文学意趣之外，还兼有禅趣在内。六朝时期佛教在中土广泛流传，但诗歌中的莲花意象仍旧是古典的中国美范式的，或女子的姣好，或男子志向的高洁，或以采莲贯穿文脉，而叙写清丽婉约之柔美情思，脱不出中式的文人意趣。唐代政策开放，三教合一，佛教取得了与儒、道同等的发展地位，在被士人供奉的同时，唐帝王皇室也虔诚礼佛。武则天有《从驾幸少林寺》一诗，"花台无半影，莲塔有全辉"，表达对佛的礼重。太宗诗歌中也缭绕着莲花香气，如"浪霞穿水净，峰雾抱莲昏"（《经破薛举战地》）；"映桐珪累白，萦峰莲抱素"（《喜雪》）；"莲稀钏声断，水广棹歌长"（《采芙蓉》）；"翠楼含晓雾，莲峰带晚云"（《赋得含峰云》）；"近古交紫蕊，遥峰对出莲"（《咏小山》）等。初唐士人以隐逸为风尚，行迹遍及道观、寺庙，与道士、僧侣交往酬赠的诗歌成为文士诗歌的一个重要题材。即使是活跃在宫廷中心的文士也倾心于寺庙诗作，如宋之问《宿云门寺》、《奉和荐福寺应制》、《使过襄阳登凤林寺阁》，李峤的《闰九月九日幸总持寺登浮图应制》等。王勃也有《观佛迹寺》："莲座神容俨，松崖圣趾余"，表述内心的尊敬之情。这些诗中出现的莲花物象，多本自佛教中的光辉萦绕的莲塔、莲峰，多禅趣，而少文学意趣。到诗家王维手中，开始将禅定的内心之态形象化地作用于诗歌中："结实红且绿，复如花更开。山中傥留客，置此芙蓉杯"（《茱萸沜》）；"轻舸迎上客，悠悠湖上来。当轩对尊酒，四面芙蓉开"（《临湖亭》）；"日日采莲去，洲长多暮归。弄篙莫溅水，畏湿红莲衣"（《莲花坞》）；"乍向红莲没，复出清蒲飏。独立何褵褷，衔鱼古查上"（《鸬鹚堰》）等。莲花带着圣洁的禅意回到了诗歌中，同时又富有了人情物态。

　　此外，王维诗中也常用"白云"一词："但去莫复问，白云无尽时"（《送别》）；"素怀在青山，若值白云屯"（《瓜园诗》）；"前路白云外，孤帆安可论"（《早入荥阳界》）；"种田烧白云，斫漆响丹壑"（《燕子龛禅师》）；"芳草空隐处，白云余故岑"（《送权二》）；"新买双溪定何似，余生欲寄白云中"（《问寇校书双溪》）；"唯有白云外，疏钟闻夜猿"（《酬虞部苏员外过蓝田别业不见留之作》）；"独向池阳去，白云留故山"(《同崔兴宗送衡岳瑗公南归》)；"与君青眼客，共有白云心"(《赠韦穆十八》)等，"白云"更多地寄托着归隐之意，隐喻高洁之志。此种写法为刘长卿、钱起、皇甫冉等中唐诗人所汲取，白云中所寄托的隐逸之思，体现出浓厚的清冷孤寂的格调。

开元诗是盛唐诗情的充分展示。开元诗人及开元诗风的主体是《河岳英灵集》的一批诗人。该集的选录正如殷璠序言和选言中所体现的，兼顾了"风骨"与"兴象"的双重标准。"风骨"为汉魏旧传统，唐人有继承，然难以逾越。真正能显示唐诗风神的是"兴象玲珑"之境，体现了对六朝美学和初唐诗歌的继承发展。而"兴象玲珑"风格的体现在山水田园诗家手中有着充分的展示，王维终南山与辋川诗作山水诗中的精华，也体现了由陶渊明、谢灵运到王维的变化。其诗作中不同于诸家的明显特点即是修禅，王维诗歌又不是禅语罗列起来的禅诗，而夹杂着丰厚温情的文学感悟在内。关键在于王维适时地将禅定后的物象作出文学性的感悟，并且生动地呈现在诗作中。其"兴象"之体中有禅悟，却又包融在文学性的感悟描摹中，饶有意趣，又兼备情趣。

在儒学、经学与偏尚老庄、隐逸的自然之道以外，尚武尚侠的风气，也是河东文化的一个重要侧面，构成河东文化的成分。河东地区的家族文化其实也不仅是在儒学文化的层面上得到传承，同样也有崇尚武艺、武功、武德之行。隋唐之交的武的文化内涵，又脱离不开侠的文化。在北方地区，尤其是在朔北、河朔地区，对武与侠的认同，是胡汉两个民族的共同之处，较之胡族对儒文化的认同，武与侠似乎有着更广泛的胡汉民族认同的共同基础。魏徵在《隋书·文学传序》中所提到的"江左"与"河朔"文学之分，河朔文学的特质所表现出的刚贞的特质，也极有可能反映了胡汉民族早期文化交融中的认同观念，这种观念的载体脱不掉北部部族的尚武尚侠之传统，尤其是在民族之间的斗争中，往往表现得更为直接和鲜明。在文风取向上，也容易接近于汉魏风骨而表现出气质之体。江左与河朔文风的共融是伴随着隋唐王朝的统一而逐渐实现的，从薛道衡、卢思道、王绩、初唐四杰、一直到田园诗家王维，在六朝诗与汉魏风骨之间积极地扬弃，如果说王绩是以庄老之思体道于外，以道家之气成诗文普野之象，在六朝诗与汉魏风骨之外而标立新风；那么王维则是纳佛于心，以佛家心性为本体入诗歌与绘画技艺之中，而有"诗佛"之誉。王维诗歌的成就体现了河东文学新的体貌特征。之前对汉魏风骨的汲取，是顺着诗艺自然的大众化的路径发展的，有一大批诗人以此为门径。而王维个性化的诗歌特征，离不开其对佛家心性之学的参悟，盛唐诗家嗜好佛学之人不独王维，但在诗与佛的结合上，如此浸透的，则是罕见的。王维诗歌的艺术，很大程度上是依靠对佛性的参悟来实现的。王维之后的柳宗元，顺着这一逻辑，在"道"论与散体文艺术中，继续探索佛与儒的关系，在散体文章中，成功置入了佛性思维。而儒释之中，对释老之学的理性建构，也间接启迪了宋明理学。

　　王维的诗艺呈现，在河东文学的发展历史来看，是前后相继的，有六朝风，也有汉魏之骨。其诗歌艺术所以实现之重要的精神载体——佛家心性之学，既是源自于家学的，也是河东地区较长时间段内的文化融合的积极表现。河东文学的发展在王维这里达到了一个高峰，而王维也是唐代盛唐诗歌艺术的一个精致典范，说明河东文化及其文学表现在长安文学中的重要影响力，河东文学之为长安文学重要的一源。

第五章　柳宗元与河东柳氏家族

　　河东柳氏在河东地域三大家族中文化形态较为特殊。隋唐之际的裴氏、薛氏在河东地域有较强的乡土势力，而柳氏家族则较快地中央官僚化，与乡土的结合关系并不如裴、薛紧密。见于正史记载的河东柳氏家族成员，多在长安地区定居。如柳宗元，《新唐书》述"其先盖河东人"[①]，其祖系记载与河东地域的关系或已模糊。这一族人，在北魏后期，隋唐之际，势力都很强盛，中晚唐之后，开始衰弱，由政治上强势的家族逐渐弱化为以文化为依托的家族，柳宗元正处在柳氏家族的这一变化中。

　　从儒学与文学的发展来看，隋唐之交凝聚成的河东大族，随着政治、经济及文化生活的变化逐渐进入到以长安为中心的区域内，承自家传儒学、文学的一面在进入政治生活之后，表现出了复杂的形态，其中文学形式及内容的表现受到了以儒学为主体的佛学、庄老之学的影响，在意识形态领域表现出独特的"道论"观。之前的王维与河东薛据，所走过的对汉魏风骨的积极汲取，在这一时期的河东士人身上也可得见。薛据汲取汉魏古风，与盛唐诗家结友酬赠，形成文章之长的才艺，也是薛据这一支政治势力上升，提升文化身份的目的使然。王维在汉魏古风之后，将自己的诗歌创作进一步推向到了诗与佛相结合的路径上去，他将家学渊源中，幼年承自母系所受到的佛性修养生

[①]（北宋）宋祁、欧阳修：《新唐书》卷一六八《柳宗元传》，中华书局1975年版，第5132页。

活化，又将生活化了的诗歌佛性化，从而在生活的层面上处处见到了诗歌与佛性的结合，这种艺术的取径，代表了河东作家此一时期较高的艺术成就。而从王维诗艺层面的家学及乡土文化影响来探源，不难看到河东文化形态中的三教共融的文化特征深入到了士人的物质及精神生活层面，处处见佛性。柳宗元对儒与佛关系的积极处理，对佛家理论中"自然"之说的推重，又是对儒佛关系及佛性精神的有意识的扬弃。

  河东三大家族中，柳氏族人尤以文章之学见长，祖系又曾在南朝为官，如柳浑"六代祖佽，梁仆射。浑少孤。父庆休，官至渤海丞，而志学栖贫"①。在家族内部，姻亲之间亦形成了长于辞章写作的特点，"浑母兄识，笃意文章，有重名于开元、天宝间，与萧颖士、元德秀、刘迅相亚。其练理创端，往往诣极"②。而柳浑本人，"亦善为文，然趋时向功，非沉思之所及。浑警辨，好谐谑放达，与人交，豁然无隐。性节俭，不治产业，官至丞相，假宅而居"③。柳氏宗族的文化状况颇相类似，柳宗元一族亦以文章之作为长。从辞章之作的特点来看，文章杂有儒家入世情怀与辞采之美。柳氏也确实在南朝、北朝及隋唐之际颇有族人位列清要之职。作为家族家学特长的文章才艺也正是在这一良好的文化氛围中得到了发展保存。在文与儒、释老的关系处理上，柳宗元表现出了宏通的特质，他对释老的处理以"自然"为标的，回到了庄老"道法自然"的传统取向上，从这一点看，他对"自然"的认识，对"文以载道"关系的理解，也是在积极回溯孔庄精神。柳文的境界则离不开佛性的修养，推崇自然，容易回归到庄子与物相化的境界，而枯寂、静观、定慧的生活体悟则离不开佛教徒日常生活中心性修养的法门。

---

① （后晋）刘昫：《旧唐书》卷一五二《柳浑传》，中华书局1975年版，第3553页。
② 同上书，第3555页。
③ 同上。

第一节　河东柳氏家族之南北迁转与柳宗元的家族文化地位

柳氏是古老的姓氏，源出于姬姓。《说文·女部》释"姬"："黄帝居姬水，因水为姓。"①周人以后稷（黄帝之后）为祖，亦姓姬。姬，原为姬水之名，黄帝居住于姬水②，故以之为姓氏，遂有姬姓之源。柳氏早先并不居于河东虞、解一带，而活动于鲁地、楚地。"鲁孝公子夷伯展孙无骇生禽，字季，为鲁士师，谥曰惠，食采于柳下，遂姓柳氏。楚灭鲁，仕楚。秦并天下，柳氏迁于河东。秦末，柳下惠裔孙安，始居解县"③。秦楚之战后，楚地被吞并，柳氏后裔柳安才迁居于解，此后几代族人以河东解县为乡里。《虞乡县新志》记载了柳安之后定居于解县及分布之地域："按柳氏自柳安居解，传数世，分东眷、西眷，散处中条山下。"④自秦末至西晋500多年间，柳氏定居于解地，繁衍生息，解地成为柳氏之乡土本根，在河东一地逐渐形成较强大的势力，有一定的社会地位，享有政治经济上的利益。据此，将柳氏家族与河东地域发生关系，形成家族地域文化之时间上溯至秦末，且定格在以解地为核心的地域之内。

柳氏家族虽自秦末已定居于河东解地一带，但永嘉之乱打乱了南北一统局面，胡人南下，分割扰攘之势下，柳氏同此时期的诸多大家族如琅琊王氏、太原王氏、河东裴氏等南迁，且其主支亦多数南移。迁徙过程如下：1. 柳恭仕赵为河东守，后以秦赵乱，率家人南迁，居汝颍间，遂仕江表；2. 柳卓又自本郡迁于襄阳，籍贯解，不忘本也；

---

① （汉）许慎：《说文解字注》，（清）段玉裁注，上海古籍出版社1988年版，第612页。

② 徐元诰集解《国语集解·晋语四》："'黄帝以姬水成，炎帝以姜水成。'韦昭注：'姬、姜，水名。'成而异德，故黄帝为姬，炎帝为姜。"王树民、沈长云点校，中华书局2002年版，第337页。

③ （北宋）宋祁、欧阳修：《新唐书》卷七三上《宰相世系三上》，中华书局1975年版，第2835页。

④ 《虞乡县新志》卷八《古迹考》，"唐柳子厚先茔"条。

3. 诸柳南迁,唯元景从祖弟光世留居乡里,仕魏为河北太守,封西陵男,与崔浩善。柳氏南迁分东眷、西眷。柳恭为西眷,柳卓为东眷。西眷柳恭一支在西魏北周时期政治上达到了黄金时期,有多位门人相继晋阶高官。① 东眷柳卓后人多仕宦于南朝,柳晉入《北史·文苑传》。柳氏族人在南朝灭亡后,相继北归。或居于长安,或返回乡里。如史料载:"柳或(彧)父仲礼,梁败见囚于周,复家河东,柳楚贤陈亡还乡里。于是柳氏复为虞乡人,邑令万资刘公谓子厚与楚贤同出一脉,俱为虞乡人"②,返归乡里也成为北归后的柳氏定居的重要区域,柳氏复确立了与河东地域的乡土关系。

初唐时期,柳氏家族的政治地位承西魏、北周时期的兴盛局面。高宗时,武后当权,柳氏遭受武氏族人之排挤,逐渐被挤压出核心政权之外。柳奭贞观年间曾出任中书侍郎、中书令,其自身受贬斥的经历暗示了柳氏家族急转直下的没落缘由:"及后废,累贬爱州刺史。寻为许敬宗、李义府所构,云奭潜通宫掖,谋行鸩毒,又与褚遂良等朋党构扇,罪当大逆。高宗遣使就爱州杀之,籍没其家。"③ 柳宗元亦曾提及家族变故前后的状况:"联事尚书,十有八人。中遭诸武,抑压仇冤。弊不振,数逾百年"(《祭从兄文》)。遭受武氏打击的柳氏家族,罕有顺利晋阶高官者。至柳宗元时,已渐没落,祖父柳察躬、父柳镇都只做过一些不入流的小官。这一时期的柳氏家族凸显出来的是柳宗元。其《天对》、《天说》等议论文,在天人关系中独主一派。④ 韩柳古文运动中倡言"道"论,为唐以后文章之学的转向关键所在。这种文化转向,从柳宗元父柳镇已可看到:"先君之道,得

---

① (唐)李延寿:《北史》卷六四《柳虬传》,中华书局1974年版,第2278—2290页。
② 《虞乡县新志》卷八《古迹考》,"唐柳子厚先茔"条,第34页。
③ (后晋)刘昫:《旧唐书》卷七七《柳奭传》,中华书局1975年版,第2682页。
④ (唐)刘禹锡《天论序》:"世之言天者二道焉。拘于昭昭者则曰:'天与人实影响:祸必以罪降,福必以善徕,穷厄而呼必可闻,隐痛而祈必可答,有物的然以宰者。'故阴骘之说胜焉。泥于冥冥者则:'曰天与人实刺异:霆震乎蓄木,未尝在罪;春滋乎堇荼,未尝择善。跖、蹻彦而遂,孔颜焉而厄,是茫乎无有宰者。'故自然之说胜焉。"(唐)刘禹锡:《刘禹锡集》卷第五《天论上》,卞孝萱校订,中华书局1990年版,第67页。天人关系是韩、柳、刘辩论中的重要命题,天人相影响与相异,区分了两种主要的哲学派别。

《诗》之群,《书》之政,《易》之直大方,《春秋》之惩劝,以植于内而文于外,垂声当时。天宝末,经术高第。……合群从弟子侄,讲《春秋左氏》、《易王氏》,衎衎无倦,以忘其忧"(《先侍御史府君神道表》),讲学授业为其所乐。贞元、元和年间的柳氏族人,更多地以文学才干被擢用。如柳登:"自少耽学,颇工为文。既穷日力,又继以夜。……居数年,授河南府文学"(《故殿中侍御史柳公墓表》)。《旧唐书》也载:"少嗜学,与弟冕咸以该博著称"[1];柳宗直:"作文辞,淡泊尚古,谨声律,切事类。撰汉书文章四十卷,歌谣言议,纤悉备具,连累贯统,好文者以为工。读书不废昼夜,以专故,得上气病"(《志从父弟宗直殡》);柳宗元《祭弟宗直文》也提道:"汝生有志气,好善嫉邪,勤学成癖,攻文致病……《文类》之功,更亦广布,使传于世人,以慰汝灵"[2];柳冕"文史兼该"[3] 等。西魏、北周时期,西眷柳氏凭借门第祖荫接连致仕高位,尤其是柳虬、柳桧、柳斌、柳带韦、柳庆、柳机、柳弘、柳旦等柳氏族人,在周隋之际达到全盛的局面,这与高宗武后执政后的柳氏一蹶不振的局面相异。贞元年间,武氏力量的弱化为柳氏重新抬头提供了机会,文化积淀深厚的柳氏家族成员多选择以文学士的身份为晋阶之途。

　　家族的文化复兴中,以柳宗元最为成功也最具影响力。河东柳氏是较古老的家族,在秦汉之际已经定居于河东地区,其文化流脉在家族内部也得以承传不息,魏晋之际的柳氏成员不乏通经能文之才士。柳宗元更是家族中一个里程碑式的人物,表现出了崇儒兼通百家的文化气质,在儒与百家之间,柳宗元更为推崇前者,这也是其与韩愈求"道"之论虽有不合,却赞同其古文运动,并实际践行之的深层次原因。

　　《旧唐书》记载柳宗元:"少聪警绝众,尤精西汉《诗》《骚》。

---

[1] (后晋)刘昫:《旧唐书》卷一四九《柳登传》,中华书局1975年版,第4030页。

[2] (唐)柳宗元:《祭弟宗直文》,柳宗元:《柳宗元集》,中华书局1979年版,第1100—1101页。

[3] (后晋)刘昫《旧唐书》卷一四九《柳登传》,中华书局1975年版,第4030页。

下笔构思，与古为侔。精裁密致，璨若珠贝。"① 史家是从文学之士、文章之士的角度给予柳宗元评价，这与其诗文成就及复古的文论主张也相一致。其成就在家族文化史上也具有历史性的意义。其一，儒释道三教通融的学术修养。与前柳氏族人学儒，通一经或数经，或子或史，或出入于儒道之间相较，柳宗元体现出了兼通融会的气质，尤其难得的是表现出了唯物思辨的哲学家气质——"出入经史百子"②，这使其可以自由出入诸种思想言论之内，学其所长而不为所限，形成辩驳无碍之叙事风格；其二，柳宗元之前的柳氏家族多以门第、官爵为后人称道，如柳宗元赞耀族人时亦言"联事尚书，十有八人"。至柳宗元，后人遂更多地以文学士、文化士地位给其定位，这使得柳氏家族亦打上了文化大族的底色；其三，柳宗元对柳氏家族而言是一个转折点，由之前被人肯定和称道的政治大族开始向文化家族倾斜，这样的转变，未尝不可以说是从柳宗元开始。其影响在家族内部也是显而易见的，宗直即常向其问学。其他柳氏成员也多以柳宗元之文化成就为名；其四，唐代古文运动影响延及宋人，韩柳之称名为宋人所重视，或者认同韩柳对古文道统之继承，或者在辨析韩柳之异中，指出两人为道之不同。穆修言及唐文的转折："唐之文章，初未去周、隋五代之气。中间称得李、杜，其才始用为胜，而号专雄歌诗，道未极其浑备。至韩、柳氏起，然后能大吐古人之文，其言与仁义相华实而不杂。"③ 欧阳修以为："子厚与退之，皆以文章知名一时，而后世称为韩、柳者，盖流俗之相传也。其为道不同，犹夷夏也。"④ 唐人多看到的是韩柳之不同，而宋人则从孔、孟、扬、王、韩、柳相承袭的道统角度，看待韩柳之共性，柳宗元之个性也渐渐覆盖在道统的大光环

---

① （后晋）刘昫《旧唐书》卷一六〇《柳宗元传》，中华书局1975年版，第4213页。

② （唐）韩愈：《柳子厚墓志铭》，（唐）韩愈：《韩昌黎文集校注》，马其昶校注，上海古籍出版社1998年版，第511页。

③ （北宋）穆修：《唐柳先生集后序》，柳宗元：《柳宗元集》，中华书局1979年版，第1444页。

④ （北宋）欧阳修：《集古录跋尾》卷八《唐南越弥陀和尚碑》，《欧阳修全集》，中华书局2001年版，第2276页。

之下，上古之"道"与古文之"道"，成为韩柳给予宋人的共同印象，而柳宗元之文化地位也被赋予了更多的"道统"形象。这从侧面反映出了柳宗元的家族文化形象及其地位。

第二节　柳宗元之"文"论与"道"论

文与道的关系是韩柳古文运动中一个核心的问题，而古文运动的兴起又与贞元、元和年间蔓延开来的求"道"之风相关联，各家都追求宣扬一己之文道，并积极寻找理论上的根基，韩愈在"道"论中最为杰出、颖异。其"道"因上溯至黄帝、尧、舜之道，因古而圣，更多地带有"大道"的性质。而元白之唱和，因俗而浅，遂归以"小道"之名。这次的文道争论与隋初唐之际的"文质论"相区别。文质论，从魏徵所提及的"江左宫商发越，贵于清绮；河朔词义刚贞，重乎气质"，协调南北，以成"文质彬彬"之美到初唐四杰"汉魏风骨，晋宋莫传"的理论号召，其主旨是在纠正南朝文风骈词丽句、锦心绣口下文体风格趋同一致的模式化创作风气，而四杰新颖杰异的文风主张为文质说找到了最好的理论支撑，卢、杨之风骨，以汉魏古诗为复古门户，而王勃则以"宏博"、"宏逸"之诗风掀起了时人模习的风潮。文质论集中体现为辞采与个体才情能否相一致的矛盾，在诗文风格兼相趋同的形势下，呼吁的是个性文章之美，基于此，其文质论也更具有包容性的特征，所倡导的是特异的诸种风格之美。而中唐元和时期文坛斥杂的文道之说，以道求文之论，则是排斥性的，门派之多，且各存门户之见。遂有"道"之优劣、大小之分。

一　文人蜂起下的求"道"之论

元和年间文坛局面新异。如石介所言："李唐元和间，文人如蜂起。李翱与李观，言雄破奸宄。孟郊及张籍，诗苦动天地。持正不退让，子厚称绝伟。元白虽小道，争名愈弗已。卒能伯斯文，昌黎韩夫子。"① 元和年间文坛倡导韩柳古文运动，其内部则是争议四起的，各家都刻意追求某种文风，如李翱与李观之"雄"，孟张之"苦"，柳宗元之"绝伟"，元白之"浅俗"，等等，韩柳更为其复古的古文运动寻求"道"的支撑。文人的蜂起，与贞元年间渐次开放的以文入仕的途径相关联。从清徐松《登科记》来看，贞元元年：进士三十三人，诸科二十一人；贞元二年：进士二十七人，诸科一人；贞元三年：进士三十三人，诸科五人；贞元四年：进士三十一人，诸科二十六人；贞元五年：进士三十六人，诸科六人。② 进士人数增多，其中博通坟典科、达于教化科、博学鸿词科等科目的取录人数也有所增加。从河东地域来看，蒲州、绛州在贞元年间所中进士之数量也为历来之最，河东裴氏子弟：裴复、裴堪、裴次元、裴度、裴垍先后登第；河东薛氏薛放、薛公达、薛存诚、薛播亦及第，而遭受武氏打击的柳氏家族也有柳宗元与柳立登第。其中，有数人以博学鸿词科登第，如崔立之、陆复观、李观、裴度、张复元、李绛、陈讽、王太真、庾承宣、李程、柳宗元、李挚、李行敏、席夔、张仲方等。以文入仕的仕途渐宽，进一步刺激了士人的入仕观念，更乐意与文为友。

贞元年间文士以复兴古道为号召，独孤及、梁肃践行于前，韩愈追随其后。各家都提倡复古，复兴古人之道，但对古道的态度却有别。尧舜、孔孟之道为诸家推崇，奉为古圣人之作。而老庄墨法各家态度却不一致。大体来说，从能否接受庄老墨法之说的角度分为两类：韩愈、张籍为崇儒排斥杂家一类；而柳宗元、刘禹锡、李翱则兼融百家而推尊儒学。韩愈是坚定的主儒派："抵排异端，攘斥佛、老，补苴罅漏，张皇幽眇。……先生之于儒，可谓有劳矣。沉浸醲郁，含英咀华，作为文章，其书满家。……先生之于文，可谓宏其中而肆其

---

① （北宋）石介：《赠张绩禹功》，北京大学古文献研究所编《全宋诗》，北京大学出版社1999年版，第2407页。

② （清）徐松：《登科记考补正》，孟二冬补正，北京燕山出版社2003年版，第491—526页。

外矣。"① 韩愈尊儒而力排众家，其文章亦排斥近体，尚经诰之体，多穷苦悲塞的儒生言论。与韩愈尊儒抵排杂说的思想较为接近的是张籍。张籍曾两次上书韩愈，陈述复兴尧舜古道之意："宣尼殁后，扬朱、墨翟，恢诡异说，干惑人听，孟子作书而正之，圣人之道，复存于世。秦氏灭学，汉重以黄老之术教人，使人浸惑，扬雄作《法言》而辩之，圣人之道犹明。……愿执事绝博塞之好，充无实之谈，宏广以接天下士，嗣孟子、扬雄之作，辩扬、墨、老、释之说，使圣人之道，复见于唐，岂不尚哉！"② 从这篇上书来看，张籍认同孔、孟、扬等圣人之道，同时排斥黄老之术，与韩愈文论主张较为接近。韩张诗文风格却又不同。韩愈诗文一味追求怪异奇险之美；而张籍则与元白作新乐府诗歌，有浅白、自然之诗风。与韩愈同是倡导古文运动的另一派，柳宗元、刘禹锡、李翱等人，则表现出了更相兼容的气质。古圣帝王尧舜之道，道德、仁义是柳宗元外化行为的向导："日施陈以系縻兮，邀尧舜与之为师"（《惩咎赋》）；"道德至于人，犹阴阳之于天也；仁义忠信，犹春秋冬夏也"（《天爵论》）等等，儒家道德理念在其心中占据核心的位置。柳宗元与韩愈区别之一是韩愈力排释老，而柳氏则取法释老。柳宗元在《天爵论》中曾明确提及自己对庄老的态度："庄周言天曰自然，吾取之。"对庄老相对宽容的取舍态度，使得柳文在雅致之外，呈现出一种清新自然之美。在仕与出之间，以儒道之调和，协调两种心态，在雅正与萧散之间从容出入。南迁途中，对释老的学习参悟，更使其入清冷之境。"汲井漱寒齿，清心拂尘服。闲持贝叶书，步出东斋读"（《辰诣超师院读禅经》），生动地摹画出受释老学说影响后的柳宗元行止与心态。《永州八记》笔调简散、清冷，状物中影射着个体的生命痕迹，渗透着深入而冷静的人生思索。

  柳宗元与韩愈在对诸家学说的取舍上，不尽相同，但对取法尧舜圣人之道，则是相一致的。古文运动的兴起，韩柳能够共同推进，源

---

  ① （后晋）刘昫：《旧唐书》卷一六〇《韩愈传》，中华书局1975年版，第4196—4197页。

  ② （唐）张籍：《上韩昌黎书》，周绍良主编《全唐文新编》，吉林文史出版社2000年版，第7738页。

于其对上古两汉圣人之道的推崇。古文所复兴的古道，从文章体式上来看，韩愈模铸经诰之旨，而柳宗元则袭诗骚之意，韩愈之文多涩重之感，而柳子有古隽简淡之美。复兴古人古道的认同感，使得柳宗元有可能认同并积极参与到古文创作中去，宋人将韩柳并提，也是基于两者对古文运动的认同态度。

古文创作的阵营中，有"博雅好古"之称的李翱对黄老等杂家之道的态度也相对宽容。其所追寻的圣人之道："吾之道非一家之道，是古圣人所由之道也。吾之道塞，则君子之道消矣。吾之道明，则尧舜文武孔子之道未绝于地矣。"① 对诸家学说更为包容，且承认其导引学者之道。"六经之后，百家之言兴，老耽、列御寇、庄周、鹖冠子、田穰苴、孙武、宋玉、孟子、吴起、商鞅、墨翟、鬼谷子、荀况、韩非、李斯、贾谊、枚乘、司马相如、刘向、扬雄，皆足以自成一家之文，学者之所师归也。"② 承认诸家之道，由此而衍生出"文理义三者兼并"，文辞、逻辑与文章中的主体思想三者交相呼应的文论主张。这在古文运动独尊儒道的狂潮中，难能可贵。

二 "道"论与"文"论的离合倾向

柳宗元与友人的书信中，"道"是一个重要的主题。而所涉及的"道"的分类也是多样的，如师道、官道、文道等，在文中被屡屡提及。在追溯"道"的正统地位时，与中唐诸多士人求"道"之论多同，将根源回溯到尧舜、周孔之道。贬官之前的创作历程说明了这一倾向："柳宗元始者讲道不笃，以蒙世显利，动获大僇，用是奔窜禁锢，为世之所诟病。"（《答周君巢饵药久寿书》）而其所言道同样追溯到上古圣王之治："吾之所云者，其道自尧、舜、汤、高宗、文王、武王、周公、孔子皆由之。"（《答朱载言书》）家学中的儒学传统及幼年诗书涵养，使儒家经典与孔子言行深入脑髓，古圣先王之政治理

---

① （唐）李翱：《答侯高第二书》，周绍良主编《全唐文新编》，吉林文史出版社2000年版，第7177页。
② （唐）柳宗元：《答朱载言书》，周绍良主编《全唐文新编》，吉林文史出版社2000年版，第7173—7174页。

想与为人风范在其心中存有生动而深刻的印象。在以后儒道佛夹杂的思想缝隙中，儒家之思是其立足之思。柳文风格的进一步成熟与接触诸子百家之说有关，而这一变化从贬官南迁已开始："自贬官来无争，读百家书，上下驰骋，乃少得知文章利病"（《与杨京兆凭书》）；"仆近求得经史诸子数百卷，常候战悸稍定，时即伏读，颇见圣人用心、贤士君子立志之分"（《与李翰林建书》）。接触百家言说，进一步丰富了柳文的风格，进一步促成其文章风格和文论思想的成熟。"本之《书》以求其质，本之《诗》以求其恒，本之《礼》以求其宜，本之《春秋》以求其断，本之《易》以求其动，此吾所以取道之原也。参之穀梁氏以厉其气，参之《孟》、《荀》以畅其支，参之《庄》、《老》以肆其端，参之《国语》以博其趣，参之《离骚》以致其幽，参之太史公以著其洁，此吾所以旁推交通而以为之文也。"（《答韦中立论师道书》）在儒家与杂说之间，可以清晰地看到柳宗元的思想轨迹，以及对各家思想的安置顺序。柳宗元的为文理念也建立在这样的理论逻辑上，先儒后杂，以儒为主旁杂数家。对百家思想的进一步深入理解和接受，也是对当时充斥政坛与文坛，主导舆论指向的苍白、虚伪的周、孔言教之说的抵斥和反驳。

柳文曾多次提及元和间周、孔言教之说为世人所滥用的情况："来柳州，见一刺史，即周、孔之；今而去我，道连而谒于潮，之二邦，又得周、孔；去之京师，京师显人为文词、立声名以千数，又宜得周、孔千百，何吾生胸中扰扰焉多周、孔哉！"（《复杜温夫书》）世人皆以周、孔之教为尚，以至成为阿谀奉承之经典口号，言与行、质与表、外与内不相一致，周孔之说流为象征性的赞誉。基于此，柳宗元对"道"进行充分分析，在此基础上重新确立了清新自然的文论主张。具体表现在：

其一，批驳道与文相脱离的创作实际，建言："秀才志于道，慎勿怪、勿杂、勿务速显"（《报袁军陈秀才避师名书》）。言道之人蜂起，群言周孔圣教之道德、仁义，在实际的文章创作中，却又难觅圣人之思之行，而卒以怪、奇为旨归。"近世之言理道者众矣。率由大中而出者咸无焉。其言本儒术，则迂迴茫洋而不知其适；其或切于事,则苛峭刻核,不能从容,卒尼乎大道。甚者好怪而妄言,推天引神,以为灵奇,恍惚若化而终不可逐。故道不明于天下,而学者之至少也。"(《与吕道州温论非国语书》)世人求怪而好辨的习气,表现在对《国语》的沉浸学习中,柳宗元曾著《非国语》一书驳斥其理伪与谬:"尝读《国语》,病其文胜而言尨,好诡以反伦,其道舛逆。而学者以其文烨,咸嗜悦焉,伏膺呻吟者,至比六经,则溺其文必信其实,是圣人之道翳也。"(《与吕道州温论非国语书》)在批驳以奇、怪为旨归的创作风气同时,柳宗元亦提出反对雕琢绮碎的主张:

> 且自孔氏以来,兹道大阐。家修人励,刓精竭虑者,几千年矣。其间耗费简札,役用心神者,其可数乎?登文章之录,波及后代,越不过数十人耳。其余谁不欲争裂绮绣,互攀日月,高视于万物之中,雄峙于百代之下乎?率皆纵臾而不克,踯躅而不进,力碱势穷,吞志而没。……而又荣古陋今者,比肩叠迹。大抵生则不遇,死而垂生者众焉。扬雄没而《法言》大兴,马迁生而《史记》未振,……而为文之士,亦多渔猎前作,戕贼文史,抉其意,抽其华,置齿牙间,遇事蜂起,金声玉耀,诳聋瞽之人,邀一时之声。虽终沦弃,而其夺朱乱雅,为害已甚。是其所以难也。①

柳氏将刓刻文意、辞章的根由推源到孔子,指出其源之长、其害之深。对时人为文而弃道,道为文害的现象作了深入细致的论述。指出文章之难,不在"比兴之不足,恢拓之不远,钻砺之不工"②,而在于绮碎文风,雕镂文意,破坏了文章的自然美感。道成为文的托词,文乏道而行之不远。

其二,柳氏对以道为文的现象作了深入分析,并进一步提出道与文之关系,即"道外文内"之文论观。

---

① (唐)柳宗元:《与友人论为文书》,周绍良主编《全唐文新编》,吉林文史出版社2000年版,第830页。

② 同上书,第829页。

大都文以行为本，在先诚其中。其外者当先读六经，次《论语》、孟轲书皆经言；左氏、国语、庄周、屈原之辞，稍采取之；穀梁子、太史公甚峻洁，可以出入、余书俟文成异日讨也。其归在不出孔子，此其古人贤士所懔懔者。求孔子之道，不于异书。秀才志于道，慎勿怪、勿杂、勿务速显。道苟成，则慜然尔，久则蔚然尔。①

这对当时困惑于道与文关系的为文士子而言，找到了一条妥当的解决之道。将道与文适度隔离，内外区别。在外以儒老庄骚之学涵养自身，学习"穀梁"与太史公的峻洁文风，诸家之中又以孔子为旨归。这对当时言道之论充斥文章之作，是一剂良方。将弥漫在政论中的论道教化风气剔除出文章之外，为散文的进一步解放，回归自然心灵提供了可能性。

其三，摈弃道对文的束缚后，柳文进一步提出"文以明道"的为文主张。柳氏对文的解放是深入的，在批驳以道求文的错误为文思想后，进一步确立了"文以明道"②，"及物为道"③ 的思想。"仆之为文久矣，然心少之，不务也，以为是特博弈之雄耳。故在长安时，不以是取名誉，意欲施之事实，以辅时及物为道。"（《答吴武陵论非国语书》）将为文之道的重心放回到追求文章内容的真实自然上来。"思与木石为徒，不复致意"（《与萧翰林俛书》），真实地刻画出了为文的最高心境。其散文中最有神韵的《永州八记》，也是这一为文心境的反映。

贞元、元和年间是文人蜂起而求道的时代。为道而道，为道而

---

① （唐）柳宗元：《报袁军陈秀才避师名书》，周绍良主编《全唐文新编》，吉林文史出版社2000年版，第880页。

② （唐）柳宗元《答韦中立论师道书》："及长，乃知文者以明道，是固不苟为炳炳烺烺，务采色、夸声音而以为能也。"载周绍良主编《全唐文新编》，吉林文史出版社2000年版，第873页。

③ （唐）柳宗元《报崔黯秀才论为文书》："道之及，及乎物而已耳，斯取道之内者也。"载周绍良主编《全唐文新编》，吉林文史出版社2000年版，第886页。

文，将文章的生机扼杀在僵化教条的周孔之道中。属于散文重要特质的人情物态之真实自然，喜怒哀乐等诸多情感被排斥在外，言理而无情，以文述道，文以载道。而道在言与行的背离下，格外为世人所厌弃。针对此种倾向，柳宗元进一步对道与文关系分析论证，将"以道求文"的主张转化为"文以明道"，"辅时及物"为道，扭转了文道创作中文与道之关系，重新确立了为文的重要性。将文章所追求的风格复归到自然清新的标准上来。

三 清新自然的文风表现

柳宗元对儒释道的关系解释是宏通的，崇儒却又不专守于儒，而是辩证地吸收释老诸家思想，以自然化生的法则观照万物，在其文论思想上集中体现为取法自然，弃诡怪、荒诞之语。在《天爵论》中，柳氏将人的道德、言行类比于自然界的阴阳变化，四时更替："道德之于人，犹阴阳之于天也；仁义忠信，犹春秋冬夏也"（《天爵论》），将人的性情打通与四时万物，所倡言的依旧是自然的生命替换发展过程，而排斥外力作用于人的客观表现。尤其是斥怪诞之言。这种分歧体现在与韩愈、孟郊等人所倡导的尚怪、尚奇为主的文风上。柳宗元诗文也有尚奇的一面，奇所表达的主旨是雄奇、壮奇之美，也在自然法则之内。柳宗元诗文的壮奇风格多取法汉魏古诗。以《唐铙歌鼓吹曲十二篇》为代表的古诗，慷慨顿挫，颇有汉魏之音。柳宗元自表作诗之由："伏惟汉魏以来，代有铙歌鼓吹词，唯唐独无有。臣为郎时，以太常联礼部，尝闻鼓吹署有戎乐，词独不列。今又考汉曲十二篇，魏曲十四篇，晋曲十六篇，汉歌词不明纪功德，魏晋歌功德具。今臣窃取晋魏义，用汉篇数，为唐铙歌鼓吹曲十二篇，纪高祖、太宗功德之神奇，因以知取天下之勤劳，命将用师之艰难。"[1] 如《隋乱既极唐师起晋阳平奸豪为生人义主以仁兴武为晋阳武第一》：

---

[1] （唐）柳宗元：《唐铙歌鼓吹曲十二篇兵表》，（清）彭定求等编校《全唐诗》卷三五〇，中华书局1999年版，第3929页。

晋阳武,奋义威。炀之渝,德焉归。㦛毕屠,绥者谁。皇烈烈,专天机。号以仁,扬其旗。日之升,九土晞。斥田圻,流洪辉。有其仁,翼余隋。斫枭鸷,连熊螭。枯以肉,勍者羸。后土荡,玄穹弥。合之育,莽然施。惟德辅,庆无期。①

汉古诗以气骨独盛,而无纪赞功德之音。这与魏晋之音不同。柳宗元十二首组诗是为唐帝王渲染功业之壮、德行之美而作。以德仁赋予以武力起家的晋阳李氏,渲染其平定乱世之功业,苍茫雄壮之气浑然一体。又如"战武牢,动河朔。逆之助,图掎角。怒毂麛,抗乔岳。翘萌牙,傲霜苞"②。乏汉魏古诗悲凉之美,然有汉魏古诗雄奇之气,颇多雅正之音。

柳诗也有气焰怒张的一面:"款款效忠信,恩义皎如霜。生时亮同体,死没宁分张。壮躯闭幽隧,猛志填黄肠"(《咏三良》);"燕秦不两立,太子已为虞。千金奉短计,匕首荆卿趋。穷年徇所欲,兵势且见屠。微言激幽愤,怒目辞燕都。朔风动易水,挥爵前长驱"(《咏荆轲》),由忠义品格衍生出来的人物风度之美,事迹之壮烘托出了柳文的内在力度,人格的伟岸雄壮为其雄壮文风作了内在支撑。这与韩孟诗不同。韩孟诗派以人为勾勒、渲染怪奇之物为主,由奇而诞,入怪诞一派。柳宗元则有明确的取法自然的文论主张:"庄周言天曰自然,吾取之。"(《天爵论》)

柳宗元取法自然有双重境界。首先是将自我搁置在物态描绘中:"大都文以行为本,在先诚其中。"(《报袁军陈秀才避师名书》)柳宗元诗文,儒者之思,喜怒之情自然流淌笔端,这与其崇尚雅正的诗文观念,在古今兴亡之中虔诚地寻找治乱兴衰之路,以及文者之道德思维模式有关。如《读书》一诗:

---

① (唐)柳宗元:《唐铙歌鼓吹曲十二篇兵表》,(清)彭定求等编校《全唐诗》卷三五〇,中华书局1999年版,第3929页。
② (唐)柳宗元:《太宗师讨王充窦建德助逆师奋击武牢下擒之遂降充为战武牢第三》,(清)彭定求等编校《全唐诗》卷三五〇,中华书局1999年版,第3920页。

> 幽沉谢世事，俯默窥唐虞。上下观古今，起伏千万途。遇欣或自笑，感戚亦以吁。缥帙各舒散，前后互相逾。瘴痾扰灵府，日与往昔殊。临文乍了了，彻卷兀若无。竟夕谁与言，但与竹素俱。倦极便倒卧，熟寐乃一苏。欠伸展肢体，吟咏心自愉。得意适其适，非愿为世儒。道尽即闭口，萧散捐囚拘。巧者为我拙，智者为我愚。书史足自悦，安用勤与劬。贵尔六尺躯，勿为名所驱。①

"得意适其适，非愿为世儒。道尽即闭口，萧散捐囚拘"，言"非愿为世儒"，却道出了儒者以传尧舜之道自命的身份特征。文中有儒者之困顿情感表达，在儒之外，也别有一份方外之情——"贵尔六尺躯，勿为名所驱"。诗中夹杂的诗人欣喜愉悦与困顿悲戚之感，在儒而遭弃，为道而见情。诗中浸染着真挚的情感，夹杂着为人生，儒生与学庄老之道的人生体验。画面中所展现的是困顿的儒生在读书中与物俱化，形体萧散不为尘俗所拘的读书生活。柳文，多数时候都有一份雅正的儒者情怀，为释老之言，也多雅正之态。诸如《晨诣超师院读禅经》："汲井漱寒齿，清心拂尘服。闲持贝叶书，步出东斋读。"又如《韩彰州书报彻上人亡因寄二绝》、《法华寺石门精舍三十韵》等。身形寄居于释老之地，然念念不忘的依旧是道与身。

其次，与物化。柳宗元幼承庭训，儒者之思与理深入骨髓，为世之用的情感强烈地存在于其思想中。而南贬途中，对子史百家的学习，使其更为广泛地接触到了诸家思想。释老之学以一种精神辅佐品的形式出现于柳宗元诗文中。体现在诗文中，柳文呈现出一种澄静清冷之美，在喧闹壮奇的贞元诗风之外，自成一体。表现在创作理念上，即是"思与木石为徒，不复致意"（《与萧翰林俛书》）。较为典型的如《江雪》："千山鸟飞绝，万径人踪灭。孤舟蓑笠翁，独钓寒江雪。"②以寻常得见的鸟、人、舟、翁等物态入诗，泯其动，煽其静，

---

① （唐）柳宗元：《柳宗元集》，中华书局1979年版，第1254页。
② （清）彭定求等编校：《全唐诗》卷三五二，中华书局1999年版，第3961页。

以绝、灭、孤、独等字衬托物态的孤冷清僻。环环相绕，渲染出一个清冷孤寂的江雪美景。画中蓑笠翁，不时映现出诗人的心境。

以渲染物态的澄静寂美为特长的风格，在《永州八记》中较为常见。典型的如《至小丘西小石潭记》：

> 从小丘西行百二十步，隔篁竹，闻水声，如鸣珮环，心乐之。伐竹取道，下见小潭，水尤清冽。全石以为底，近岸卷石底以出，为坻为屿，为嵁为岩。青树翠蔓，蒙络摇缀，参差披拂。潭中鱼可百许头，皆若空游无所依。日光下澈，影布石上，怡然不动，俶尔远逝，往来翕乎，似与游者相乐。①

柳宗元在永州所写的系列散文，自标一格。有南朝吴均《与朱元思书》的清新秀丽之美，然吴文以词句秀美著称，山水之秀丽与词句之灵秀巧妙合一，化出钟灵毓秀的自然美感。而柳宗元永州散文，则擅长以枯、简、淡之笔运文，将文中的物态活化出人的性格心神，如文中皆若空游无所依的潭中鱼，忽动忽静，忽远忽近，生动活泼。柳宗元散文之长在于随意念所在去捕捉一个物态，随即形象化地赋予其生命力，将自己的感情深刻地烙印在其中。不以辞采为胜，而追求以简淡、枯寂之笔运文，所谋合的是物与人的合一，形与影、神与思的一致。在文思之外，体现出的是个性化的人物风貌之美，似枯而实腴，似淡而实美。这也是柳文超出众人之上，而难以为人所模仿的原因之一。

第三节　"比兴"体与"著述"体的划分及文类

赋、比、兴、风、雅、颂，是《诗经》六义。其中风、雅、颂是《诗经》的三种表达体式，以国风、大雅、小雅、颂四种风格囊括了诗经的各种体裁。而赋、比、兴则为其表现手法。从风、雅、颂三种

---

① （唐）柳宗元：《柳宗元集》，中华书局1979年版，第767页。

体裁的表现手法来看，以铺陈其事为特征的赋体手法，在雅、颂一类的诗歌中最为常见，尤其是大雅与颂诗中，长篇铺陈，连类其事的风格贯穿首尾。这与比、兴体以形象、感发为主的表达方式有较大差别。在诗歌的发展过程中，赋的手法也越来越多地被运用到以宏大叙事、铺陈宏富为特征的颂体文中。尤其是汉代的大赋体，铺陈夸饰的功用被极度强化，越来越被宫廷化、庙堂化。而汉诗则突出了比兴功能，古诗十九首与汉乐府民歌，真挚朴实，其直接的感发叙事抒情手法多借鉴自兴体，而比的形象性、感性化也进一步突出了汉诗的真实可感力度。赋、比、兴，三种手法到汉代，被诗赋两种体裁所用，赋的发展使其成为一种独立的以夸饰为功用的文体，而比、兴则为古朴的汉诗更为频繁地使用。比兴体与赋体开始以两种独特的方式被后人使用和评价。到唐代的诗赋取士，诗赋正式成为官方选用人才所选用的文体，诗和赋分家，而内在表现手法比兴与铺陈之赋也相应地并入诗赋中。

兴体相对比体而言，更复杂，也更具感官性。古诗的抒情特征是第一位的，而兴体则是抒情的起点，在中国古诗中也极为重要。初唐的陈子昂其诗歌特征是"独标兴体"，诗歌慷慨悲昂的基调直承汉诗的慷慨抒情方式，而相同点都在对于兴体的发挥和成功借用。初唐四杰与陈子昂诗歌的成功与其借助兴体直抒情感的表达方式相关。王勃的《送杜少府之任蜀州》，与友人的别离之情是唤起读者哀伤感情的起点，而情感的共鸣是以兴的方式达到的。初唐四杰的成功，一方面，在于长期贬谪生活中所接触的宫廷外的人事物，广阔的诗歌境界是陷于纤靡、雕镂的宫廷诗人所难以企及的；另一方面，在于对兴体即兴咏怀与托物咏怀方式的成功借鉴。汉末以来的抒情小赋诸如《穷鸟赋》、《吊屈原赋》、《刺世嫉邪赋》等，有托物咏怀的特点，但并未改变汉大赋铺张扬厉的特色，而大赋体到了两晋，仍有浓厚的创作热情，较之抒情小赋而言，其炫才逞技的特点仍非常突出。中唐时期文学的变化，从创作主旨而言，融入了更多的求道之论。且道有了大小、优劣之分。在创作体裁手法上，也有了变化。柳宗元适时地对文学创作规律进行了总结和反思。对文的划分，从表现方式上来看，具体化为"比兴体"与"著述体"。

一 "文有二道"的理论观点

柳宗元是有意为文的文人。其诗文成就的杰出与其所秉持的文论有关。在《杨评事文集后序》中，柳宗元提到了文的重要性及其对文类的划分依据：

> 文之用，辞令褒贬，导扬讽喻而已。虽其言鄙野，足以备于用。然而阙其文采，固不足以竦动时听，夸示后学。立言而朽，君子不由也。故作者抱其根源，而化由是假道焉。作于圣，故曰经；述于才，故曰文。文有二道：辞令褒贬，本乎著述者也；导扬讽喻，本乎比兴者也。著述者流，盖出于《书》之谟、训，《易》之象、系，《春秋》之笔削，其要在于高壮广厚，词正而理备，谓宜藏于简册也。比兴者流，盖出于虞、夏之咏歌，殷、周之风雅，其要在于丽则清越，言畅而意美，谓宜流于谣诵也。兹二者，考其旨义，乖离不合。故秉笔之士，恒偏胜独得，而罕有兼者焉。厥有能而专者美，命之曰艺成。虽古文雅之盛世，不能并肩而生。①

将文的用途分为辞令褒贬与导扬讽喻两类，在此基础上确立著述体与比兴体的文体类别，认为两者"乖离不合"。比兴者，有劝善惩恶，讽喻刺美之作用，所借助的文学表现手法有夸张、比喻、排比、拟人等，倾向于直观的情感宣泄，也凝结着鲜明的爱憎导向。手法的夸张性与强烈的导向性在十五国风中已有表现，其文学传统得到了继承。而著述体则不然。事实与依据是做出判断的起点，相对于比兴体的修饰手法，其叙事特征追求的是原汁原味，不加渲染的直白提取，公正与客观是衡量著述者的重要标准。基于此，比兴与著述呈现出不

---

① （唐）柳宗元：《杨评事文集后序》，《柳宗元集》，中华书局1979年版，第578—579页。

同的两种文学发展倾向：前者抒发情感，同时给予宣泄铺排与引导；后者则是对事实的再三衡量与思索。两种文体所调动的创作机能不一，前者要求感染力度，后者则以简单、朴实为依据。深层次上，前者需要的是感性化驱动下的丰富的想象力，而后者则是理性控制下思辨的客观的判断力，这两者思维方式的养成需要长时间的摸索，且其不一的创作理路也使得两种文体俱佳的文人较为少见，故"秉笔之士，恒偏胜独得，而罕有兼者焉"。

柳氏将文类分为"比兴"与"著述"二体，一方面是其长期创作实践的心得；另一方面，也反映了中唐文人创作时所陷入的困境。"比兴"与"著述"，从创作来源、流传途径、材料取舍到为文心态等诸多要素是相区别的。从创作源头看：比兴出于虞、夏之咏歌，殷、周之风雅，而著述则出于《书》之谟、训，《易》之象、系，《春秋》之笔削；从流传途径看：比兴体丽则清越，以口头吟咏为主要流传方式。著述体则词正理备，编于简册以藏文；在材料取舍上：前者倾向于情感的兴发，而后者则以理为制，以事为据；为文心态也不同：前者是感化的，后者则以理辨为基调，等等。从柳宗元自身的创作实践看，诗歌、抒情赋多有比兴体特征，而论、辩、碑铭、诔、志、说、传、书、启、表、奏状、祭文、行状等体裁则与著述体特征多相符。柳宗元将文区分为比兴与著述两大类，并提及了罕有人能兼善二体："燕文贞以著述之余，攻比兴而莫能极；张曲江以比兴之隙，穷著述而不克备。"[①] 张说长于著述而短于比兴，张九龄与之相反。柳氏为后人所认同，多是从韩柳古文运动，其散文成就相对于诗歌来说影响更为深远。柳宗元为文多取法两汉，其族人柳宗直为文风格也多受其族兄柳宗元影响。柳宗直曾缀辑《西汉文类》，柳宗元题写了序跋，在《柳宗直西汉文类序》中阐述了自己对历代文章的看法："殷、周之前，其文简而野，魏、晋以降，则荡而靡，得其中者汉氏。汉氏之东，则既衰矣。当文帝时，始得贾生明儒术，武帝尤好焉。而公孙

---

① （唐）柳宗元：《大理评事杨君文集后序》，《柳宗元集》，中华书局1979年版，第579页。

弘、董仲舒、司马迁、相如之徒作，风雅益盛，敷施天下，自天子至公卿大夫士庶人咸通焉。于是宣于诏策，达于奏议，讽于辞赋，传于歌谣，由高帝迄于哀、平，王莽之诛，四方之文章盖烂然矣。史臣班孟坚修其书，拔其尤者，充于简册，则二百三十年间，列辟之达道，名臣之大范，贤能之志业，黔黎之风美列焉。若乃合其英精，离其变通，论次其叙位，必俟学古者兴行之。唐兴，用文理，贞元间，文章特盛。本之三代，浃于汉氏，与之相准。"柳宗元留恋于西汉文帝、武帝时的风雅大盛，从文体看，推崇汉代诏策、奏议、辞赋和歌谣。文人则以公孙弘、董仲舒、司马迁、司马相如等人为引导。柳宗元诗歌有取法汉诗，尤其是汉魏古诗风骨之气象，如《古东门行》、《寄韦珩》、《咏史》、《咏三良》、《咏荆轲》等，然遗神存貌，外形徒似，内里并无汉诗慷慨悲昂的情感力度，并不见佳。

柳诗中最佳的诗作是混融柳宗元风景擅写之长与内在凄清心境相符合的诗歌，这类诗歌形成了柳宗元诗的主体风格。如《零陵赠李卿元侍御简吴武陵》一诗：

> 理世固轻士，弃捐湘之湄。阳光竟四溟，敲石安所施？铩羽集枯干，低昂互鸣悲。朔云吐风寒，寂历穷秋时。君子尚容与，小人守竞危。凄惨日相视，离忧坐自滋。樽酒聊可酌，放歌谅徒为！惜无协律者，窈眇弦吾诗。①

遭贬湖湘而日日忧惧，景色的枯槁与凄厉衬托出了内心的恐惧，景因情而衔哀，情因景而含悲。"凄惨日相视，离忧坐自滋"，真实地道出了谪居永州的心态。柳诗中另有一类以参悟释老为内容的诗歌，如《晨诣超师院读禅经》、《赠江华长老》、《酬巽上人以竹间自采新茶见赠酬之以诗》等，渗透了参佛心境下的恬淡、宁静，格外雅致，也较好地体现了柳诗简淡枯寂的风格。而这些诗风的形成，多自内中

---

① （唐）柳宗元：《零陵赠李卿元侍御简吴武陵》，《柳宗元集》，中华书局1979年版，第1137页。

来，在写作手法上有向前人学习的痕迹，然情感的黯淡，心境的冷寂则体现出了柳诗的个性风格。

柳宗元向汉代文章取法，在散体文中的体现尤为明显。散体文便于记述，针砭时事、史事的风格与著述体辞令褒贬的特点相符合。柳文中游记体的感人，行状体的写实手法，传体的生动明理，是以散体语言风格为基础的，对不同文体而言，又遵循不同的创作路径。

二 散体文的表现手法

相较于取径汉诗而言，汉代抒情小赋、史传文学更能激起柳宗元创作的热情。《永州八记》，写景抒情方式为后人所称道。中唐时期的古文运动，韩愈追随者甚多，以孟郊、张籍、李翱等为代表的复古学者在复兴尧舜之道的理论号召下孜孜不倦，文章有孔孟之道的烙印，旗帜高扬，个性色彩却极为僵化。柳宗元也倡导尧舜之道，其文学创作却不盲目追随言道、理道之论，而是积极解放和培养散体文学的性情。

韩愈倡导古文运动，试图将散体文运用到诗歌创作中去，有"以文入诗"的理论口号。柳宗元的散文风格，将古诗比兴体艺术风格借用到散体文的创作中去，援比兴体入文。这在游记类的散文中表现较为明显。如"其略若剖大瓮，侧立千尺，溪水积焉。黛蓄膏渟，来若白虹，沉沉无声，有鱼数百尾，方来会石下。南去又行百步，至第二潭。石皆巍然，临峻流，若颏颔龂腭。其下大石杂列，可坐饮食。有鸟赤首乌翼，大如鹄，方东向立。自是又南数里，地皆一状，树益壮，石益瘦，水鸣皆锵然"（《游黄溪记》）；"然后知是山之特立，不与培塿为类，悠悠乎与颢气俱，而莫得其涯；洋洋乎与造物者游，而不知其所穷"（《始得西山宴游记》）；"其石之突怒偃蹇，负土而出，争为奇状者，殆不可数。其嵚然相累而下者，若牛马之饮于溪；其冲然角列而上者，若熊罴之登于山"，又"由其中以望，则山之高，云之浮，溪之流，鸟兽之遨游，举熙熙然回巧献技，以效兹丘之下"（《钴鉧潭西小丘记》）；"其水之大，倍石渠三之一。亘石为底，达于两涯，若床若堂，若陈筵席，若限阃奥。水平布其上，流若织文，响若操琴。揭跣而往，折竹箭，扫陈叶，排腐木，可罗胡床十八九居之"(《石涧记》);"其宇下有流石成形，如肺肝，如茄房，或积于下，如人，如禽，如器物，甚众"(《柳州山水近治可游者记》)，以比体连类事物，形象逼真，由此生发情感，也有自然清新之美。

  游记类的散文在柳宗元散文中较有特色。以方位为叙述顺序，叙述中又夹杂对物态的描摹。借助比兴的手法，给予山水人情物态，拉近人与自然之间的距离。叙述中又间有议论，间或交代游览的缘起。此类的游记状物风格，为宋人苏轼所学习，《石钟山记》多有摹习痕迹。柳宗元散文注重描摹物态，交代游记缘起，也是自身所极力追求的风雅文士的风貌展现。而其风雅，又不只是儒学之士的文质彬彬，循规蹈矩，在儒者之外，其散文风貌体现出一个追求自然、和谐之道而又兼通释老倾向的文士理想。

三　行状体的特色

  行状是早自汉代已经出现的一种文体。任昉在《文章缘起》中提及:"行状，汉丞相仓曹傅胡干作《杨原伯行状》。状者貌也，体貌本原，取其事实也。"[①] 这是有记载的最早的行状体。刘勰定义行状体为:"状者，貌也。体貌本原，取其事实，先贤表谥，并有行状，状之大者也。"[②] 指出行状的主要功能是为后人定状主谥号所用。指明了早期行状体的主要功用。魏晋隋唐之际，随着文学体式的发展，行状的功能有了更多的内容变化。明徐师曾在《文体明辨序说·行状》中谈及此:"盖具死者世系、名字、爵里、行治、寿年之祥，或牒考功太常使议谥，或牒史馆请编录，或上作者乞墓志碑表之类皆用之。而其文多出于门生故吏亲旧之手，以谓非此辈不能知也。其逸事状，则但录其逸者，其所已载不必详焉，乃状之变体也。"[③] 较之刘勰指出的

---

  ① （南朝·梁）任昉:《文章缘起》，陈懋仁注，王云五主编:《丛书集成初编本》，第15页。

  ② （南朝·梁）刘勰:《文心雕龙义证》卷五《书记》，詹锳义证，上海古籍出版社1989年版，第963页。

  ③ （明）徐师曾:《文体明辨序说》，人民文学出版社1962年版，第148页。

定谥号，又有了补史、补墓志碑表之文的功用。

　　唐代是行状体文创作较为繁盛的一个时期，韩愈、柳宗元、李翱等古文运动的擎举者都创作了不少行状体文。从这些状体文来看，基本上固定一个格式：述祖；评述个人事迹；请定谥号。其中较典型的如初唐王勃、杨炯的行状文，以骈体文写就。柳宗元的《开国伯柳公行状》、《唐故秘书少监陈公行状》代表了中唐时行状体的散体风格。从定型的文本格式来看，其源头又可追溯至南朝梁任昉的《齐竟陵文宣王行状》。

　　《段太尉逸事状》是柳文中较特殊的一篇行状文。表现出了不同的特征：其一，由客观评述转入主观呈现。唐代的行状体行文有固定的模式，述状者对状主多含恭敬之情，言辞口吻殊多褒奖之意，颂赞之声连绵不绝。内赞其德才，外述其言行，雅正精工，流为一种颂扬的模式。如韩愈的《董公行状》，首叙董晋祖上名望，次及其爵里功第，赞述其威震回纥、抚平李怀光叛乱、施仁惩惰等事迹而为民所惠爱，后上牒请考功议谥。这种固定的行文模式在唐代极为通行，柳宗元《宜城县开国伯柳公行状》也先述柳惟深先祖官爵："自卓至公，十有一代，为士林盛族，著于南朝历代史及柳氏家牒。"后及柳公幼年破除神巫"夭且贱"的预言，历述汝州进士、衢州司马、袁州刺史、右散骑常侍的经历，泾卒之乱不为贼人利诱而奔赴行宫等事迹，最后议论封谥之事。《段太尉逸事状》叙事风格有特别之处。前所及的《董公行状》、《柳公行状》都以客观的边述边评的口气展开行文，而《段太尉逸事状》则出现了大量直接的语言、行为描写刻画，如描写汾阳王郭子仪之子郭晞纵容士卒为乱："邠人偷嗜暴恶者，卒以货窜名军伍中，则肆志，吏不得问。日群行丐取于市，不嗛，辄奋击折人手足，椎釜鬲瓮盈道上，袒臂徐去，至撞杀孕妇人。"将暴劣无行者以货贿入伍、群行欺侮、街市为乱至撞杀孕妇的行为逼真地展现出来。语言对话、心理描写也引入其中。郭晞军士十七人入市为乱："以刃刺酒翁，坏酿器，酒流沟中。"段太尉则予以严厉惩治："列卒取十七人，皆断头注槊上，植市门外。"郭晞军士皆怒，尽甲。白孝德见此形势内心恐惧，召段太尉相商，太尉辞色不变，仅带一老卒赴郭府讲理等。其二，将叙事的重心转到刻画事件冲突上，在矛盾冲突中一层层展现人物的性格特点。段太尉此文有两次矛盾冲突的焦点，一是段太尉杀掉祸乱街市的士卒后赴郭府请罪，与郭晞的对话；二是太尉泾州为官时，大将焦令谌占取数十顷田，又给农人以收租，逢大旱，颗粒无收，农人告太尉。太尉为农人言情，而焦令谌却将农人鞭笞几死。太尉内心自惭，为农人医疮，且将坐骑变卖替农人还租。随后将冲突转到了焦令谌身上，淮西寓军帅刚直的尹少荣听闻后，遂见谌大骂："汝诚人耶？泾州野如赭，人且饥死；而必得谷，又用大杖击无罪者。段公，仁信大人也，而汝不知敬。今段公唯一马，贱卖市谷入汝，汝又取不耻。"一夕之间，焦令谌自恨而亡。借助行为、语言、心态的描写，人物性格栩栩如生，寓事述赞。与行状体恭敬颂扬文字的风格大异。

　　由盛唐薛据、王维而柳宗元，河东地域作家经历了一个由盛唐而中唐的时段，在文风取向上，也是一个由经典地向汉魏风骨、六朝文学汲取艺术养料，而自铸新风，到王维手里，在佛性体悟中将诗歌的艺术推向了贵族式的文人意趣的过程。而后柳宗元则进一步释放了贵族化的为文倾向，柳宗元的取法"自然"，融合了儒释道三家之长，消融了三家学说之异，在"自然"的为文主张上，取人性、物情之相似情状，在佛性冷寂的内心观照之下，混融官与民，人与物，以冷寂的情感观察直白入笔，又是佛性修养使然。这一转换，自然地在柳宗元身上实现了融合，客观上与柳氏家族的文化转型，柳宗元的为文自觉意识相关联。从柳宗元的诗文来看，所以能够回到"辅时及物"的主题上，诗文中表现的主题生活场景由宫廷、文人、贵族而转向民间、平民、细物，是中唐文学发展的主流，也是河东文学在中唐时期的新的文学表现及文化依托内质。

第六章　大历以后新兴的河东吕氏家族

从开元到大历,河东地域的士人与文人相对地呈现出了递减的状态,不仅数量较之前期减少,精心于文学创作且形成特定风格的作家也不如之前,这在河东三大家族身上表现较为明显。大历之始,酬唱之风微兴,浙东的湖州成为新兴的联唱之地,钟灵毓秀的湖州山色风光之中有着安史乱后文人的伤感、低沉、徘徊不尽的抑郁情怀,这种内心的伤痛在明净秀美的景色衬托下,愈加清冷,在寂静的感伤之后,士人更倾向于在修禅中修定禅理,醒悟禅道,解脱个体。由于新兴创作地的出现,大历文士群体构成中有较大比例的江南西道、江南东道士人。这部分士人中,钱起、吉中孚等是江南地域作家,而李益、韩翃、司空曙等则是迁徙于江南的北土士人。表现在诗歌题材上,士人热心于回忆旧有长安盛景,同时又在江南秀美山色中疗慰现实的伤痛。《忆长安》与《状江南》成为诗人们所喜好的题材。

中晚唐之际,河东地域又出现了新兴的士人力量。以吕温、司空图为主。隋、初唐时河东王绩与李播、吕才交好,其中王绩有诗作《山中别李处士播》:"为向东溪道,人来路渐赊。山中春酒熟,何处得停家",赠别李播。而吕才则为王绩文集作《东皋子后序》。王绩文集中所与交往的士人多是处士身份,如李处士播、程处士、姚处士、郑处士、翟处士、冯子华处士等,未见有吕才处士。在《旧唐书》本传中,曾提及吕才知名及仕宦因由:"吕才,博州清平人也。少好学,善阴阳方伎之书。贞观三年,太宗令祖孝孙增损乐章,孝孙乃与明音律人王长通、白明达递相长短。……侍中王珪、魏徵又盛称才学术之妙。……太宗即征才,令直弘文馆。太宗尝览周武帝所撰《三局象经》,不晓其旨。太子洗马蔡允恭年少时尝为此戏,太宗召问,亦废而不通,乃召才使问焉。才寻绎一宿,便能作图解释,允恭览之,依然记其旧法,与才正同,由是才遂知名。累迁太常博士。"[1] 正史言吕才阴阳方伎之长而为世所知名,仕宦于唐,并未提及吕才家世,吕才祖辈有可能并无显宦或者仕宦。吕才是博州人氏,而河东吕氏吕温也曾自诩其东平吕氏的门第,吕才也有可能系出东平。而吕温家族在徙于河东以后,遂为河东人氏,且以其祖吕延之为南北所知名。整个吕氏家族士人在初、盛唐之际才名并不显著,到了大历时期发生了较明显的改变。吕渭、吕温等族人在参与文化活动的同时,逐渐得到了认同,进入了文学中心,其文学家族的身份特点开始受到士人的重视。在吕温身上文人议政的特点极为突出。

在唐初复兴的文化力量中,河东之地以儒为主,兼有释老之学的"儒道"并兴。从历史影响来看,文中子王通的文化地位与初唐的政治格局有较密切的关系,道家文化在河东地域看似不如儒家影响之大,但道家面向人世生活解决现世的苦恼,其文化辐射面是广泛的,包含了生活在民间的大众。儒家文化下所形成的儒士,是精英阶层的代表。在儒士逐层向上的政权利益追逐中,失意的文化士人较轻易地在道家无为的信仰理念中找到解脱之道,道教之信众由此而有极广泛之面。唐晚期道教徒吕岩的出现,是道教发展史上一位让民众津津乐道的话题人物。形象中有"神"与"仙"的特点,可窥见当时民众对道教的接纳和喜爱。

第一节 河东吕氏家族的文化士人

吕氏家族也是较早定居在河东地域的家族。《通志·氏族略二》载吕氏缘起:"姜姓,侯爵,炎帝之后也。虞、夏之际,受封为诸侯。

---

[1] (后晋)刘昫:《旧唐书》卷七九《吕才传》,中华书局1975年版,第2719—2720页。

或言伯夷佐禹有功,封于吕。今蔡州新蔡即其地也。历夏商不坠,至周穆王,吕侯入为司寇,或言宣王时改吕为甫,然'吕'、'甫'声相近,未必改也。故又有甫氏出焉。吕望相武王,吕姜为卫庄公妃,其时吕国犹存故也。吕望封齐之后,本国微弱,为宋所并,故宋有吕封人乐惧,吕封人华豹。又晋有吕氏,出于魏氏。未知其以字以邑与?汉有单父吕公,女为高帝后,封临泗侯。又后魏有比丘氏,改为吕氏,虏姓也。"① 郡望河东的吕氏与晋国的魏氏有渊源关系。春秋时魏国魏锜亦称吕锜,魏相亦称吕相,吕相绝秦的故事源出于晋地。唐以前,河东一带的吕氏族人在诸多郡望中较为兴盛。元和年间成书的《元和姓纂》一书提及了吕氏在唐代诸郡望的活跃程度,其中有东平、京兆、冯翊、河东四郡,东平郡是吕侯之后,历史最为悠久,京兆、冯翊两地之吕氏也"本出东平"②、"本望东平"③,这三地的吕氏兴盛期又多在后魏、北齐时,进入唐后,河东吕氏逐渐成为了最为兴旺的一支。《元和姓纂》"河东"条刊载:

> 黄门侍郎、平章事吕諲,生仁本、春卿、冬卿。春卿,尚书奉御。諲兄子季重,歙州刺史。中书舍人吕太一。赵州刺史吕延之,生谓、勋。谓,谭州刺史、湖南观察,生温、宗礼。温,户部郎中、衡州刺史。侍御史吕守素。监察御史吕需,生长轻,右卫兵曹。长轻生亢膺,右司郎中、谏议大夫。新丰尉吕令问。丕。监察御史吕㬂,生崇质、崇贲。崇质,殿中少监。生邃、建。建,防州刺史。崇贲,剑南、河南、成都、河中节度。郓国公,生退、超。㬂弟赐右武卫将军。④

唐之前的河东吕氏士人仕宦情况,史料缺失,难以详考。《元和姓纂》所记载的河东郡吕氏族人,清晰地记录了吕諲及其后人吕延之

---

① (宋) 郑樵:《通志·二十略》卷二六《氏族略》,中华书局1995年版,第65—66页。
② (唐) 林宝:《元和姓纂》卷六,中华书局1994年版,第871页。
③ 同上书,第871页。
④ 同上书,第872—875页。

等的仕宦情况。入载的士人，均生活在唐代，数量之多也是东平、京兆、冯翊三郡难以相比的。而其中较早可溯及的士人为吕谭："蒲州河东人。志行修整，勤于学业。少孤贫，不能自振，里人程楚宾家富于财，谭娶其女，楚宾及子震皆重其才，厚与资给，遂游京师。天宝初，进士及第，调授宁陵尉，本道采访使韦陟嘉其才，辟为支使。"①早期的吕谭吕氏家族在河东并无多大势力，更无从与裴、薛、柳三大家族势力相抗衡。吕氏族人逐渐步入仕途要与吕谭的积极修身致学，后官至宰相相关。

诸吕后嗣中以吕延之、吕渭、吕温、吕岩这一支影响为大。在河东一地形成了一支逐渐入主政坛与文化的家族力量。在南方诸地如桐乡吕氏，也推尊吕延之为一世祖②，而这一支在南宋时期开枝散叶，涌现出了吕夷简、吕公著、吕本中等文化士人。同样还有栖溪吕氏，也奉河东吕延之为始祖。③ 吕谭官至宰相，而吕延之仅至浙江东道节度使。从名望来说，吕谭远在其上，而流传至后来的诸吕却一致推尊吕延之为始祖，这其中的矛盾关窍引人深思。二吕郡望均在河东，且都曾在南方任职。吕谭，曾授命"荆州大都督府长史、兼御史大夫，充澧、朗、荆、忠、峡五州节度观察处置等使"④。而吕延之，史书也有记载："以明州刺史吕延之为越州刺史，充浙江东道节度使。"⑤ 地方史志《延祐四明志》、《会稽掇英总集》等丛书也言及吕延之曾任职于越州及浙江东道一带。如此，任职南方不足以成为吕氏将吕延之奉为始祖的原因之一。《唐语林》卷二《文学》中有一则材料曾提及吕延之及其后人长于文学著述之特点："吕衡州温，祖延之、父渭，俱有盛名。至大官，家世碑志不假于人，皆子孙自撰，云：'欲传庆

---

① （后晋）刘昫：《旧唐书》卷一八五下《良吏传·吕谭传》，中华书局1975年版，第4823页。

② 吕东太编：《吕氏宗谱新编》，2005年版。

③ 乾隆五十年吕文华、吕学贤编著《栖溪吕氏家谱》。

④ （后晋）刘昫：《旧唐书》卷一八五下《良吏传·吕谭传》，中华书局1975年版，第4824页。

⑤ （后晋）刘昫：《旧唐书》卷一〇《肃宗本纪》，中华书局1975年版，第256页。

善于后嗣,徽文学之荒坠。'"①"家世碑志不假于人,皆子孙自传",可见碑表之文章体用摹写成为吕氏家族成员的必修课。碑表文章,有切实的文字载体,较易于在民间接受和辗转流传。而《唐语林》中的这则材料也从侧面说明在吕延之之前,吕氏极有可能并未形成撰写文章之家风。吕諲虽《唐书》有传,也多载其政绩,而未言文学。到延之及其后来的吕渭、吕温等族人,开始积极主动地融入文学创作的核心中,诗文诸体均有所作。延之所以被南方诸多吕氏追认为始祖,或许与其长于文学创作且在南方诸地形成了一定的影响力有关。

桐乡吕氏在宋代形成了一定的文化影响力。另一支东莱吕氏吕祖谦,与朱熹、张栻齐名,并称"东南三贤",而祖谦之学更被誉以"婺学"。宋以后的吕氏家族多兴起于淮南寿州一带,寿州吕氏家族、东莱吕氏家族之学为后人所重视,始终是学术研究的一个重心。② 而唐代中后期兴起的河东吕氏家族吕諲、吕延之、吕渭、吕温、吕岩所呈现出来的文化特征及其文学上的特征表现及其深层原因,却罕有述及。

正式进入文学创作且形成了一定文化影响力的要从吕渭开始。在大历年间参与浙东联唱的吕渭,交游大历诗人,习染大历诗风,对大历诗人所喜好的主题诗作"忆长安"与"状江南"都有所作,然并未形成一己风格,所作诗歌多有携从命题的特点。吕渭积极参与的文士活动,为吕温及其后人的文学成长奠定了良好的基础。《四库全书》收有《吕衡州文集》,诗赋文均有所作。本《传》载:"温天才俊拔,文彩赡逸,为时流柳宗元、刘禹锡所称。"③ 吕温诗文较好地体现了河东吕氏一门的文学成就,其文论主张代表了传统文士文章家国、治世修身的情怀。随后充分神仙化的道教徒吕岩,民间浓墨重彩地塑造出八仙过海的神话故事,本身带有民众对吕洞宾这一神话形象的浓烈的

---

① (北宋)王谠:《唐语林》卷二《文学》,古典文学出版社1957年版,第55页。
② 近年来吕氏家族研究的著作有:杨松水:《两宋寿州吕氏家族著述研究》(黄山书社2012年版),罗莹:《宋代东莱吕氏家族研究》(人民出版社2011年版),姚红:《宋代东莱吕氏家族及其文献考论》(中国社会科学出版社2010年版)。
③ (后晋)刘昫:《旧唐书》卷一三七《吕温传》,中华书局1975年版,第3769页。

接纳和喜爱之情。吕岩的诗歌也因此带有极强的平民化的烙印。河东吕氏所兴起的蒲州、绛州一带，经历南北朝的分裂，在隋唐之际较早复兴了儒道文化，如前所述及的河东王氏王通一门，既有专通儒学的大儒，也有愤世嫉俗、隐遁闲逸的名士王绩，儒与道矛盾又和谐地体现在一个地域乃至一个家族内部。唐文化的载体是中国本土的儒道文化，佛教文化作为外来的文化势力糅合了老庄之道，而显示出强大的生命力。禅文化作为佛与道的结合体，更受到了唐代文士的欢迎，参禅、修禅，成为文士修养心性必不可少的凭借。吕氏家族也体现出了对禅文化的喜好，吕渭、吕温诗文中流露出对寺庙禅院的留恋。而吕岩则是充分道家化了的人物。两者体现出了禅与道之别。前者走向了雅致的士大夫，而后者则靠近了俗世的民众。禅文化的接受和欣赏局限在小范围的精英文化士人之内，而求向今生今世的得道炼丹求仙之术在民间拥有普遍的信众，吕洞宾神话故事的广泛流传充分说明了民众对道术的接受和信仰。禅文化植根于佛，又借助于庄老之道。庄老之说既融有宇宙哲学之说，又指向个体的心性修养，这与佛教文化中度人度己之说在修养心性，通达于善，了然于一的养心修性的目的性上有一致性。禅宗将此种修养的定力进一步发挥到极致，禅定成为一种人生的寄托和解脱之道。禅文化的发展，很大程度上借助于庄老之道；吕岩之道是俗化的，所体现的是本土文化的信仰力；而吕渭、吕温之参禅则是文士修养心性的一种习气。

第二节　大历时期的吕渭到元和时期的吕温

　　吕氏家族文化的兴盛一方面体现在家族群体之间形成了长于文学写作的特征，如《唐语林》所提及的族人自撰家世碑志等文章；另一方面，出现了三位各自有所专长的文化代表性人物。其中吕岩是一位道教神仙化的人物，传世的诗歌之作多言道家修炼之法，其文学性建立在通俗的基点之上，文学特征放入第三节叙述。而吕渭与吕温则是典型的士大夫文人，两者多有相通之处，将在本节叙述。

一　大历士人吕渭的诗歌[①]

《旧唐书》卷一三七记载了吕渭的家世、履历及仕宦情况：

> 吕渭，字君载，河中人。父延之，越州刺史、浙江东道节度使。渭举进士，累授婺州永康令、大理评事。……渭试进士，取瑞柳为赋题，上闻而嘉之。渭又结附裴延龄之子操，举进士，文词非工，渭擢之登第，为正人嗤鄙。……贞元十六年卒，年六十六，赠陕州大都督。子温、恭、俭、让。[②]

河东吕氏籍贯在河东河中府，主要仕宦经历及文学创作活动多在南方吴越之地。从吕延之始，吕渭、吕温到吕岩，都曾任职或游历吴越。吕延之作品无存，吕渭诗作现存五首：《忆长安》、《状江南》、《经湛长史草堂》、《贞元十一年知贡举挠阁不能定去留寄诗前主司》、《皇帝移晦日为中和节》。其中《忆长安》、《状江南》、《经湛长史草堂》作于大历年间浙东联唱时期，对昔日繁华长安生活图景的回忆，与对江南越州山阴等地景色的赞叹，成为联唱的一大主题。丘丹、贾弇、沈仲昌、谢良辅、鲍防、杜奕、郑概、范灯、樊珣、刘蕃等人，都有同题诗作。这些诗歌集中创作于一个时期，且同题赋诗酬唱，内容与情感流露出相同的基调。吕渭诗作在浙东联唱中风格并不突出。诸如《忆长安·八月》：

> 忆长安，八月时，阙下天高旧仪。衣冠共颁金镜，犀象对舞丹墀。更爱终南灞上，可怜秋草碧滋。[③]

[①] 关于吕渭的研究文章并不多，有如下：董超：《中唐吕渭文学活动发微》，《现代语文（学术综合版）》2011年版。侯百官：《吕温传略》，《山西师范学院学报》1984年第3期。邹志方：《"浙东唱和"考索》，《绍兴师专学报》1992年第1期。

[②] （后晋）刘昫：《旧唐书》卷一三七《吕渭传》，中华书局1975年版，第3768页。

[③] （清）彭定求等编校：《全唐诗》卷三〇七，中华书局1999年版，第3487页。

又如《状江南·仲冬》：

> 江南仲冬天，紫蔗节如鞭。海将盐作雪，出用火耕田。①

唐盛世的远离，长安风貌成为一种时代的象征，可念而不可及，为唐人所追念。与此同时，还有对安史之乱后长安政权的失望，在此背景下，江南成为驻足歇赏之地，为士人所留恋。在诗歌主题上，"忆长安"寄托了对盛唐长安的追念；"状江南"则将情感寄托在江南游历生活中。这种情怀又不是个体的，在天宝后期、大历时期，蔓延在士人心头。

吕渭流连于无锡山水时，作有《经湛长史草堂》② 一诗：

> 岩居旧风景，人世今成昔。木落古山空，猿啼秋月白。谁同西府像，几谢南平客。摧残松桂老，萧散烟云夕。迹留异代远，境入空门寂。惟有草堂僧，陈诗在石壁。③

吕渭诗从草堂风景入笔，托古起兴，在对眼前景的描摹与古事古人的感慨中结构全篇，工于个别意象的描写，诸如"木落古山空，猿啼秋月白"，以动写静，动静相宜，然整首诗在古与今的衔接对比问题上转换并不自然。丘丹曾归隐临平山，经历过隐士的生活，从情感体验上真正接近过隐士的归隐理念，对山林景物多有一种亲切逼真的情感在内。同题的《经湛长史草堂》，在丘丹笔下就流畅自如，心迹宛若目前："身退谢名累，道存嘉止足。设醴降华幡，挂冠守空谷。

---

① （清）彭定求等编校：《全唐诗》卷三〇七，中华书局1999年版，第3488页。
② （唐）丘丹也有同题诗作，诗下有《序》："无锡县西郊七里，有慧山寺，即宋司徒右长史湛茂之之别墅也。"最后指出了作序时间："贞元六年，岁在庚午，检校尚书员外郎兼侍御史丘丹志。"指出了作诗时间在贞元六年。丘丹与韦应物、鲍防、吕渭诸人多有交往酬唱，吕渭此诗也极有可能作于贞元六年，即公元790年。
③ （唐）丘丹：《经湛长史草堂》，（清）彭定求等编校《全唐诗》卷三〇七，中华书局1999年版，第3481页。

偶寻野外寺，仰慕贤者躅。不见昔簪裾，犹有旧松竹。烟霞虽异世，风韵如在瞩。余即江海上，归辙青山曲。"①从自身萌发归隐心思入笔，挂冠寻仙，慕得贤者之迹而生仰慕怅惘之情，而后又转入对贤者归隐之趣的欣赏和摹习中去。起止之间衔接贯穿着主体的心迹思路，琐细的抒情写景中又不时地流露出对归隐与名士的向往之情。

大历浙东联唱的主体是严维、鲍防、吕渭、丘丹等人，这是大历十才子之外的一个诗歌群体。十才子情感趋于低迷感伤，而浙东联唱的情感则是清淡和谐的，脱出了压抑的阴影。浙东联唱中诗歌成就相对较高的是严维、鲍防，吕渭才名并不突出，却积极参与了浙东联唱。《会稽志》记载了联唱的两处所在——兰亭和云门寺。"兰亭古池在县西南二十五里，王右军修禊处。唐大历中，鲍防、严维、吕渭列次三十七人联句于此处。云：'曲水追欢处，遗芳尚宛然。名从右军出，山在古人前。赏是文辞会，欢同癸丑年。'"②云门寺也在会稽："松花坛在云门。唐大历中，严维、吕渭茶宴于此。联句云：'几岁松花下，今来草色平。绕坛烟树老，入殿雨花轻。'"③此外，鲍防宅也是一处重要的唱和地点，《中元日鲍端公宅遇吴天师联句》诗，有严维、鲍防、谢良辅、杜奕、李清、刘蕃、谢良弼、郑概、陈元初、樊珣、丘丹、吕渭、范淹、吴筠等14人联句，是规模较大的一次唱和。从吕渭所参与的文学活动来看：其一，大历年间才子辈出，十才子个性与诗风截然特立，浙东联唱的严维、鲍防等人才名要在十才子之后，其中诸如严维、鲍防等又与刘长卿、韦应物、钱起、李端有着或多或少的联系，联唱的形式有助于促进交流，提高个体诗艺，十才子也积极地参与了大历年间的唱和联句。其二，吕渭在浙东联唱的诗人中才名并不突出，从所流传下来的五首诗歌，两次联句来看，诗歌技巧与艺术之美在严维与鲍防之下。从吕氏家族的文学成长来看，吕渭的文学表现却是一个进步，为其家族提供了文学交流的环境，也促成了家族成员对文学的喜好。后人吕温、吕岩即表现出了优异的文学才

---

① （清）彭定求等编校：《全唐诗》卷三〇七，中华书局1999年版，第3482页。
② （宋）施宿《（嘉泰）会稽志》卷一〇，清文渊阁《四库全书》本。
③ 同上。

能。尤其是吕温,与柳宗元有频繁的书信往来,后人也以"柳吕"并称。

二 吕温的交游与诗文

吕温是吕渭之子,与柳宗元、元稹交好,又参与王叔文革新,在吕氏一族中地位极为特别:

> 温字和叔,河中人。初从陆贽治《春秋》,梁肃为文章。贞元十四年李随榜及第。中弘辞。与王叔文厚善,骤迁左拾遗,除侍御史。使吐蕃,留不得遣弥年。温在绝域,常自悲惋。元和元年还,进户部员外郎。与窦群、羊士谔相爱。群为中丞,荐温为御史,宰相李吉甫持久不报。会吉甫病,夜召术上,群等因奏之,事见群传。上怒,贬筠州,再贬道州刺史,诏徙衡州,卒官所。温藻翰粗赡,一时流辈咸推尚。性险躁,谲怪而好利。今有集十卷,行于世。①

吕温与柳宗元、刘禹锡同为王叔文党的盟友。叔文曾"密结当代知名之士而欲侥幸速进者,与韦执谊、陆质、吕温、李景俭、韩晔、韩泰、陈谏、柳宗元、刘禹锡等十数人,定为死交。"②叔文集团中,吕温的地位也在柳、刘之上:"王叔文最所重者,李景俭、吕温。"③柳宗元是中唐古文大家,散文为后世推崇,而吕温与柳宗元同为河东士人,又积极参与了王叔文政党,相似的背景使得两人有更多的情感基础,在文学创作上也体现出较为频繁的交流倾向。宋人范仲淹就将"柳吕"文章并题,以为:"至于柳、吕文章,皆非常之士,亦不幸之甚也。"④吕温交游广泛,除处在激烈党争中的王叔文政党成员外,与

---

① (元)辛文房:《唐才子传校笺》卷五,傅璇琮主编,中华书局1987年版,第256—258页。

② (后晋)刘昫:《旧唐书》卷一三五《王叔文传》,中华书局1975年版,第3734页。

③ (后晋)刘昫:《旧唐书》卷一三五《王伾传》,中华书局1975年版,第3736页。

④ (北宋)范仲淹:《述梦诗序》,《范文正集》卷六,文渊阁《四库全书》影印本。

文坛士人多有交往，其中河东士人是一个重要的群体。

1.《裴氏海昏集序》中所见到的河东士人

大历后，河东地域所出现的文坛优异之才已不能与开元时相较，三大家族中裴氏、薛氏族人热衷于维护家族及个人的政治地位，文学成为歌酒之余应酬的工具，缺乏真实的生活体悟而以浓厚的辅助娱乐为主，诗文千篇一面。以裴度来看，在唐中期士人的政治生活中起到了重要的导引、提携作用，然诗文却多应和唱作，缺乏个性风采。柳氏是特别的一个家族，经历了初唐时期武氏的打压后，家族权势威望顿减，鲜有位至公卿之人。柳宗元及进士第，进入王叔文集团，所被赏识的也多是其文才。柳宗元代表了河东地域在中唐时期所涌现的杰出文人，然并不能改变整体上的弱势情态。这种变化是与北方的创作中心长安、洛阳向新兴的南方湖越、浙西、浙东等地转移相联系的。安史乱后，士人多南迁为官，活跃于北方燕赵、齐鲁等地的许多大族也加入了南迁的行列。河东裴氏族人也曾大规模南迁，《裴氏海昏集序》中可见其南迁之迹：

> 海昏集者，有唐文行之臣故度支郎中专判度支事赠尚书左仆射正平郡公裴氏讳某字某，考地毓德，会友辅仁，气志如神，英华发外之所由作也。初公违河洛之难，以其族行，攀大别，浮彭蠡，望洞庭，徊翔于巨溢，流昄仰于海昏。海昏有欧山之奇，修江之清，阳溪之邃，汤泉之灵，竹洞花坞，仙坛僧舍，鸡犬钟梵，相间于青风白云中，数百里不绝时也。俗以还未扰，地以偏而宁，开元之遗老尽在，犹歌咏乎太平。①

海昏，据《汉书·地理志》记载，汉高帝时豫章郡管辖海昏等县，包括今永修、武宁、靖安、安义和奉新五县。唐代隶属于江南西道。参与海昏游宴的有裴公、柳某、柳浑、萧定、卢虚舟、李公勋、

---

① （唐）吕温：《吕衡州集》，四库唐人文集丛刊，上海古籍出版社1993年版，第27—28页。

袁高、元亘等人。其中，屯田郎中集贤殿学士柳某出自河东柳氏，柳浑虽被封为"宜城县伯"，其先却"自河东徙焉"①。其余诸人，范阳卢虚舟、陇西李公勋、汝南袁高、河南元亘，也多是经历北朝隋唐以来逐渐在北方地区形成势力的大姓家族成员。海昏唱和多是江北士人，而唱和的地点在江南西道豫章郡海昏一带，这也间接呈现出了中唐以后南方诸多创作中心新兴的动态过程。其一，因长安祸乱而仕宦南方为因的南迁，是中唐以来家族迁徙的主要动因，自北而南的迁徙使文学的创作中心不再固定于原来文化集中的都市长安和洛阳，而逐渐向南方地区转移。唐中晚期文士多自江南地区，与这一倾向有较大关系；其二，创作中心南移，然北土士人仍形成了一定的凝聚力且相互诗歌酬赠，海昏唱和即是一例。此次唱和集会又不同于大历时期新兴的浙东、浙西唱和。从成员来源上看，海昏唱和多中土士人，而浙东联唱则杂糅了南北士人；从唱和宗旨看，海昏集会标举的是礼义之态、风雅之美，而浙东联唱则多杂怨骚之风；从外在形态看，海昏集会是大历前开元诗风的重现，而浙东集会则是大历后文坛新风的导向。

2. 诗歌的复古与创新倾向

吕温约生于大历七年（772），经历了代宗、德宗、顺宗、宪宗四朝。大历诗坛所主导的哀感、琐细之风到贞元、元和年间有了变化，积极的用世、变革之心深藏在士人内心，体现在诗文中。吕温与刘禹锡、柳宗元同为王叔文党，经历相似又不尽相同。

与刘、柳不同，吕温曾出使吐蕃七年。吐蕃诗歌有粗豪、质朴的一面，与同时期的贞元诗人形成了鲜明对比。如《蕃中答退浑词》二首：（其《序》曰："退浑种落尽在，而为吐蕃所鞭笞。有译者诉情于予，故以此答之。"）

退浑儿，退浑儿，朔风长在气何衰。万群铁马从奴虏，强弱由人莫叹时。

---

① （后晋）刘昫：《旧唐书》卷一二五《柳浑传》，中华书局1975年版，第3553页。

退浑儿,退浑儿,冰消青海草如丝。明堂天子朝万国,神岛龙驹将与谁。①

　　文辞简单质朴,有桀骜不驯之气。风格刚健硬朗,又有汉魏诗浑融质朴的一面,从这一点上看,又是对汉魏风骨的继承。这一语体风格的作品集中创作于吐蕃别馆生活时期。如《吐蕃别馆月夜》:"三五穷荒夜,还应照北堂。回身向暗卧,不忍见圆光。"质朴简练。此外,吕温诗也体现出昂扬的气骨,从艺术手法上看,多借助于"兴"体艺术。如《巩路感怀》、《岳阳怀古》、《闻砧有感》、《早觉有感》、《偶然作》、《古兴》、《镜中叹白发》、《友人邀听歌有感》、《读勾践传》、《道州月叹》、《风叹》、《道州感兴》等。这类兴体诗,从风格上看有取法于盛唐诗之处,从眼前的事或景入笔,借助以往的经历,内心的各种情感得到宣泄。气骨昂扬,有悲壮之感,如《道州感兴》一诗:

　　当代知文字,先皇记姓名。七年天下立,万里海西行。苦节终难辨,劳生竟自轻。今朝流落处,潇水绕孤城。②

　　道州位于湖南南部,受李吉甫打压的吕温贬官至此。本是沦落伤心之地,却少哀伤之语。"今朝流落处,潇水绕孤城",淡化了前文所言的"苦节难辨"、"劳生自轻"而来的哀伤之感,化为一股雄壮之气,这与自然开朗的盛唐诗风有相似之处。又如《风叹》:"青海风,飞沙射面随惊蓬。洞庭风,危墙欲折身若空。西驰南走有何事,会须一决百年中。"因风而感兴,又自然地结合了西驰吐蕃与南迁湖南的经历。"飞沙射面"道出了苦寒之地环境的恶劣,又隐现出了吐蕃使馆生活之艰辛。"危墙欲折"也采用了类似的手法,将道州为官的不易巧妙地形诸笔下。

　　吕温与柳宗元、刘禹锡生活在同一时期,相互之间也有书信往

---

① (唐)吕温:《吕衡州集》卷二,四库唐人文集丛刊,上海古籍出版社1993年版,第15页。

② 同上书,第17页。

来,然吕温诗歌体现出了与柳、刘不同的诗歌风貌。吕温学习汉魏诗风,质朴耿直,部分诗歌体现出了盛唐诗的开朗自信,气度卓越。柳宗元对汉魏古诗,盛唐之诗也有所习,有"雄深雅健"之风格。然柳宗元包融百家,自铸新风,诗文又体现出清新自然的一面。在熔铸创新与复古的背景下,柳宗元将自我创新的自觉艺术形式充分地体现出来,其风骨之气表现出清、奇、冷、峻的特点,这也是中晚唐部分诗人诗作所摹习之路。相较于柳诗的融会古体,自铸新风,吕温诗歌是对汉魏风骨的复归。在艺术手法上,吕诗借用了"兴"体手法,学习了汉魏古诗直抒胸臆的笔法。吕温的多数诗歌质朴、显畅,在"比"体与"兴"体之间,吕温乐意选择"兴"体直接地表露个体遭遇与情感波折。吕温诗歌中,直抒情感、不加修饰的作品较为常见。而柳诗则较好地熔铸了"比"与"兴"两种艺术,且"比"体有更为充分的运用。如柳宗元诗《读书》:

幽沉谢世事,俯默窥唐虞。上下观古今,起伏千万途。遇欣或自笑,感戚亦以吁。缥帙各疏散,前后互相逾。瘴痢扰灵府,日与往昔殊。临文乍了了,彻卷兀若无。竟夕谁与言,但与竹素俱。倦极更卧倒,熟寐乃一苏。欠伸展肢体,吟咏心自愉。得意适其适,非愿为世儒。道尽即闭口,萧散捐囚拘。巧者为我拙,智者为我愚。书史足自悦,安用勤与劬。贵尔六尺躯,勿为名所驱。①

从主体结构上看,贯穿的是自化的读书者在书中所驰骋的想象。对读书者的形象描绘充分借助了"比"体艺术。从静默的状态进入阅读书史的世界开始,生动地赋予了读者各种体态,"上下观古今,起伏千万途","遇欣或自笑,感戚亦以吁",古今史事,融有人物各种经历和悲喜哀愁,"千万途"暗示了不同的人生路径。或读到了欣赏的人和事,内心得以安慰;或瞥见了伤心之人的命运波折,而唏嘘感

---

① (唐)柳宗元:《柳宗元集》卷四三,中华书局1979年版,第1254页。

慨。"缥帙各疏散,前后互相逾",形象化地将书卷赋予了人物的奔波辛劳之态。"瘴痾扰灵府,日与往昔殊",疾病侵袭之感,遍布肌体。此后,转入对读书观感的描述,自怡自乐,唯"得意"而已。"非愿为世儒",暗示了儒生使命感的缺失与世俗化。"巧者为我拙,智者为我愚",借用了巧与智对读书的态度,自嘲自讪,自我安慰。文末缀以告诫之语。"读书"这一题材的诗歌较为常见,但柳宗元笔下的读书者形象之生动却较少见。吕温读史之类的作品多是直接的情感倾诉式,如《读勾践传》:"丈夫可杀不可辱,如何送我海西头。更生更聚终须报,二十年间死即休。"这种表达方式俨然有汉魏古诗慷慨凛然的风格,在吕温同时期的诗人中也较少见。清诗评家贺裳以为:"温诗不及刘、柳,气亦劲重苍厚"①,即指出了吕温诗气骨凛然的特点。

在摹习汉魏古诗的朴质,盛唐诗的朗健之外,吕温诗也体现出与时下诗人创作相接近的倾向。由参悟禅理、禅道而来的对佛家的自然亲近之感,由之而来的对山林寺院的依恋,对禅僧冷寂参禅生活的由衷向往,同时也传达出了内心对禅悟的皈依。与复古古诗的质直不同,这类诗歌有着圆融的意境、精练化的语词与精细的思维,且从禅悟中体现出一定的生活道理。如《终南精舍月中闻磬声诗》:"月峰禅室掩,幽磬静昏氛。思入空门妙,声从觉路闻。泠泠满虚壑,杳杳出寒云。天籁疑难辨,霜钟谁可分。偶来游法界,便欲谢人群。竟夕听真响,尘心自解纷。"以终南山中月夜听磬声入笔,转入对参禅之后心态的美妙描绘。"幽磬静昏氛",写出磬声衬托下的寂静之境,既是物境,也是个体的心境。"思入空门妙,声从觉路闻",写出幻境中的声音与思维通达明朗的状态,而后这种美的体验充溢心灵、神思。"天籁疑难辨,霜钟谁可分",进一步描绘出如天籁般的声音,超离了自然物象而进入纯粹的心灵境界。参禅在中晚唐后期较为普遍地进入文人生活中,且随着创作题材的进一步拓宽,成为诗歌的一类重要题材。这类诗歌的摹写或者渲染佛教寺院的清幽冷寂,或者进入心灵的

---

① (清)贺裳:《载酒园诗话又编》,《清诗话续编》,上海古籍出版社1983年版,第344页。

层面，描绘内心所体悟到的禅思禅悟。超脱俗世，又多以内心意念的真实流动贯穿诗篇，易形成凝练的诗语，且熔铸成超脱凡俗的清净意象。这为困扰于俗世纠葛的文士打开了新的生活图景，激活了心灵土壤，也将这种体悟带入了诗歌创作中。"竟夕听真响，尘心自解纷"，禅正式而又牢固地走入了文人的真实生活与诗歌创作中去。柳宗元也是一位禅道中人，所作《禅堂》一诗玲珑脱俗："发地结菁茅，团团抱虚白。山花落幽户，中有忘机客。涉有本非取，照空不待析。万籁俱缘生，宥然喧中寂。心境本洞如，鸟飞无遗迹。"同是摹写参禅后心境的变化，由纷扰而趋向清晰，因缘而生，因缘而逝，由人生而自然，由自然又回到生活中。未经禅悟的人生是混沌的，而经历了禅悟的生活则顺从了自然因果的缘分，而有洞彻明晰之感。这一类参禅的诗歌，吕温也有所作，如《戏赠灵澈上人》、《送僧归漳州》等，以禅诗禅境为机缘，艺术上也达到了较高的水准。

复古是吕温学习古诗之路，既有对汉魏古诗质直慷慨风格的习取，也有对六朝山水诗的临习之作。从存诗看，吕温诗多有语辞质朴、气骨凛然的一面。七年的吐蕃使馆生活，为其在吕诗中的地位打下了基础，也正是这一独特的边疆生活，使吕温诗摆脱了中晚唐时期沉淀在文人身上的忧郁和没落之感。在复古之外，吕诗同样有对中晚唐文人所喜好的禅诗题材有所作，且达到了较高的艺术水准。

3. 由专儒尊师而来的"雅正"之文学观及其文学表现

吕温与柳宗元文章并称为"柳吕"，然吕温风格与变化出入百家的柳宗元不同。柳宗元后期生活参悟释老，熔冶百家经子，酷嗜庄老，不拘一格。而吕温则遵守儒家忠、孝经典法则及尊卑等级秩序，以儒家经义之学奉养己身，由之形成了尚"雅正"的文学观念。

其文是大化的文，接近于汉儒所提倡的文，同时排斥魏晋以来逐渐萌发的文学主体思潮及创作，体现出哲学化的人文观。《人文化成论》中详细论及了文的渊源、内涵及与魏晋以降文章之区别："文者，盖言错综庶绩，藻绘人情，如成文焉，以致其理。然则人文成化之义，其在兹乎。而近代谄谀之臣，特以时君不能则象乾坤，祖述尧舜，作化成天下之文，乃以旗常冕服，章句翰墨为人文也。遂使君人者浩然忘本,沛然自得,盛威仪以求至理,坐吟咏而侍升平,流荡因循,败而未悟,不其痛欤。……焉可以名敷末流,雕虫小技,厕杂其间乎!"[1]将人文社会从不同的主体及功用分室家、朝廷、官司、刑政、教化之别,在每一类之下又从相互对立依存的角度提出相辅相成、和谐共存的特点。如夫刚妻柔、父慈子孝、君仁臣义、宽猛相济、礼乐调和等,此处的文既是泛化的存在于人文社会的规律,又是细化在每一个门类之内的物物相依存的法则,文的功用是建立在对个体的人与社会间人的实用性基础之上的。在确立了文的正统地位之后,对魏晋以后专尚"章句翰墨"之学的文学表现又给予批判,将秦汉魏晋迅速衰亡的原因归结于"盛威仪以求至理,坐吟咏而侍升平",由翰墨章句之学而求治世之道,将文的发展引导向了"名敷末流,雕虫小技"之路。可见,吕温对于文的观点,首先是道统的,文的发展笼罩在儒术之学的发展之下;其次,在文学的发展取得了一定自由性之时,又将道的确立定位在文的发展基础之上,进入文学发展领域中的文始终要受到道的制约。

"道为文之本"是吕温在《送薛大信归临晋序》中明确提出的观点:

> 常见大信述作,必根乎六经,取礼之简,乐之易,诗之比兴,书之典刑,春秋之褒贬,大易之变化,错落混合,峥嵘特立,不离圣域,而逸轨绝尘;不易雅制,而瑰姿万变。……吾闻贤者志其大者,文为道之饰,道为文之本,专其饰则道丧,反其本则文存,且使不存,又何伤矣。[2]

"文为道之饰,道为文之本",在吕温的文道观中,先道而后文,道所承担的宣讲的力量在文章辞采修饰功能之上。其道又以汉代完善

---

[1] (唐)吕温:《人文化成论》,周绍良主编《全唐文新编》卷六二八,吉林文史出版社2000年版,第7099页。

[2] (唐)吕温:《送薛大信归临晋序》,周绍良主编《全唐文新编》卷六二八,吉林文史出版社2000年版,第7092页。

的儒术之道为理论根基,而上溯远古尧舜之道。在确立了完备的学术形态之后,对于后学又从"师"的角度进一步提出了"师道"之重要:

> 夫学者,岂徒受章句而已,盖必求所以化人,日日新,又日新,以至乎终身。夫教者,岂徒博文字而已,盖必本之以忠孝,申之以礼仪,敦之以信让,激之以廉耻。过则匡之,失则更之,如切如磋,如琢如磨,以至乎无瑕,故两汉多名臣,谏诤之风,同乎三代,盖由其身受师保之教诲,朋友之箴诫,既知己之损益,不忍观人之成败也。魏晋之后,其风大坏,学者皆以不师为天纵,独学为生知,译疏翻音,执疑获失,率乃私意。攻乎异端,以讽诵章句为精,以穿凿文字为奥,至于圣贤之微言,教化之大本,人伦之纪律,王道之根源,则荡然莫知所措矣。①

吕温从教与学两方面强调了"师道",而典范的"师道"标准则是汉儒的教与学。从教的角度来看,"鸿儒硕生,乐以善诱宏道,虽为公卿,教授不辍",而后学则"非师说,不敢辄言",教与学之间传递的道可以细化为忠信、礼仪、信让、廉耻等儒家传统道德。在教与学的基础上,又提出"化"的观点,"既知己之损益,不忍观人之成败也",由"师道"而达到"道以化人"的阶段,进而实现汉儒的理想政治。"师道"的观点在吕温文章中曾多次提及:"某闻水官修而龙至,官失其方,物乃垘伏,以文章而言,则先进为后进之官也,亦宜正褒贬,别雅郑,宣六义,合三变,以修其官。使后进之徒,靡然向风,瞰然知方。能者劝,不能者止,于是乎文章之可见也。"② 以"师道"为文章之道,而"师道"又源之于儒道,儒道构成了吕温为文与为人的理论根基,在此基础上形成了雅正的文学观念。

---

① (唐)吕温:《与族兄皋请学春秋书》,周绍良主编《全唐文新编》卷六二七,吉林文史出版社2000年版,第7090页。

② (唐)吕温:《上族叔齐河南书》,周绍良主编《全唐文新编》卷六二七,吉林文史出版社2000年版,第7089—7090页。

儒道虽是为文的根基，然吕温文章中不乏辞采富艳之美，典型如《虢州三堂记》："丰而不侈，约而不陋，以琴尊诗书之幽素，易绮纨钟鼓之繁喧。惟林池烟景，不让他日。观其广逾百亩，深入重扃，回塘屈盘，沓岛交映，溟渤转于环堵，蓬壶起于中庭，浩然天成，孰曰人智。及春之日，众木花坼，岸铺岛织，沉浮照耀，其水五色，于是乎袭馨撷奇，方舟逶迤，乐鱼时翻，飘蕊雪飞，溯沿回环，隐映差池，咫尺迷途，不知所归，此则武陵桃源，未足以极幽绝也。"① 文章先述虢州三堂的由来及兴废更替，引出"深入重扃，回塘屈盘，沓岛交映，溟渤转于环堵，蓬壶起于中庭"的天然地理优势，后排列春、夏、秋、冬四季景色，充分发挥排比辞藻，营造和谐画面的文学功力，四季景色俨然图景一般呈现眼前。春色之动人与赏春人留恋不舍的心态栩栩如生，这与大量使用描绘景色的辞藻有关。显然，吕温在文章写作中并不排斥词翰之力，然终归于劝谏，回归到"若知其身既安而所以安人，其性既适而思所以适物，不以自乐而忽鳏寡之苦，不以自逸而忘稼穑之勤"的儒家"和"之宗旨。友人刘禹锡以为吕温"始学左氏书，故其文微为富艳"②。清人以为吕温"于诗非所长，赞颂等时有奇逸之气"③。散体文中充分发挥骈体文对仗的形式美，在儒家训诫的传统范式内又运用辞藻之艳，注重画面风格的凝结与提炼，将人与事及儒家化人之政治功用和谐地融合，成为吕温处理文与道关系的一种方法。

《虢州三堂记》先提因由，后述四季景色之美，终之于劝谏的结构方式为后人学习，明孙绪指出："范文正公《岳阳楼记》，或谓其用

---

① （唐）吕温：《虢州三堂记》，周绍良主编：《全唐文新编》卷六二八，吉林文史出版社2000年版，第7098页。

② （唐）刘禹锡：《唐故衡州刺史吕君集纪》，载卞孝萱校订《刘禹锡集》，中华书局1990年版，第235页。

③ （清）王士禛：《香祖笔记》卷五，上海古籍出版社1982年版，第90页。

赋体，殆未深考耳。此是学吕温《三堂记》，体制如出一轴。"①《岳阳楼记》体例与《三堂记》有颇多相似之处，都先叙重修之起因。重修岳阳楼的原因是："庆历四年春，滕子京谪守巴陵郡。越明年，政通人和，百废俱兴。乃重修岳阳楼。"②而后者则详述了三堂所以得名的原因，提及三堂革新的经由："后刺史马君锡，因其颓堕，始革基构。丰而不侈，约而不陋，以琴尊诗书之幽素，易绮纨钟鼓之繁喧"等；岳阳楼的地理环境是"北通巫峡，南极潇湘"，而三堂则是"深入重扃，回塘屈盘，沓岛交映"；《岳阳楼记》以阴雨和晴朗两种天气为前提铺排了两种相异的景色，前者萧索而生悲凉之感，后者生机蓬勃而生眷恋之感，而《三堂记》则铺排展现四季景色之美；《岳阳楼记》文末归之于"先天下之忧而忧，后天下之乐而乐"的宗旨，而《三堂记》则回归到"其身既安而所以安人，其性既适而思所以适物，不以自乐而忽鳏寡之苦，不以自逸而忘稼穑之勤"的主旨。

三 永贞革新背景下的柳、吕并称

吕、柳、刘三人以王叔文新政为契机而有了深厚的友谊。吕温、柳宗元同为河东人，柳宗元幼年生活地以长安为中心，然其屡次自示河东柳氏的身份："河东，古吾土也，家世迁徙，莫能就绪。闻其间有大河、条山，气盖关左，文士往往彷徉临望，坐得胜概焉。我固翘翘褰裳，奋怀旧都，日以滋甚"（《送独孤申叔亲往河东序》），对河东一片向往之情，而其情愫的产生还源于河东之地理形胜与其文化所积淀的魅力。河东也为汉以来柳氏名气最盛的郡望，河东文化中儒道两家在唐代都取得了长足的发展。柳宗元幼年虽不在河东生活，但其文化影响中则不可能缺少河东文化或是柳氏家族的文化影响，其所标

---

① （明）孙绪：《沙溪集》卷一四："《三堂记》谓寒燠温凉，随时异趣，而要之于不离轩冕而践夷旷之域，不出户庭而获江海之心，极而至于身既安思所以安人，性既适思所以适物，不以自乐而忽鳏寡之苦，不以自逸而忘稼穑之勤。《岳阳楼记》谓，晴阴忧乐，随景异情，而要之于居庙廊则忧民，处江湖则忧君，极而至于先天下之忧而忧，后天下之乐而乐。"文渊阁《四库全书》影印本。

② （北宋）范仲淹：《岳阳楼记》，《范文正集》卷七，文渊阁《四库全书》本。

榜的河东柳宗元一说，不仅是自夸门第，也渗透着对河东一地的文化仰慕。与柳宗元身份相似的吕温，则自诩东平吕氏之后，然自吕諲、吕延之以后，吕氏则以河东一地为定居地。由此可见，柳宗元与吕温都曾受到河东文化之沾溉。

从文化形态上看，柳、吕所体现的河东文化与王通河汾之学从时间上看较为接近。王通有《续六经》，其变革及王道主张体现在《文中子》一书中，从语体形式上看模仿了孔门弟子辑录的《论语》，然孔孟学派所倡导的"仁政"之体系下所形成的温柔敦厚、文质彬彬的人格风范被一种更具实用性、事功性的王道霸术之政治思想所笼罩。《中说》首言"王道"，对拓跋氏之从政理念颇有推崇，其王道观从理论形态上看是对孔子儒道之继承，"稽仲尼之心，天人之事，帝王之道，昭昭乎"（《王道篇》）。这种王道、王霸之理念在北魏时期有深厚的土壤根基，文中子言王道之难行："吾家顷铜川六世矣，未尝不笃于斯，然亦未尝得宣其用"[①]，可见在文中子之前，王氏族人已诉诸对王道霸业的努力。而《问易》、《魏相》、《关朗》篇则贯穿着通变之思，其通变之纽又是以王道为核心而确立的。永贞革新之际的柳宗元、吕温都曾问学于春秋学派陆质，又承啖助、赵匡受学，公羊学以学干政、通经致用的思想所蕴藏之通变的理念得到了士人的认可。表现在文化论争上，则是对尧舜、孔孟之道的反思，由之而形成了求道之论蜂起的局面。其中文与道之关系又构成了文士思维意识中的两维，且中唐文士以韩、柳为核心，又兼备了政治改革家的身份特点，在文与道的关系上又凸显出文学与政治相结合的特点。以韩愈为首的古文运动派士人，以"文以载道"为理论号召，朝儒、王侯、圣贤、功德等语汇，离不开对长安皇权的极度眷恋。而柳宗元作为政治斗争的失意者，长期贬谪在湖南永州一地，才真正接触到了底层生活之艰辛，《捕蛇者说》、《掩役夫张进骸》等作品真实地叙写着现实，寄托

[①] 张沛译注：《中说译注》卷一《王道篇》，上海古籍出版社2011年版，第1页。

着对民众的同情。所提"辅时及物为道"①等政治主张,才有了实现的可能性。吕温在永贞革新的政团中,地位较之柳、刘来说为高,曾与柳宗元一起论学:"君昔与余,讲德讨儒。时中之奥,希圣为徒。志存致君,笑咏唐、虞。揭兹日月,以耀群愚。"②体察民生之苦辛在吕作中也时有所现:"布帛精粗任土宜,疲人识信每先期。明朝别后无他嘱,虽是蒲鞭也莫施"(《道州将赴衡州酬别江华毛令》),相较于柳宗元文章之士的身份而言,吕温所体现的则是崇尚王道与谋略的政治家思想。

元稹有《哭衡州六首》,赞叹吕温才志:"望有经纶钓,虔收宰相刀。江文驾风远,云貌接天高。国待球琳器,家藏虎豹韬。尽将千载宝,埋入五原蒿。"③有经纶之学,宰相之才用,又兼备谋略,故吕温在永贞政团中为王叔文所重用。章士钊曾经指出:"(元)诗崇拜衡州经纶之大,学术之精,几如得未曾有。在'请缨期系虏,枕草誓捐躯'两句上,可见衡州有班超远大之谋,不主张兴晋阳苍黄之甲。彼虽与叔文谋国一致,而京师部署未就,遽召敌人环攻,却似不以为然。咏到'髀骨惟夸瘦,膏肓岂暇除。伤心死诸葛,忧道不忧余'等句,而知衡州别有绝大计划,未及施展,而叔文已束手就毙,同人全部铩羽也。"④八司马之一的刘禹锡也对吕温才、学、能,给予了高度评价:"文苑振金声,循良冠百城。不知今史氏,何处列君名"(《吕八见寄郡内书怀,因戏而和》);"一夜霜风凋玉芝,苍生望绝士林悲。空怀济世安人略,不见男婚女嫁时"(《哭吕衡州,时予方谪居》)。文章之才与济世之志,为时人所赞叹。在《唐故衡州刺史吕君集纪》中则道出了吕温的人生影像:"何叔年少遇君,而卒以谪似贾

---

① (唐)柳宗元:《答吴武陵论〈非国语〉书》中云:"仆之为文久矣,然心少之,不务也,以为特博弈之雄耳。故在长安时,不以是取名誉,意欲施之事实,以辅时及物为道。"

② (唐)柳宗元:《唐故衡州刺史东平吕君诔》,《柳宗元集》卷九,中华书局1979年版,第220页。

③ (清)彭定求等编校:《全唐诗》卷四〇三,中华书局1999年版,第4515页。

④ 章士钊:《柳文指要》下卷《通要之部》卷七《同时人物·吕温》,中华书局1971年版,第1653页。

生，能明王道似荀卿"，空怀王霸之略却似贾谊屡番遭贬，间接也指出了吕温思想中所汲取的荀子王道思想："粹而王，驳而霸，无一焉而亡。"①王道之思，源自孔孟。至荀子，又由王道而发展出了霸道的理论主张。河东大儒王通倡言王道，又不同于孔孟之王道，在辩证的视角中体现出通变之思，对北魏时期的拓跋氏、苻氏政权又肯定其合理性。这种思想的产生与北方地区长年混乱的局面下，武力强权胜于文教之治的政治局面也是相适应的。吕温所体现的政治家改革方略，以王道为基础，远自荀子，近则源于河汾之学中之王道思想。

于吕温而言，政治改革是首要的。其诗文中多处隐现了一个政治改革家失意的背影："回身向暗卧，不肯见圆光"（《吐蕃别馆月夜》）；"期君自致青云上，不用伤心叹二毛"（《道州敬酬何处士书情见赠》）；"人生随分为忧喜，回雁峰南是北归"（《自江华之衡阳途中作》）等，诗意的寂寥中渗透着政治的伤感。"无为学惊俗，狂醉哭途穷"（《登少陵原望秦中诸川太原王至德妙用有水术因用感叹》），无望的生命情感寄托发挥到了极致。而柳宗元笔下固然也有政治改革的阴影，或是惊悸，或是寥落，在此外，还有对真实生活图景的观察与摹写，在永州、柳州的生活也随处可见此种世俗之乐，这也使得柳诗在"窜逐宦湘浦，摇心剧悬旌。始惊陷世议，终欲逃天刑"（《游石角小岭至长乌村》）的落魄之外，打开了一幅进入山水、送别、纪游诗的主题画面，"事业无成耻艺成"（《叠后》），政治改革所不能给予的舒心慰藉之感，在诗歌的世界中却得到了满足。

柳宗元以文学为长，也喜好为文。对文学独立于道之地位的认识也经历了一个变化。文章之术先是为帝王功业而服务的："臣伏自忖度，有方刚之力，不得备戎行，致死命，况今已无事，思报国恩，独惟文章。……臣伏见陛下自即位以来，平夏州，夷剑南，取江东，定河北，今又发自天衷，克翦淮右，而大雅不作，臣诚不佞，然不胜愤懑。伏以朝多文臣，不敢尽专数事，谨撰《平淮》、《夷雅》二篇，

---

① （战国）荀子：《荀子简释》第一六篇《强国》，梁启雄释，中华书局1983年版，第218页。

虽不及尹吉甫、召穆公等，庶施诸后代，有以佐唐之光明。"① 以雅颂体来渲染帝王功业。贬谪永州、柳州之后，则多以讽刺笔调讥写时事民生。柳宗元作品的总体风格体现出由学术而文章的特点，文章中又体现出求变、贯通，不拘首于门径的博通特点，这又受到了陆淳新春秋学派思想的影响。柳宗元是以儒家圣师孔子为学问立足点的，由此确定了儒学、儒官、儒业的人生秩序，其儒又不局限于儒，而是对释教、庄老之学的综合调和，而变换出一己新学。这也成为了中唐时期文儒的一种新取向，《送文畅上人登五台遂游河朔序》一文曾言："今燕、魏、赵、代之间，天子分命重臣，典司方岳，辟用文儒之士，以缘饰政令。服勤圣人之教，尊礼浮屠之事者，比比有焉。上人之往也，将统合儒释，宣涤疑滞，然后蓑衣袯，委财施之会不顾矣"，可见统合三教之新风业已存在。对三教之统合，以儒家为尊，但又积极接纳援引释道二教之合理成分："浮图诚有不可斥者，往往与《易》、《论语》合，诚乐之，其于性情奭然，不与孔子异道。退之好儒未能过扬子，扬子之书于庄、墨、申、韩皆有取焉。浮图者，反不及庄、墨、申、韩之怪僻险贼耶。"（《送僧浩初序》）对儒学、经学门派庞杂，各持门户之见则主张"太学立儒官，传儒业，宜求专而通、新而一者，以为胄子师"（《送易师扬君序》）。此学问新风又有着实际的社会功效，即"以《诗》、《礼》、《春秋》之道施于事"（《送徐从事北游序》），也即柳宗元"辅时及物为道"的主张。此学问路径，柳宗元在《送元十八山人南游序》也曾明确指出："取向之所以异者，通而同之，搜择融液，与道大适，咸伸其所长，而黜其奇。要之与孔子同道，皆有以会其趣。"由汇通诸家而成一己之道，此道又以孔圣人为皈依，而践之于己。

范仲淹将"柳吕"文章并题。在后人所熟知的"刘柳"、"韩柳"之外，还存有一个柳、吕并称的现象。前者是相似贬谪遭际、真挚友情及其在诗中的真实呈现。而后者则凸显出一个学术新思想背景下的

---

① （唐）柳宗元：《献平淮夷雅表》，《柳宗元集》卷一，中华书局1979年版，第3页。

文章特色。

第三节　道教徒吕岩的神化与其诗歌的仙化

　　河东吕氏家族中才名最盛的是晚唐五代时期的道教徒吕岩。《唐书》、《五代史》未载，唯《宋史》中隐约提及："关西逸人吕洞宾有剑术，百余岁而童颜，步履轻疾，顷刻数百里，世以为神仙：皆数来抟斋中，人咸异之。"[①] 陈抟是宋代的隐逸高士，吕洞宾与其交好。正史中所记载的河东吕氏家族吕让之子吕岩，与道教中的神仙人物吕洞宾是否同为一人，成为疑问。新旧《唐书》对吕渭与其四子温、恭、俭、让都有传，并未提及吕岩。清康熙年间修订的《全唐诗》收录了吕岩诗作，并为其作了小序："吕岩，字洞宾，一名岩客。礼部侍郎渭之孙，河中府永乐（一云蒲坂）县人。咸通中举进士，不第。游长安酒肆，遇钟离权得道，不知所往。诗四卷。"[②] 官修《全唐诗》肯定了吕岩为河东吕氏的家族成员身份，且述及其随钟离权得道而去的经历，将吕岩诗歌收入唐诗集中。早前的吕岩也就成为后来的神话传说人物吕洞宾。

一　正史记载的缺失与民间传说中的吕岩

　　正史记载不清，在道教类的书籍中吕岩的身份却屡次得到证实："吕岩，字洞宾，唐河中府永乐县人。曾祖延之，终浙东节度使。祖渭，终礼部侍郎。父让，海州刺史。贞元十四年四月十四日巳时生，母就缛时，异香满室，天乐浮空，一白鹤自天飞下，竟入帐中不见。"[③] 详细叙述了吕氏家族吕延之、吕渭、吕让的仕宦情况。而吕洞宾的《真人自记》中也载："吾京川人，唐末三举进士不第，因游江

[①]（元）脱脱：《宋史》四五七《隐逸传上·陈抟传》，中华书局 1977 年版，第 13421—13422 页。

[②]（清）彭定求等编校：《全唐诗》卷八五六，中华书局 1999 年版，第 9738 页。

[③]《道藏》五册，《吕祖志》，"真人本传"，文物出版社、上海书店出版社、天津古籍出版社 1988 年版，第 446 页。

湖间，遇钟离子，受延命之术。寻又遇苦竹真君传日月交并之法，久之，适终南山，再见钟离子，得金液大丹之功，年五十，道始成。"[1]述及了屡次举进士不第，后及其遇钟离子、苦竹真君传授法术等经历。吕岩的家世背景及仕宦不第而求仙学道的经历几乎为各家神仙故事所认同。显然，正史和杂家派对吕岩有不同的认知态度。孔子不语"怪、力、乱、神"，史官的职责也含有劝善谏言，取鉴历史兴亡的因由在内，如《吕氏春秋·先识篇》所载："夏太史令终古，出其图法，执而泣之。夏桀迷惑，暴乱愈甚，太史令终古乃出奔如商。"[2]儒家社会所奉行的等级秩序帝王臣子是有严格序列的，正史中列传人物的记载也多遵循了由儒家官秩等级秩序而来的记载序列。唐人所编写的南北朝史书，或五代宋人官修的唐代史书，喜好老庄之道的隐逸士林多数被边缘化，重要性远不及儒林士人。或可解释吕岩何以在正史记载中缺失，而在道教文献中却屡屡被提及的现象。

吕岩是一位喜好隐逸修仙的道教派士人，却又不排除对儒释两道的熏染。在儒释道三种文化身份中，吕岩以道教徒的身份而闻名。《钟吕传道集》中第一首列"论真仙"：

吕曰："人死为鬼，道成为仙。仙一等也，何以仙中升取天乎？"

钟曰："仙非一也。纯阴而无阳者，鬼也；纯阳而无阴者，仙也；阴阳相杂者，人也。惟人可以为鬼，可以为仙。少年不修，恣情纵意，病死而为鬼也。知之修炼，超凡入圣，脱质而为仙也。仙有五等，法有三成。修持在人，而功成随分者也。"[3]

---

[1]《道藏》五册，《吕祖志》，"真人自记"，文物出版社、上海书店出版社、天津古籍出版社1988年版，第451页。

[2]（战国）吕不韦：《吕氏春秋新校释》卷一六，陈奇猷校释，上海古籍出版社2002年版，第955页。

[3] 沈志刚：《钟吕丹道经典译解》，《钟吕传道集》第一"论真仙"，宗教文化出版社2008年版，第8页。

升仙为钟吕传道的终极追求。对神仙的分级也以仙为核心，以鬼仙、人仙、地仙、神仙、天仙为序列，在世人生活所涉及的诸多层面予以分类，在由鬼及天的五个等级中，序列了仙的级别高低。与孔孟之儒道相对，钟吕之道则以求仙之道为大道。① 在吕岩一步步由真人、真君而帝君的地位变化中，仙道特征居于首位；由人、君而帝，又有道皇的身份期待在内，可见又摆脱不掉儒家视野中尚尊贵名位的心理期许。而吕岩由儒而道，又杂取释老之学，也可见其三教通融的身份特征。

吕岩进入道教序列之后，渐为世人所喜爱接纳，由此生成出诸多传说。自唐末至明清，吕洞宾在南北之地有多所道观供奉，在民间小姓人家也颇受欢迎。其又是道教派的地仙，以凡俗世间救世者的身份出现，由此其传说围绕着仙界与俗世。仙界描写的传说以得道成仙的经历为主。《纯阳帝君神化妙通纪》以传说的形式讲述了吕洞宾由儒而道，成仙后又返回俗世度人的一百零八个故事，展现了由不自愿到自觉的学道成仙转化过程。第一"瑞应明本第一化"："氏君姓吕名岩，字洞宾，唐河中府永乐县人氏。曾祖延之，终浙东节度使。祖渭……"溯清了吕氏的家世出身；其后"黄粱梦觉第二化"、"慈济阴德第三化"、"历试五魔第四化"，到最后的"度张和尚第一百八化"，从皇亲贵族到凡俗世人，对吕洞宾都极为信任。宋代是关于吕洞宾传说较为集中的时期，赵氏帝王宋太祖、宋徽宗与其有着不解的因缘，民间佳话更多。吕岩常以多种形象变形引渡世人。其身份有吕元圭、思屯乾道人、回道士、回道人、回处士、回山人、谷客、守谷客等，多道教式的化名。传说故事也活灵活现，如"武昌市桃"、"武昌卖墨"、"罗浮画山"、"庐山淬刃"、"广陵散钱"、"捏土为香"、"水化

---

① 《钟吕传道集》第二，"论大道"，以成仙之道为大道："吕曰：'古今达士，始也学道，次以有道，次以得道，次以成道，而于尘世入蓬岛，升于洞天，升于阳天而升三清，是皆道成之士。今日师尊独言道不可得而知，不可得而行。然于道也，独得隐乎？'钟曰：'仆于道也，固无隐尔。盖举世奉道之士，止有好道之名。使闻大道，而无信心。虽有信心，而无苦志。朝为而夕改，坐作而立忘。始乎忧勤，终则懈怠。仆以是言大道难知、难行也。'"宗教文化出版社 2008 年版，第 19 页。

成酒"、"墨化成金"、"纸中方窍"等，世间百态，欢喜悲愁，悉入笔间。

道教化的吕岩，对儒释二教有对抗亦有融合。其中不乏对士林人物痴心于官禄名利场的批判，对佛教中人贪恋财物的讽刺。同时，对儒释中人也有造访。对儒门人物的造访，如"谒丁晋公"、"谒张参政"、"谒武昌守"、"谒钟弱翁"、"谒石国监"、"谒王岳州"等。也曾多次造访佛教寺庙，如"庐山寺见梦"、"开元寺赠金"等，重现了真实生活中道与儒佛三教之间的关系。"三教本自同源，虽所入之途不一，而其成功则无异致。儒家从实处用功，释家从空处着想，而道家则从虚处契念。要之，实者何，欲其养此心也；空者何，欲其了此心也；虚者何，欲其敛此心也。"[①] 儒释道三者，在指向内心的修养上，达成了共识。

二 走向平民化的诗歌

《全唐诗》收录吕诗169首。道教徒的传教身份是吕岩的主要特点，而文士的雅致情趣则退居其次。表现在诗歌的创作中，以传授内丹修炼之法为主要目的诗作体现出朗朗上口、节奏明快的特点，也是吕岩诗作构成的主体，这些诗歌有着鲜明的平民化色彩。如《七言》（其一）：

> 金丹一粒定长生，须得真铅炼甲庚。火取南方赤凤髓，水求北海黑龟精。鼎追四季中央合，药遣三元八卦行。香斋兴功成九转，定应入口鬼神惊。[②]

主要描述丹药的制成及功效。前两句言长生之法须金丹之效，其后描述金丹成法。南北方各取水火的精华，炼丹之鼎汇聚四季的灵气，丹药又有八卦法的原理，道士的功夫，从而具备神奇的功效。句

[①] 《吕祖三品经·序》，胡道静主编《藏外道书》第22册，巴蜀书社1992年版，第760页。

[②] （清）彭定求等编校：《全唐诗》卷八五七，中华书局1999年版，第9745页。句

子的起承转合之间自然连贯，夸大叙事，力图取得惊人的丹药之效。

　　俗体化诗歌的另一倾向为口语的运用。如《劝世》："一毫之善，与人方便。一毫之恶，劝君莫作。衣食随缘，自然快乐。算是甚命，问什么卜。欺人是祸，饶人是福。天眼昭昭，报应甚速。谛听吾言，神钦鬼伏。"① 语言质直，风格明快。诗歌以口头语言直接入诗，有人为俗语化加工的痕迹，抒发的是入道而来的俗世之乐。这些诗歌固然有文士的意趣在内，但主体已转向由体道皈依而来的眷恋情感。存世不多的词中有着浓浓的文士对清雅之风的喜好之情，如《促拍满路花》："西风吹渭水，落叶满长安。茫茫尘世里，独清闲。自然炉鼎，虎绕与龙盘。九转丹砂就，一粒刀圭，便成陆地神仙。任万钉宝带貂蝉，富贵欲熏天。黄粱炊未熟，梦惊残。是非海里，直道作人难。袖手江南去，白蘋红蓼，又寻湓浦庐山。"② 有对九转丹砂、黄粱梦的片段描写，而词中的主体格调则是文士对秋天的怅惘之情，对清幽生活的喜好，对权势富贵的贬斥及对江南庐山的皈依之情。

　　吕岩是由儒而道的隐逸士人，其隐逸的身份特征为世人津津乐道。唐隐逸之风盛行，而心无旁骛走入道教中的士人却并不多见。由于真正走入了道，且有度人之心，故承担起了世人救赎者的角色，诗歌的主体功用也由此体现出平民化的基调。

　　吕氏家族是较晚定居于河东的家族，也较快地中央化。族人中的吕温，其幼年生活基本是以洛阳为中心的。河东居于关陇与河洛之中，地理位置上的相近也促成其文化的相似。今人对北方黄河文化的解读，也多以关、洛文化为代表。而隋、初唐的河汾之学、河东文化却享誉一时。从北魏至唐，河东文化的发展及作用处于一种由强势到逐渐被消解的状态。即在"河汾之地，儒道更兴"的背景下，河东三大家族享誉长安政权，文化上又以大儒王通河汾之学为文化辐射核心，到中晚期这种优势地位逐渐被打破。而河汾之学所体现出的重经纶之术、文章之学，以事功、实用等经世致用的观念为指导来融汇儒

---

① （清）彭定求等编校：《全唐诗》卷八五八，中华书局1999年版，第9766页。
② 同上书，卷九〇〇，《词十二》，第10234页。

释道，参解百家学说，在河东士人的文化精神中已有所体现。中唐贞元、元和年间，在啖、赵、陆新春秋学派的影响下，柳宗元、吕温等人以孔子圣师为皈依，统合儒释，变通儒学、经学门派之争，将学术回归到个体学识与心性的修养，以及服务民生实用之道上来。其为文之学也体现出由学问而文章的特点来，一方面在理论层面驳斥假道学，所谓的专守圣儒之学；另一方面积极地体察民生，将文章写作的视角转换到世俗民间，语言、情感、思想也转向下层，也直接启发了以浅显流畅为特点的元、白新乐府运动。

结　语

　　家族是研究地域文化的一个重要参照。地域文化的形态呈现出多样化、层级性、整合性等复杂特点，若找寻这些外化性特点的成因，家族则是最稳定、最具可考性的视角。地域与家族，所建立的连接是以人文为介的。客观存在的地理、地形是地域文化形成的基础，只有经过了人为作用，才渐具备了人文的色彩。从这一点来看，地域文化是以客观地理物态为基础，而指向出人文的风貌特点。

　　在人文背后，构筑起人文风貌又能凸显出人文色彩的观察视角则是家族。家族是以血缘为纽带，将成员放在宗法制的背景下来确立其宗族的身份地位的。家族成员由此而形成了共同的利益：对内，规范宗法制内的成员地位，且维持其稳定性；对外，则形成合力，以维护家族利益。从地域、文化、家族这样三个渐进性的视角来看，家族形成了考察地域及其文化的内在因子。而家族的研究视角又是发散型的，家族有其自身的家族文化，这种文化既体现出整体的宗族及分支的架构特点，又可以是以单个家族及其个体成员为目标的具体考察。文学史研究所体现出的以作家作品为中心到近十年来的家族文学研究热，则跳出了单个作家作品的局域视角，而站在了家族的视角考量上。以家族为背景，家学、家风为主要触及点，既可以对家族生成的地域文化形成新的认识，又可以对家族背景下的个体作家及作品做出深层次的认知，这也是家族文学研究所以兴起的深层动因。

　　本书所提取的"河东"这一概念也是以家族为核心，结合了儒学与经学、孔孟与老庄、文学与儒学、侠义之风与河朔文学等不同方面，来考察河东地域在北齐至隋唐以来的家族文化变迁的。其中裴氏、柳氏、薛氏是较早定居于此的家族，而王氏、吕氏则迁徙而来。从家族上升的途径来看，前者在乡里拥有雄厚的势力，同时世代官宦，这为其家族争取到了门荫等政治特权，尤其是裴氏成员，兄弟父子之辈，便可有数人借此荣升。三大家族在唐代中晚期的盛衰荣辱不尽相同，其政治优势地位却是王氏、吕氏所难以企及的。河东王通王氏家族以文化学术为特征，王通贵为隋末大儒，思想通融，而有"三教可一"的学术主张，这反映了河东一地在隋唐之际儒道思想兴起的文化背景，同时也是士人行为通脱、豪放的内在根源。以王绩来看，三仕三隐，仕宦均与酒有关，行为通脱之风有追慕竹林名士阮籍、刘伶的倾向。然王绩之放荡体现出由儒而道的过程中，个体为李唐政权所不接纳而产生的悖逆心理；阮籍之通脱则是以逃离、躲避司马氏政权为目的。王氏家族体现出浓厚的学术之风，对易、礼、史之学都有所汲取，文化上体现出典雅厚重、析事明理的特点。以王绩诗文来看，固然有朴野的特点，然隐藏在其朴野表象之下的则是学识通达的典雅之象。吕氏家族也是以文化起身的家族，有长于"家世碑志"撰写的文学家族特点。

　　家族郡望所体现出的是其乡土根基，而家族成员又并不固守于乡土，有很多士人的生活轨迹完全脱离了乡土。然宗族观念作为儒文化中的重要支撑，又积极地作用于士人思想中，表现在士风中，士人形成了竞相标举门第的风气。以吕温来看，吕氏家族在吕谭时已迁徙河东，其后的吕延之、吕渭、吕温以河东为乡里，而吕温却喜好以"东平吕君"自居。在乡土之外，士人的活动中心构成了第二重地域研究的重点，这一部分多是以都邑为中心的，如北魏时期的平城、洛阳，北齐的邺下，北周的长安及隋唐的都城长安等。区别于乡土对民风、民情的原初塑造，都邑生活对士人的影响多是外化的，在文学体格上更容易显现出这种差异。如王褒、庾信由南到北之后，诗风凛然一变，而有慷慨之气。南北作家的相互汲取，诗风的递嬗与其生活居住地显示出密切的关系。北齐的邺下与北周的长安，同时并立，河东三大家族成员各有不同选择，而这两个都邑的文化及文学风貌却截然不同，由此可见，都邑中的士人群体自身已形成一个浓郁的文化氛围，且在形成的同时，在某种程度上，也在逐渐削减着士人原本有的特性，这种特性很多时候是源自其乡土的。然而，都邑生活又不可完全消融其乡土个性，乡土的载体是以血缘为基础的家族宗亲单位，这也决定了乡土文化根源的坚固性，尽管常处在多种文化汇聚，个性极易被消融而以主流文化为特征的局面下，表现出或此类或彼类的特点，但乡土的种子一经萌发就很容易拥有震撼人心的力量，而刹那间又最容易为读者所辨别。

由此来看，乡土与都邑构成了地域文化的双重视角，而显现在文学中的则是以仕宦、交游为核心的都邑文学色彩，这种文学特质体现出强烈的聚合性，同时又不同程度地消解着作家的乡土特质。从文学史的书写来看，都邑文学色彩之浓厚远远大于乡土，而乡土文化之特性则需要透过林林总总、纷繁复杂的文学表象进行深度的解读和挖掘。以河东三大家族来看，进入唐代表现出了不同的文化特质，裴氏政治上享有优厚待遇，有门荫特权，这与其厚德敦朴、宽以纳人、通脱简淡的家族性格相关。对外，又重视对士人的拔擢赏鉴，有"德比岱云布，心如晋水清"的美誉，这些特质为其家族"多宦达"的政治局面打下了良好的根基。薛氏在隋唐之际也达到了极盛，其家族表现出文武并重的特质。其文化家族的身份也极为特别，在文中子王通之前，薛道衡已有"关西孔子"之美誉，这也离不开家族文化氛围的影响。早在北魏时期，河东薛辩任河东太守之时，已开始有意识地修复河东文化，而有"河汾之地，儒道更兴"的气象，可见家族内部已经有重视儒道文化的意识，经几代族人的积淀，至薛道衡，始有了儒家孔子的身份定位。这也为理解薛道衡诗文提供了新的视角。薛卢是并立的诗人，卢思道诗歌多汲取了南朝诗歌丽辞靡情的特点，体现出隋诗复归南朝诗风的倾向，这也是多数进入隋代的诗人诗歌的学习路径。薛道衡也学习了南朝诗体之情辞，其诗却有刚健硬朗之气。这与其受自儒学传家的家族文化氛围相关，儒文化之修养与儒术之体用在其身上有了充分的实用性，展示了良好的发展态势，由此形成了较为健康的儒士心态，其文士的身份定位某种程度上也借靠了其儒士的特征，由此诗文中渲染了对功业的期待，爱情的坚贞与边塞的豪情，穿透诗文后的感情与志向熔铸着坚定、期望，文风有雅正之气，这与儒士本身守道而不回的内在精神特质又是相契合的。在北齐时期的邺下名士中，薛道衡儒文兼重的特点也是极为特别的，这也使其成为名士之表率、风向之所归。而其儒学则多源自于乡土家学，其文则受到了邺下诗风向南朝诗歌复归的影响，所以能跳脱其中而形成一己雅正硬朗之风，这与其思想深处儒学之作用又是相表里的。

其后，薛氏显示出了文学家族的特征。从薛收、薛德音到薛元超，文学家族的特点较为明显，至元超遂有"朝右文宗"的文学定位。薛氏之文学与其儒学是相联系的，儒学传家的家族文化背景，使其在北朝后期至隋唐之际，为当政者所重视，诗风中有典雅之气，又重视文章应用之体的写作。这在其对家族自身的文化定位，以儒为主，儒文兼重的特质上也有所体现。

河东家族成员中身份最为特别的是王维。高棅《唐诗品汇》中因"王右丞之精致"[1]将其放在"盛唐名家"的位置。《河岳英灵集》也推崇其诗歌为盛唐典范。王维诗有别于盛唐诸家之处在于其以禅参诗，将禅境融入诗境，从而有了诗画一体的艺术之美。从诗歌情感来看，所诉诸的是雅致的士大夫精英文化，在生活上推崇简以养生、富以养心的理念，这是其诗画风格形成的内在动因。王维原出太原王氏，迁居河东以后，已逐渐没落，对其影响更大的是来自于母族崔氏。两汉之际，崔氏已擅名文场，《后汉书》记载："崔氏世有美才，兼以沉沦典籍，遂为儒家文林。"[2]魏晋南北朝，又有"崔卢王谢"之称。崔氏世代以文才闻名，有"世擅雕龙"[3]之说，至唐代遂有"大手笔"之称的崔融。王维母亲崔氏即出自于这样一个世擅文章之家。此外，崔氏常年奉佛，"褐衣疏食，持戒安禅"，在其影响下，王维与王缙也养成了"晚年长斋，不衣文彩"的习惯，依此来看，崔氏文章与佛之修养促成了王维对文章之法的精通与对禅之接受，而王维

---

[1] （明）高棅：《唐诗品汇·总叙》，上海古籍出版社2012年版，第8页。
[2] （南朝·宋）范晔：《后汉书》卷五二《崔骃列传》，中华书局1972年版，第1732页。
[3] （唐）姚思廉：《梁书》卷三三《王筠传》，中华书局1973年版，第486页。

个体之参悟融通，又将禅心禅理逼真地复现在诗歌中，所展示的也不仅是个体为文之能力，同时也反映了贵族士大夫的心灵危机及其对禅宗之情感诉求。

河东地域是进入和影响唐代文化的重要一脉。从大的背景来看，其附属于山东文化，在唐初激烈论争的河朔与江左文学派别中，又主要承袭了河朔文化及文学传统的影响。河朔文化是在南北朝分裂之际，尤其是与南朝江左文学并立之时而强调的文学类型，早期的平城文学处在鲜卑文化的阴影之下，而北地民族质朴粗犷、勇猛好战的精神气质凸显出对汉魏文学精神的复归倾向，且在早期的文士笔下显现出质实、朴野之风。燕赵、幽蓟、雁门、河朔等地在北方长期的战乱下，培养出了尚武、尚侠的文化传统，延续至唐，成为文学中一个重要的表现主题，其文化背景则以北地的河朔文学传统为根基。河东地域文化以质实、厚德见长，崇尚敦朴、谦逊的为人模式，重事功、重实效，在家族文化中体现出文武并重的特点，如薛氏、裴氏。在唐之前，河东一地始终处在文化发展的主线上，是汉唐文明的长安文化之近水渊源，《汾阴行》中"君不见昔日西京全盛时，汾阴后土亲祭祀"，即显现了河东对汉唐文化之重要性。先天的文化优势地位，使其具备了思深忧远、虚怀待物的民风气质。进入初唐，儒、道、佛以及尚武、侠义之特点在其地都可找到充分的文化表现。王维兄弟借靠强势的母族崔氏一门完成了文章与禅的文化积淀，同时塑造出了精神贵族的身份象征，为盛唐精英文化所崇拜。而中晚唐后期没落的柳氏家族则在帝国衰亡的背景下，以柳宗元为代表，冷僻幽静地叙写着凄清，寄托着哀思，又是河东民风中忧远思深特质的展现。后起的吕氏家族以文化身份凸显，其后在吕渭、吕温、吕岩之时又以长于章表之体的写作而形成了文学家族的特点。然末世的萧条不足以实现吕岩对家族对功业的期待，流而入道，走入了俗世民间，而为南北民众所喜爱。

河东地域文化源远流长，形成了崇德向善、好知谦逊、虚怀纳物、思深虑远的士文化传统。对于儒道佛并不拘守一家，而是儒道兼济，以道入儒，有较强的尚事功倾向；同时又不局限于儒学、儒术及文学之士的身份认定，而有尚武之习俗及传统。这也促使其在战乱频仍的初唐之时能够迅速崭露头角，树立家族荣耀及地位。在文学传统上，士人有对江左文学之摹习取法，但最能展现其诗文艺术魅力的仍是以汉魏风骨为导向，以河朔刚健、质朴之风为特质的文学作品。

附 表

附表三　　　　　　入隋诗人来源、仕宦及诗作情况统计

诗人	仕宦情况	源自	诗作
杨坚	仕周，以勋封隋国公	北周	《宴秦孝王于并州诗作》
卢思道	齐天保中，解褐直中书省，待诏文林馆	北齐	乐府：《有所思》、《棹歌行》、《美女篇》、《升天行》、《神仙篇》、《河曲游》、《城南隅燕》、《蜀国弦》、《采莲曲》、《从军行》。诗：《仰赠特进阳休之诗》等17首
孙万寿	仕齐为奉朝请	北齐	《远戍江南寄京邑亲友》、《答杨世子诗》、《别赠诗》、《和张丞奉诏于江都京口诗》、《和周记室游旧京诗》、《行经旧国诗》、《庭前枯树诗》、《早发扬州还望乡邑诗》、《东归在路率尔成咏诗》
李德林	仕北齐，官至仪同三司	北齐	《相逢狭路间》、《从驾巡游诗》、《从驾还京诗》、《夏日诗》、《入山诗》、《咏松树诗》
柳庄	河东解人。仕梁，梁亡入隋	南朝梁	《刘生》
明克让	平原鬲人。仕梁为湘东王法曹参军。入周，历汉东、南陈二郡太守、露门学士。隋受禅，拜太子内舍人	南朝梁	《咏修竹诗》
明余庆	平原鬲人，克让子	南朝梁	《从军行》、《咏死乌诗》
魏澹	仕齐为中书舍人。周武平齐，授纳言中士。隋受禅，为散骑侍郎、太子舍人	北齐	《初夏应诏诗》、《咏阶前萱草诗》、《咏石榴诗》、《园树有巢鹊戏以咏之》、《咏桐诗》
辛德源	仕北齐历散骑侍郎、郎中	北齐	《短歌行》、《白马篇》、《霹雳引》、《猗兰操》、《成连》、《芙蓉花》、《浮游花》、《东飞伯劳歌》、《星名》、《于邢邵座赋诗》、《羌姬诗》
李孝贞	仕北齐官至黄门侍郎	北齐	《巫山高》、《鸣雁行》、《奉和从叔光禄愔元日早朝诗》、《听百舌鸟诗》、《酬萧侍中春园听妓诗》、《园中杂咏橘树诗》、《咏鹊诗》
元行恭	北齐后主时为省右户郎，待诏文林馆	北齐	《秋游昆明池诗》、《过故宅诗》
萧岑	梁宣帝子	南朝梁	《棹歌行》
王通	河汾人。既冠，西见隋文帝，献《太平十二策》	隋	《东征歌》
刘臻	沛国相人。仕梁为邵陵王东阁祭酒、中书舍人	南朝梁	《河边枯树诗》

续表

诗人	仕宦情况	源自	诗作
史万岁	京兆杜陵人。周武帝时,释褐侍任上士。隋文帝时,屡立战功,进位柱国	北周	《石城山》
何妥	仕梁有周。隋高祖受禅,除国子博士	南朝梁	《门有车马客行》、《入塞》、《长安道》、《昭君词》、《奉敕于太常寺修正古乐诗》、《乐部曹观乐诗》
尹式	河间人。仕隋,官至汉王记室	隋	《送晋熙公别诗》、《别宋常侍诗》
杨广	隋文帝第二子	隋	乐府:《饮马长城窟行》、《白马篇》、《步虚词二首》、《春江花月夜二首》、《锦石捣流黄二首》、《喜春游歌二首》、《杨盼儿曲》、《江都宫乐歌》、《江陵女歌》、《泛龙舟》、《四时白纻歌二首》等19首。古诗:《冬至乾阳殿受朝诗》、《云中受突厥主朝宴席赋诗》等24首
姚察	仕梁、陈。入隋,开皇中袭封北绛郡公	南朝梁	《游明庆寺诗》、《赋得笛诗》
杨素	弘农华阴人。仕周历中外记室、礼曹、大都督、车骑大将军仪同三司等,隋受禅,加上柱国。炀帝即位,迁尚书令	北周	《出塞二首》、《山斋独坐赠薛内史诗二首》、《赠薛内史诗》、《赠薛播州诗》、《行经汉高陵诗》
贺若弼	仕齐、周,历官寿州刺史。隋文帝受禅,拜吴州总管	北齐	《遗源雄诗》
薛道衡	河东汾阴人。仕齐历司州兵曹从事、太尉主簿、中书侍郎。入周为御史二命士。隋初为内事舍人	北齐	乐府:《出塞二首》、《昭君辞》、《昔昔盐》、《豫章行》。诗:《从驾幸晋阳诗》、《奉和月夜听军乐应诏诗》、《奉和临渭源应诏诗》、《秋日游昆明池诗》等16首
柳䇮	襄阳人。初仕梁,梁亡入隋	南朝梁	《奉和晚日扬子江应制诗》、《奉和晚日扬子江应教诗》、《奉和晚日临渭水应令诗》、《咏死牛诗》、《阳春歌》
牛弘	北周时,专掌文书,修起居注。开皇初,授秘书监	北周	《奉和冬至乾阳殿受朝应诏》
萧琮	梁王詧之子	南朝梁	《奉和御制夜观星示百僚诗》
袁庆	大业时为秘书郎	隋	《奉和御制月夜观星示百僚诗》
王眘	琅琊临沂人。梁王筠之孙	南朝梁	《七夕诗二首》
徐仪	陈徐陵第三子。仕陈位尚书殿中郎。入隋,炀帝召为博士	南朝陈	《暮秋望月示学士各释愁应教》

续表

诗人	仕宦情况	源自	诗作
岑德润	南阳人。岑之敬之子。仕陈，入隋。官至中军吴兴王记室	南朝陈	《鸡鸣篇》、《赋得临阶危石诗》、《咏灰诗》、《咏鱼诗》
崔仲方	博凌安平人。仕周为司玉大夫、银青光禄大夫。隋受禅，进位上开府	北周	《奉和周赵王咏石诗》、《小山诗》、《夜作巫山诗》
于仲文	起家为周赵王属、东郡太守。隋高祖受禅，拜太子右卫率	北周	《侍宴东宫应令诗》、《答谯王诗》
王胄	仕陈。入隋，为著作佐郎	南朝陈	《白马篇》、《枣下何纂纂二首》、《敦煌乐二首》、《纪辽东二首》、《在陈释奠金石会应令诗》、《奉和赐酺诗》、《奉和悲秋应令诗》等20首
诸葛颖	丹阳建康人。起家梁邵陵参军。侯景之乱，奔齐，待诏文林馆	南朝梁	《奉和御制月夜观星示百僚诗》、《奉和方山灵岩》
虞绰	会稽余姚人。仕陈为太学博士	南朝陈	《于婺州被囚诗》
许善心	仕陈。入隋，拜通直散骑常侍	南朝陈	《奉和赐诗》、《奉和还京师诗》等4首
庾自直	仕陈历豫章王外兵参军记室。大业初，授著作佐郎	南朝陈	《初发东都应诏诗》
李密	陇西成纪人。以荫为炀帝东宫千牛备身	隋	《五言诗》、《淮阳感秋》
虞世基	会稽余姚人。仕陈历尚书左丞，入隋为通直郎	南朝陈	《出塞二首》、《四时白贮歌二首》、《奉和江都应诏诗》等18首
杜公瞻	隋代文学家	隋	《咏同心芙蓉诗》
王衡	太原晋阳人。父操，后梁时为尚书令	南朝梁	《玩雪诗》、《宿郊外晓作诗》
薛德音	薛收弟。隋诗人	隋	《悼亡诗》
越王杨侗	隋炀帝孙	隋	《京洛行》
虞世南	虞世基弟	南朝陈	《奉和御制月夜观星示百僚诗》、《追从銮舆夕顿戏下应令诗》等5首
蔡允恭	仕隋为起居舍人	隋	《奉和出颍至淮阳应令诗》
孔德绍	隋诗人	隋	《南隐游泉山诗》、《行经太华诗》、《夜宿荒村诗》、《王泽岭遭遇洪水诗》等10首
刘斌	隋诗人	隋	《和谒孔子庙诗》、《和许给事伤牛尚书诗》、《送刘员外同赋陈思王诗得好鸟鸣高枝诗》、《咏山诗》

续表

诗人	仕宦情况	源自	诗作
李巨仁	隋诗人	隋	《钓竿篇》、《京洛篇》、《登名山篇》等5篇
弘执恭	隋诗人	隋	《刘生》、《奉和出颍至淮应令诗》等4首
卞斌	隋诗人	隋	《和孔侍郎观太常新奏乐诗》
王由礼	隋诗人	隋	《骢马》、《赋得马援诗》等4首
鲁范	隋诗人	隋	《神仙篇》、《送别诗》
殷英童	隋诗人	隋	《采莲曲》
胡师耽	隋诗人	隋	《登终南山拟古诗》
陈政	隋诗人	隋	《赠窦蔡二记室人蜀诗》
周若水	隋诗人	隋	《答江学士协诗》
薛昉	隋诗人	隋	《巢王座韵得余诗》
刘端	隋诗人	隋	《段君彦》
张文恭	隋诗人	隋	《七夕诗》
吕让	隋诗人	隋	《和人京诗》
沈君道	隋诗人	隋	《侍皇太子宴应令诗》
鲁本	隋诗人	隋	《与胡师耽同系胡州出被刑狱中诗》
刘梦予	隋诗人	隋	《送别秦王学士江益诗》
陆季览	隋诗人	隋	《咏桐诗》
马敞	隋诗人	隋	《嘲牛弘》
王谟	隋诗人	隋	《东海悬崖题诗》
乙支文德	隋诗人	隋	《遗于仲文诗》、《大义公主诗》、《书屏风诗》
丁六娘	隋诗人	隋	《十索四诗》、《十索二诗》
李月素	隋诗人	隋	《赠情人诗》
罗爱爱	隋诗人	隋	《闺思诗》
秦玉鸾	隋诗人	隋	《忆情人诗》
苏蝉翼	隋诗人	隋	《因故人归作诗》
张君兰	隋诗人	隋	《寄阮郎诗》
侯夫人	隋诗人	隋	《自感诗三首》、《妆成诗》、《自遣诗》、《春日看梅诗两首》

附表四　　　　　　　唐诗选本所收唐诗人情况统计

诗歌选本	作者	诗人及诗作
《唐写本唐人选唐诗》	佚名	存者凡六家：王昌龄、邱为、陶翰、李白、高适、李昂，无王维诗
《箧中集》	元结	六家诗：沈千运、王季友、于逖、孟云卿、赵微明、元季川，无王维诗
《河岳英灵集》	殷璠	二十四家诗。 卷上：常建、李白、王维、刘眘虚、张谓、王季友、陶翰、李颀、高适 卷中：岑参、崔颢、薛据、綦毋潜、孟浩然、崔国辅、储光羲、王昌龄、贺兰进明 卷下：崔曙、王湾、祖咏、卢象、李嶷、阎防 其中王维诗15首：《西施篇》、《偶然作》、《赠刘蓝田》、《入山寄山中故人》（又名《初至山中》）、《淇上别赵仙舟》、《春闺》、《寄崔郑二山人》、《息夫人怨》、《婕妤怨》、《鱼山神女琼智祠二首》、《陇头吟》、《少年行》、《初出济州别城中故人》、《送綦毋潜落第还乡》、《送殷四葬》
《国秀集》	芮挺章	卷上：李峤、宋之问、杜审言、沈佺期、张说、徐安贞、张敬忠、贺知章、徐彦伯、王翰、董思恭、杜俨、崔涤、沈宇、刘希夷、张九龄、席豫、李邕、卢巽、张鼎、孙逖、赵良器、黄麟、郭向 卷中：郭良、蒋冽、刘廷琦、王乔、张谔、郑审、薛奇章、崔颢、徐九皋、阎宽、康定之、王维、齐融、楼颖、崔国辅、李嶷、王泠然、李牧、贺朝、杨重玄、常建、孟浩然、程弥纶、丁仙芝 卷下：范朝、徐晶、梁镇、屈同仙、豆卢复、卞为、荆冬倩、张子容、李颀、褚朝阳、崔曙、王昌龄、梁洽、郑绍、严维、朱斌、苏绾、王谌、卢象、梁德裕、杨谏、芮挺章、张万顷、常非月、孙欣、于季子、沈颂、王之涣、吕令闻、樊晃、王羡门、敬括、包融、高适、韦承庆、薛维翰、王湾、祖咏、张良璞、万楚 王维诗7首：《河上送赵仙舟》、《初至山中》、《途中口号》、《成文学》、《扶南曲》、《息伪怨》
《御览诗》，又名《元和御览》	令狐楚	刘方平、柳中庸、李何、于鹄、杨凌、姚系、李愿、杨巨源、皇甫冉、李嘉祐、张起、顾况、杨凝、马逢、张籍、梁镇、刘复、李端、郑锡、韦应物、李宣远、刘阜、霍总、郑锡、卢纶、司空曙、纥干著、卢殷、李益、杨凭 无王维诗
《中兴间气集》	高仲武	卷上：钱起、张众甫、于良史、郑丹、李希仲、李嘉祐、章八元、戴叔伦、皇甫冉、杜诵、朱湾、韩翃 卷下：郎士元、崔峒、张继、刘长卿、李季兰、窦参、灵一道人、姚伦、皇甫会、郑常、孟云卿、刘湾、张南史 无王维诗
《极玄集》	姚合	卷上：王维、祖咏、李端、耿湋、卢纶、司空曙、钱起、郎士元、畅当 卷下：韩翃、皇甫曾、李嘉祐、皇甫冉、朱放、严维、刘长卿、灵一、法振、皎然、清江、戴叔伦 王维诗3首：《送晁监归日本》、《送丘为》、《观猎》

续表

诗歌选本	作者	诗人及诗作
《又玄集》	韦庄	卷上：杜甫、李白、王维、常建、王昌龄、韩琮、司空曙、李贺、张九龄、高适、卢纶、钱起、李华、岑参、李嘉祐、崔颢、李益、任华、宋之问、戴叔伦、皇甫冉、崔峒、刘长卿、朗士元、杜诵、朱湾、陈羽、皇甫曾、郑常、孟云卿、杨凌、李宣远、刘阜、章孝标、孟浩然、杨虞卿、祖咏、李端、韩翃、陶翰、章八元、姚伦、李顾、张众甫、崔国辅、綦毋潜、孟郊、崔曙、冷朝阳、于良史、丘为、苏广文 卷中：杜牧、温庭筠、武元术、贾岛、张籍、姚合、张祜、元稹、王缙、韩愈、刘禹锡、白居易、李远、韦应物、李廓、卢中丞、赵嘏、李郢、韦蟾、李商隐、姚鹄、李群玉、薛能、曹邺、李德裕、裴度、李绅、王铎、李频、曹唐、薛逢、刘德仁、于武陵、武瓘、施肩吾、于鹄 卷下：马戴、雍陶、崔珏、李涉、许浑、方千、李昌符、戎昱、刘方平、郑锡、于濆、罗隐、郑谷、李洞、高蟾、杜荀鹤、崔涂、唐彦谦、罗邺、纪唐夫、张乔、徐振、陈上美、许棠、僧无可、清江、楼白、法振、法照、护国、太易、惟审、皎然、沧浩、李季兰、元淳、张夫人、崔仲容、鲍君徽、赵氏、张窈窕、常浩、蒋蕴、刘媛、廉氏、张琰、崔公达、薛陶、刘云、葛鸦儿、张文姬、程长文、鱼玄机 王维诗4首：《观猎》、《终南山》、《敕借岐王九成宫避暑》、《送秘书晁监归日本》
《才调集》	韦縠	卷一：白居易、薛能、崔国辅、孟浩然、刘长卿、韦应物、王维、贾岛、李廓、常建、刘禹锡、宋济、王建、李端、耿沨、李华、钱翊、李远 卷二：温飞卿、顾况、吴融、崔涂、卢纶、无名氏 卷三：韦庄、李由甫、李洞、薛逢、裴庭裕、李昂、沈佺期、王冷然、何扶、汪遵、高适、孟郊、陆龟蒙、张籍、曹邺 卷四：杜牧之、张泌、戴叔伦、宋邕、曹唐、施肩吾、赵光元、孙启、崔珏、司空曙、项斯 卷五：元稹、郑谷、秦韬玉、纪唐夫、雍陶、刘禹锡、白居易、武元衡 卷六：李白、李商隐、李涉、唐彦谦 卷七：李宣古、王涣、岑参、贾曾、许浑、油蔚、张祜、来鹏、施肩吾、刘得仁、高骈、李端、赵嘏、朱绛、姚伦、刘方平、陈羽、薛能、李郢、薛逢、崔涂、项斯、崔峒、李宣远、陶翰、温宪、李频、王驾、于鹄、徐寅 卷八：罗隐、李顾、崔颢、于武陵、李涉、戎昱、韩琮、李德裕、高蟾、高适、朱庆馀、崔峒、曹桧、钱起、罗邺、章碣、李益、王昌龄、李嘉祐、郑准、祖咏、吉师老、卢弼、窦巩、韩偓、杜荀鹤、张乔、崔鲁 卷九：刘商、长孙佐辅、朱放、王表、张安石、张谓、于濆、胡曾、李群玉、顾非熊、袁不约、吴商浩、梁锽、贺知章、张蠙、刘象、戴司颜、沈彬、李贺、罗维、韩翃、熊皎、张乔、陈陶、张渭、郑常、崔峒、李洞、李端、江为、裴度、陈上美、姚合、杨宇、王昌龄、于鹄、陈羽、僧贯休、僧尚颜、僧护国、僧栖白、僧无可、僧清江、僧法照、僧太易、僧惟审、僧沧浩、僧皎然、僧无本 卷十：张夫人、刘媛、李治、刘云、鲍君徽、崔仲容、张文姬、女道士元淳、蒋蕴、崔公远、鱼玄机、张窈窕、张琰、赵氏、程长文、梁琼、廉氏、薛涛、姚月华、裴羽仙、刘瑶、常浩、葛鸦儿、薛媛、盻盻、崔莺莺、无名氏 王维诗2首：《送元二使安西》、《陇头吟》

续表

诗歌选本	作者	诗人及诗作
《搜玉小集》	佚名	崔湜、裴濯、韩休、崔融、刘希夷、贺朝、屈同、郑愔、杨炯、徐彦伯、卢照邻、东方虬、郭元振、骆宾王、崔颢、刘允济、沈佺期、张汯、乔知之、王泠然、许景先、徐晶、杜审言、宋之问、魏徵、陈子昂、刘幽求、王勃、苏味道、王谞、徐璧、余延寿、李峤 无王维诗

参考文献

典籍类

（西汉）司马迁：《史记》，中华书局1959年版。
（东汉）班固：《汉书》，中华书局1955年版。
（南朝·宋）范晔：《后汉书》，中华书局1973年版。
（晋）陈寿：《三国志》，中华书局1982年版。
（唐）房玄龄：《晋书》，中华书局1974年版。
（南朝·宋）沈约：《宋书》，中华书局1974年版。
（萧齐）萧子显：《南齐书》，中华书局1972年本。
（唐）姚思廉：《梁书》，中华书局1972年版。
《陈书》，中华书局1972年版。
（北齐）魏收：《魏书》，中华书局1974年版。
（北齐）崔鸿：《十六国春秋》，四库全书本。
（唐）李百药：《北齐书》，中华书局2000年版。
（唐）令狐德棻：《周书》，中华书局1971年版。
（唐）李延寿：《南史》，中华书局1975年版。
（唐）李延寿：《北史》，中华书局1974年版。
（唐）魏徵：《隋书》，中华书局1973年版。
（后晋）刘昫：《旧唐书》，中华书局1975年版。
（宋）宋祁、欧阳修：《新唐书》，中华书局1975年版。
（宋）薛居正：《旧五代史》，中华书局1976年版。
（宋）欧阳修：《新五代史》，中华书局1974年版。

（宋）司马光著，胡三省注：《资治通鉴》，中华书局1979年版。

（宋）王溥：《唐会要》，上海古籍出版社2006年版。

《五代会要》，上海古籍出版社2006年版。

（元）脱脱：《宋史》，中华书局1977年版。

（唐）李吉甫：《元和郡县图志》，中华书局1983年版。

（唐）林宝：《元和姓纂》，中华书局1976年版。

（唐）陆德明著：《经典释文》，黄焯校本，中华书局。

（唐）李林甫著：《唐六典》，陈仲夫点校，中华书局1992年版。

（唐）刘知几撰：《史通·通释》，清浦起龙释，上海古籍出版社1978年版。

（唐）杜佑：《通典》，中华书局1988年版。

（唐）欧阳询：《艺文类聚》，汪绍楹校，上海古籍出版社1965年版。

（五代）王定保：《唐摭言》，古典文学出版社1957年版。

（宋）宋敏求编：《唐大诏令集》，中华书局2008年版。

（宋）王谠著：《唐语林校证》，周勋初校正，中华书局1987年版。

（元）辛文房：《唐才子传校笺》，傅璇琮主编，中华书局1987年版。

（宋）计有功：《唐诗纪事校笺》，王仲镛校笺，巴蜀书社1989年版。

（宋）姚铉：《唐文粹》，上海古籍出版社1994年版。

（宋）郭茂倩：《乐府诗集》，中华书局1979年版。

（宋）李昉：《文苑英华》，中华书局1982年版。

（宋）王钦若编，周勋初校注：《册府元龟》，江苏古籍出版社2006年版。

（清）阮元编：《十三经注疏》，上海古籍出版社1997年版。

（清）严可均：《全上古三代秦汉三国六朝文》，中华书局1958年版。

（清）彭定求等编：《全唐诗》，中华书局1975年版。

（清）董浩等编：《全唐文》，中华书局1983年版。

（清）陆心源：《唐文拾遗》，上海古籍出版社1990年版。

（清）徐松著：《登科记考补正》，孟二冬补正，北京燕山出版社2003年版。

（宋）施宿：《（嘉泰）会稽志》，清文渊阁《四库全书》本。

（清）阮元：《汉唐事笺》，江苏古籍出版社1988年版。

（清）赵翼：《二十二史札记》，商务印书馆1937年版。

（清）王昶：《金石粹编》，中国书店出版社1985年版。

（清）洪亮吉：《补三国疆域志》，中华书局1985年版。

（清）洪㵆孙：《补梁疆域志》，中华书局1985年版。

逯钦立辑校：《先秦汉魏晋南北朝诗》，中华书局1983年版。

陈尚君辑校：《全唐诗补编》，中华书局1992年版。

周绍良：《全唐文新编》，吉林文史出版社2000年版。

《唐代墓志汇编》，上海古籍出版社2001年版。

《唐代墓志汇编续集》，上海古籍出版社2001年版。

陈尚君：《全唐文补编》，中华书局2005年版。

（汉）王充著：《论衡校释》，黄晖校释，中华书局1990年版。

（魏）王弼著：《王弼集校释》，楼宇烈校释，中华书局1980年版。

（晋）陶渊明：《陶渊明集笺注》，袁行霈笺注，中华书局2003年版。

（南朝·宋）刘义庆：《世说新语笺疏》，余嘉锡笺疏，中华书局1983年版。

（南朝·宋）鲍照：《鲍参军诗注》，黄节注，中华书局2008年版。

（南朝·宋）谢灵运：《谢康乐诗注》，黄节注，中华书局2008年版。

（南朝·梁）钟嵘：《〈诗品〉集注》，曹旭集注，上海古籍出版社1994年版。

（魏）刘劭：《人物志校笺》，（凉）刘昞注，李崇智校笺，巴蜀书社 2001 年版。

（北魏）杨衒之：《洛阳伽蓝记校笺》，杨勇校笺，中华书局 2006 年版。

（北齐）颜之推：《颜氏家训集解》，王利器集解，中华书局 1993 年版。

（北魏）郦道元注：《水经注》，陈桥驿注，浙江古籍出版社 2001 年版。

（唐）王通：《〈中说〉译注》，张沛译注，上海古籍出版社 2011 年版。

（唐）王通：《〈文中子中说〉译注》，郑春颖译注，黑龙江人民出版社 2003 年版。

（唐）王绩：《王绩集编年校注》，康金声、夏连保校，山西人民出版社 1992 年版。

（唐）王绩：《王无功文集（五卷本会校）》，韩理洲校点，上海古籍出版社 1987 年版。

（唐）王勃：《王子安集注》，（清）蒋清翊集注，上海古籍出版社 1995 年版。

（唐）卢思道：《卢思道集校注》，祝尚书校注，巴蜀书社 2001 年版。

（唐）杨炯：《杨炯集》，徐明霞点校，中华书局 1980 年版。

（唐）卢照邻：《卢照邻集笺注》，祝尚书笺注，上海古籍出版社 1994 年版。

（唐）卢照邻：《卢照邻集》，徐明霞点校，中华书局 1980 年版。

（唐）骆宾王：《骆临海集笺注》，（清）陈熙晋笺注，上海古籍出版社 1985 年版。

（唐）王维：《王维集校笺》，陈铁民校注，中华书局 1997 年版。

（唐）柳宗元：《柳宗元集》，中华书局 1979 年版。

（唐）刘禹锡：《刘禹锡集》，卞孝萱校订，中华书局 1990 年版。

（唐）皮日休：《皮子文薮》，萧涤非、郑庆笃整理，上海古籍出版社 1981 年版。

（唐）韩愈：《韩昌黎文集校注》，马其昶校注，上海古籍出版社

1986年版。

（唐）吕温：《吕衡州集》，四库唐人文集丛刊，上海古籍出版社1993年版。

（唐）：《中兴间气集》，元结、殷璠等选：《唐人选唐诗（十种）》，中华书局1962年版。

（宋）石介：《徂徕石先生文集》，陈植锷校注，中华书局1984年版。

[日]空海撰：《文镜秘府论汇校汇考》，卢盛江校注，中华书局2006年版。

（宋）严羽：《〈沧浪诗话〉校释》，郭绍虞校释，中华书局1961年版。

（清）何文焕：《历代诗话》，中华书局1981年版。

（清）沈德潜：《说诗晬语》，王夫之：《清诗话》，上海古籍出版社1963年版。

丁福保：《历代诗话续编》，中华书局1983年版。

（唐）封演：《封氏闻见记》，中华书局2005年版。

（宋）陈振孙：《直斋书录解题》，上海古籍出版社1987年版。

（元）马端临：《文献通考》，浙江古籍出版社2000年版。

（宋）李昉：《太平广记》，中华书局1981年版。

（宋）乐史：《太平寰宇记》，中华书局2000年版。

（宋）王钦若：《宋本册府元龟》，中华书局1989年月版。

（宋）王应麟：《诗地理考校注》，张保见校注，四川大学出版社2009年版。

（宋）朱熹：《朱子语类》，中华书局1986年版。

（宋）朱熹、吕祖谦编：《近思录》，王云五主编，丛书集成本，上海商务印书馆。

（明）胡应麟：《少室山房笔丛》，中华书局1958年版。

（明）胡震亨：《唐音癸签》，上海古籍出版社1981年版。

（清）陈祚明：《采菽堂古诗选》，李金松点校，上海古籍出版社2008年版。

（清）王夫之：《船山全书》，岳麓书社1996年版。

（清）顾炎武：《日知录校注》，陈垣校注，安徽大学出版社 2007 年版。

（清）赵翼：《廿二史札记校证》，王树民校正，中华书局 1984 年版。

（清）裴正文等修：《裴氏世谱》，10 册，刻本。

（清）吕文华、吕学贤编著：《栖溪吕氏家谱》。

今人著作目录（按照英文字母先后顺序排列）

卞孝萱：《卞孝萱文集》（第二卷），《刘禹锡丛考》，凤凰出版社 2010 年版。

《刘禹锡》，上海古籍出版社 1984 年版。

《刘禹锡评传》，南京大学出版社 1996 年版。

曹道衡：《南北朝文学史》，人民文学出版社 1991 年版。

《南朝文学与北朝文学研究》，江苏古籍出版社 1998 年版。

《兰陵萧氏与南朝文学》，中华书局 2004 年版。

《汉魏六朝文学论文集》，广西师范大学出版社 1999 年版。

曹晋秀：《唐传奇的道教文化观照》，北京燕山出版社 2006 年版。

陈贻焮：《杜甫评传》，上海古籍出版社 1987 年版。

《唐诗论丛》，湖南人民出版社 1980 年版。

陈寅恪：《隋唐制度渊源略论稿》，三联书店 2001 年版。

陈平原：《中国小说叙事模式的转变》，北京大学出版社 2010 年第 2 版。

陈桥生：《刘宋诗歌研究》，中华书局 2007 年版。

陈庆元：《文学：地域的观照》，上海三联书店 2003 年版。

陈弱水：《柳宗元与唐代思想的变迁》，江苏教育出版社 2010 年版。

陈正祥：《中国文化地理》，生活·读书·新知三联书店 1981 年香港版。

程郁缀：《唐诗宋词》，北京大学出版社 2002 年版。

戴伟华：《地域文化与唐代诗歌》，中华书局 2006 年版。

邓小军：《唐代文学的文化精神》，文津出版社 1993 年版。

杜晓勤：《初盛唐诗歌的文化阐释》，东方出版社1997年版。

《齐梁诗歌向盛唐诗歌的嬗变》，北京大学出版社2009年版。

段莉芬：《唐五代仙道传奇研究》，花木兰文化出版社2007年版。

段双喜：《唐末五代江南西道诗歌研究》，上海古籍出版社2010年版。

傅仁杰、行乐贤主编：《河东戏曲文物研究》，中国戏剧出版社1992年版。

傅斯年：《中国古代思想与学术十论》，广西师范大学出版社2006年版。

傅璇琮：《隋唐五代文学编年史》，辽海出版社1998年版。

《唐代科举与文学》，陕西人民出版社1986年版。

傅亚庶：《刘子校释》，中华书局1998年版。

河东两京历史考察队编著：《晋秦豫访古》，山西人民出版社1986年版。

黄东阳：《六朝志人小说考论》，花木兰文化出版社2009年版。

葛剑雄：《中国移民史》，福建人民出版社1997年版。

《黄河与河流文明的历时考察》，黄河水利出版社2007年版。

《黄河》，江苏教育出版社2006年版。

葛晓音：《山水田园诗派研究》，辽宁大学出版社1993年版。

《诗国高潮与盛唐文化》，北京大学出版社1998年版。

《汉唐文学的嬗变》，北京大学出版社1990年版。

《八代诗史》，中华书局2007年版。

《唐宋散文》，上海古籍出版社1990年版。

葛兆光：《中国思想史》，复旦大学出版社2009年版。

顾颉刚：《古史论文集》，中华书局1988年版。

顾朝林：《人文地理学流派》，高等教育出版社2008年版。

郭英德：《中国古代文人集团与文学风貌》，中国人民大学出版社2012年版。

贺大龙：《长治五代建筑新考》，文物出版社2008年版。

何德章：《魏晋南北朝史丛稿》，商务印书馆2010年版。

何书置：《柳宗元研究》，岳麓书社 1994 年版。

洪湛侯：《诗经学史》，中华书局 2002 年版。

胡可先：《唐诗发展的地域因缘和空间形态》，中国社会科学出版社 2010 年版。

胡遂：《佛教禅宗与唐代诗风之发展演变》，中华书局 2007 年版。

蒋绍愚：《唐诗语言研究》，中州古籍出版社 1990 年版。

江守义：《唐传奇叙事》，安徽人民出版社 2006 年版。

蒋寅：《大历诗人研究》，中华书局 1995 年版。

《大历诗风》，上海古籍出版社 1992 年版。

金景芳：《先秦思想史讲义》，天津古籍出版社 2007 年版。

金其铭：《人地关系论》，江苏教育出版社 1993 年版。

孔令宏：《从道家到道教》，中华书局 2004 年版。

李德辉：《唐代交通与文学》，湖南人民出版社 2003 年版。

李剑国：《唐五代志怪传奇叙录》，南开大学出版社 1993 年版。

《唐前志怪小说辑释》，上海古籍出版社 1986 年版。

李零：《简帛古书与学术源流》，三联书店 2004 年版。

李浩：《唐代三大地域士族研究》，中华书局 2002 年版。

《唐代园林别业考录》，上海古籍出版社 2005 年版。

《唐代关中士族与文学》，中国社会科学出版社 2003 年版。

李少群：《齐鲁文学演变与地域文化》，人民出版社 2009 年版。

李学勤、徐吉军主编：《黄河文化史》，江西教育出版社 2003 年版。

李珍华、傅璇琮：《河岳英灵集研究》，中华书局 1992 年版。

梁启超：《饮冰室合集》，中华书局 1989 年版。

梁启超：《中国历史研究法》，上海古籍出版社 1998 年版。

梁晓云：《六朝文学与越地文化》，人民出版社 2010 年版。

林庚：《中国文学简史》，古典文学出版社 1957 年版。

刘宁：《唐宋之际诗歌演变研究》，北京师范大学出版社 2002 年版。

刘师培：《刘师培学术论著》，浙江人民出版社 1998 年版。

《清儒得失论》，中国人民大学出版社2004年版。

《中国中古文学史讲义》，中国人民大学出版社2004年版。

刘绪：《晋文化》，文物出版社2007年版。

刘勇强：《中国古代小说史叙论》，北京大学出版社2007年版。

刘毓庆：《古朴的文学》，北岳文艺出版社1988年版。

《朦胧的文学》，北岳文艺出版社1991年版。

《从文学到经学——先秦两汉诗经学史论》，华东师范大学出版社2009年版。

刘跃进：《南北朝文学编年史》，人民文学出版社2000年版。

《秦汉文学地理与文人分布》，中国社会科学出版社2012年版。

鲁迅：《〈古小说钩沉〉手稿》，浙江古籍出版社2008年版。

鲁迅编：《唐宋传奇集》，鲁迅全集出版社1948年版。

《中国小说的历史的变迁》，三联书店1958年版。

卢云：《汉晋文化地理》，陕西人民教育出版社1991年版。

罗时进：《地域·家族·文学——清代江南诗文研究》，上海古籍出版社2010年版。

罗莹：《宋代东莱吕氏家族研究》，人民出版社2011年版。

毛汉光：《中古社会史论》，上海书店出版社2002年版。

《中古政治史论》，上海书店出版社2002年版。

《两晋南北朝士族政治之研究》，商务印书馆1966年版。

孟二冬：《中唐诗歌之开拓与新变》，北京大学出版社2006年版。

缪钺：《读史存稿》，三联书店1963年版。

牟润孙：《注史斋存稿》，香港中文大学出版社1996年版。

牟宗三：《才性与玄理》，广西师范大学出版社2006年版。

潘建国：《中国古代小说书目研究》，上海古籍出版社2005年版。

《古代小说书目简论》，山西人民出版社2005年版。

钱穆：《中国学术思想史论丛》，生活·读书·新知三联书店2009年版。

《国史大纲》，商务印书馆2010年版。

《庄老通辩》，九州出版社2011年版。

《古史地理论丛》，三联书店 2005 年版。
《中国文学论丛》，三联书店 2005 年版。
钱锺书：《管锥篇》，中华书局 1986 年版。
钱志熙：《魏晋诗歌艺术原论》，北京大学出版社 1993 年版。
《魏晋南北朝诗歌史述》，北京大学出版社 2005 年版。
《唐前生命观与文学生命主题》，东方出版社 1997 年版。
《陶渊明传》，中华书局 2012 年版。
钱仲联：《鲍参军集注》，上海古籍出版社 1980 年版。
瞿同祖：《汉代社会结构》，上海世纪出版集团 2007 年版。
饶宗颐：《饶宗颐二十世纪学术文集》（卷十一：文学）中国人民大学出版社 2009 年版。
施和金：《北齐地理志》，中华书局 2008 年版。
师长泰主编：《王维研究》第二辑，三秦出版社 1996 年版。
史念海：《唐代历史地理研究》，中国社会科学出版社 1998 年版。
苏秉琦：《文物与考古论集》，文物出版社 1986 年版。
孙昌武：《柳宗元传论》，人民文学出版社 1982 年版。
唐长孺：《魏晋南北朝史论丛续编》，生活·读书·新知三联书店 1959 年版。
汤涒：《敦煌曲子词地域文化研究》，上海古籍出版社 2004 年版。
汤一介：《郭象与魏晋玄学》，湖北人民出版社 1983 年版。
汤用彤：《魏晋玄学论稿及其他》，北京大学出版社 2010 年版。
《隋唐佛教史稿》，北京大学出版社 2010 年版。
《汉魏两晋南北朝佛教史》，北京大学出版社 2010 年版。
王恩涌：《人文地理学》，高等教育出版社 2000 年版。
王国良：《魏晋南北朝志怪小说研究》，文史哲出版社 1984 年版。
王力：《诗经韵读》，上海古籍出版社 1980 年版。
王利器：《风俗通义校注》，中华书局 1981 年版。
王琳：《齐鲁文人与六朝文风》，齐鲁书社 2008 年版。
王欣欣：《山西历代进士题名录》，山西教育出版社 2005 年版。
王瑶：《中古文学史论》，北京大学出版社 1998 年版。

王仲荦：《北周地理志》，中华书局 1980 年版。
吴绵绵：《泉州地域文学》，厦门大学出版社 2009 年版。
西江辑成点校：《裴氏人物著述》，山西人民出版社 2002 年版。
夏静：《礼乐文化与中国文论早期形态》，中华书局 2007 年版。
谢让志：《人文地理学参考地图集》，天津大学出版社 1991 年版。
辛德勇：《古代交通与地理文献研究》，中华书局 1996 年版。
《黄河史话》，中国大百科全书出版社 1998 年版。
许国霖：《敦煌石室写经题记 敦煌杂录》，新文丰出版社 1985 年版。
薛天纬：《中国文学与地域风情》，学苑出版社 2009 年版。
姚红：《宋代东莱吕氏家族及其文献考论》，中国社会科学出版社 2010 年版。
姚忻华：《在人类文明的舞台上 关于人文地理学的思考》，学林出版社 1991 年版。
严耕望：《严耕望史学论文选集》，中华书局 2006 年版。
《唐代交通图考》，上海古籍出版社 2007 年版。
杨松水：《两宋寿州吕氏家族著述研究》，黄山书社 2012 年版。
叶嘉莹：《汉魏六朝诗讲录》，河北教育出版社 1997 年版。
于迎春：《秦汉士史》，北京大学出版社 2000 年版。
《汉代文人与文学观念的演进》，东方出版社 1997 年版。
袁行霈：《中国诗歌艺术研究》，北京大学出版社 1996 年版。
《唐代文学史》，高等教育出版社 1999 年版。
《陶渊明研究》，中华书局 2009 年版。
赵红娟：《明清湖州董氏文学世家研究》，中国社会科学出版社 2011 年版。
章士钊：《柳文指要》，中华书局 1971 年版。
周绍良：《唐传奇笺证》，人民文学出版社 2000 年版。
周振鹤：《王士性地理书三种》，上海古籍出版社 1993 年版。
《长水声闻》，复旦大学出版社 2010 年版。
周征松：《魏晋隋唐间的河东裴氏》，山西教育出版社 2000 年版。

朱伯崑：《易学哲学史》，华夏出版社 1995 年版。

外文资料

[日] 后藤昭雄：《日本古代汉学与中国文学》，高兵兵译，中华书局 2006 年版。

[日] 兴膳宏：《中国古典文化景致》，中华书局 2005 年版。

[日] 笕文生、笕久美子：《唐宋诗文的艺术世界》，卢盛江译，中华书局 2007 年版。

[法] 阿·德芒戎：《人文地理学问题》，葛以德译，商务印书馆 2009 年版。

参考期刊论文

柏俊才：《河东郡的建置与山西南部文学的兴盛》，《运城学院学报》2010 年第 6 期。

常裕：《浅论"河汾道统"说的影响》，《中国哲学史》2005 年第 3 期。

陈瑜、杜晓勤：《王绩诗歌与河汾文化精神》，《陕西师范大学学报》2007 年第 1 期。

邓小军：《河汾之学与贞观之治的关系》，《四川师范大学学报》1991 年第 6 期。

杜晓勤：《北齐文学传统与初唐诗歌革新之关系》，《文学评论》2008 年第 5 期。

李浩：《从人地关系看唐代关中的地域文学》，《西北大学学报》1999 年第 4 期。

李浩：《大唐之音和而不同——以唐代三大地域文学风貌为重心的考察》，《文学遗产》2005 年第 4 期。

李浩：《唐代园林别业与文学创作——兼谈辋川与王维作品关系》，《王维研究》（第二辑）。

李真瑜：《文学世家：一种特殊的文学家群体》，《文艺研究》2003 年第 6 期。

林家骊、郑国周：《论隋代弘农氏在文学史上的地位》，《北京大学学报》2012年第6期。

刘宁：《论中唐春秋学的义例思想》，《中国哲学史》2011年第3期。

刘毓庆：《太行太岳神话与中国文化精神》，《中国文化研究》2007年夏之卷。

刘毓庆：《晋东南炎帝史迹及其对华夏文明探源的意义》，《晋阳学刊》2005年第4期。

刘毓庆：《晋东南及其周边神话与中国文化及文学之关系》，《中州学刊》2005年第1期。

罗时进：《家族文学研究的逻辑起点与问题视阈》，《中国社会科学》2012年第1期。

钱志熙：《论王维"盛唐正宗"地位及其与汉魏六朝诗歌传统之关系》，《北京大学学报》2011年第4期。

钱志熙：《试论四灵诗风与宋代温州地域文化的关系》，《文学遗产》2007年第2期。

王祥：《试论地域、地域文化与文学》，《社会科学辑刊》2004年第4期。

杨万里：《地域文学交流与南宋温州诗歌创作》，《文学与文化》2010年第2期。

参考学位论文

白盛友：《吕温研究》，博士学位论文，复旦大学，2001年。

都佚伦：《柳宗元的家世家学与他的诗歌创作》，硕士学位论文，北京大学，2011年。

李海燕：《隋唐之际河汾王氏家族文学研究》，博士学位论文，北京师范大学，2006年。

李伟：《初唐"文儒"与河东王氏文学研究》，硕士学位论文，陕西师范大学，2007年。

李红：《隋唐河东柳氏家族研究——以世系、婚宦、迁移、家族文化为中心》，博士学位论文，北京师范大学，2005年。

梁静：《中古"河东三姓"文学研究》，博士学位论文，陕西师范大学，2006年。

刘光秀：《隋唐之际王氏家族文学研究》，硕士学位论文，华侨大学，2008年。

米玉婷：《春秋秦地文化与地域文学研究》，硕士学位论文，西北师范大学，2007年。

邰三亲：《唐代河东裴氏与文学》，硕士学位论文，西北大学，2011年。

王伟：《唐代京兆韦氏家族与文学研究》，博士学位论文，西北大学，2009年。

王连成：《啖助、赵匡和陆淳的春秋学研究》，硕士学位论文，北京大学，2001年。

延玖娣：《吕温及其诗文研究》，硕士学位论文，内蒙古师范大学，2009年。

后　　记

　　距癸巳年初夏的答辩已有两年时间了。回过头来看五载燕园的生活，依旧不舍。图书馆南门外的白玉兰、讲堂里的昆曲、未名湖边的木石、图书馆南门外的白玉兰、汉学与博雅堂、静园的草坪与五院，还有燕南园多姿态的猫与看不尽的四季风景。我本一学术布衣，父亲虽有诗词绘画之嗜，也仅止于喜好而已。凭着对学问及治学之人的天然仰慕之情，竟也幸运地走入了这片园地。犹记第一学年，穿梭在文学、历史、哲学系的课堂，先生们风神各异的讲课风格与字里行间的人文情怀，让我得以近距离地触摸北大人。而这一切的缘起，多归根于施惠颇多的郁缀师。

　　初识先生，是在未名湖边。早先约好了均斋见，次日清晨，由东门进入后，步行到了湖边，原想着先转一转，理一理思路，然后再去见先生的。未曾想，没走几步，便见到了一位骑着自行车缓缓而来的温柔敦厚型的长者，随即反应过来，这肯定就是我燕园读书的先生了。果真如此，这位长者果真就是先生了。于是上前自报家门，先生推着车，放慢了脚步，一起往均斋那边走去。那一排古红色的四角老楼如四位德才兼备的老先生一般，优雅地端坐在湖边，均斋夹在中间。推开红色的木门，楼道里略显阴暗，先生一个个打开了墙上的壁灯。尾随着先生到了古色古香的办公室，满目皆书，桌前还有若干绿植，散发着清雅的香气。这以后，我果然就真正地成为燕园的一员，看着春去秋来、冬雪夏雨，数着那些个有限的在湖边的日子。

　　随后，读书写作一步步进入了轨道，课上的启发诱导与课下的研读写作相得益彰，一年级始过，已顺利地修满了学分。所选修的课程，以诗歌为主，也有小说、文献、文论及古汉语方面的课程。入学前，已将读书的兴趣定位在了魏晋名士及其风度上，继而对南北朝文学的不同走向问题有了疑问，这以后又去读了王瑶、曹道衡、褚斌杰等老一辈学者的著作，其为学与为人之风都给予我启示。本书构思最初是以北朝文学为起点的，这与曹道衡先生的系列文章关系甚大，或者其间的根本原因在于乡土之情，共通的情感感触使我可以真切地感受到其人其思。由此，走入了地域文学，由地域又走入了家族文学，地域与家族相互依存，家族的文化形态，以家风、学风的具体形式呈现在族人身上，进一步促成其文学特征的形成。在对作品、史书、方志、家谱进行排比分析后，发现儒学，或者是经学才可能是真正对士人产生深刻影响之学，而个体文学风貌之态，某种程度上也是与士人的治学兴趣相关联的。

  本书从最初的拟定思路到现在的修改，经历了多个转折变化。在博士毕业后，我来到了太原理工大学政法学院人文中心工作，中心的老师术业有专攻：李永福老师的晋商研究、张莉老师的三晋文化研究、王馨蔓老师的戏曲研究，还有李虹老师的宗教学研究等，均各有所长。这个大家庭给予我温暖和良好的学术环境，使我有更多的机会深入地接触晋南文化。所任教的国际交流学院，给本科生及留学生开课的过程中，认识到了国内孩子的端谨与国外孩子天性的不同，感慨中外文化的差异。由于我的博士论文是以北齐隋唐的"河东"地域文化为断限的，在论文写作过程中，充分感觉到了自己对田野的生疏与民间文献的重要性，遂打算选择有丰厚田野调查背景的民俗学与民间文学专业为自己的博士后研究方向，也正是在进入这个学科之后，才充分认识到田野的广阔空间。目前来看，本书依旧有很多不尽如人意的地方，构成"河东"文化研究的先期工作应该是在文献加田野的学术思索中推进的，本书所欠缺的仍旧是田野的部分。笔者也是在晋南的田野中，在山野间废弃的小庙内、戏台上，见到了不计其数的或完整、或残缺的碑刻，以及精致的民间木板雕刻、壁画，在乡音重重中听到了一个个散发着生气的故事，在多次的老乡的带领下去看些"猪八戒洞"、"水帘洞"等传说中的故事，在不经意间接触到的珍贵的家谱，才充分意识到了田野的珍贵与美好，才感觉到那些烫着手的来自民间乡土的社会是如此真实与鲜活。本书是在博士论文的基础上完善的，从博士论文定稿到现在又经历了若干光阴。此次的修缮，希望在原有论文的基础上，能有一些改进，笔者也寄望于在精英、大族的背后能够见到更多社会的，小人物的，真正属于乡土的历史与文化。

　　本书结讫过程中，要感谢参与过我各培养环节，给予我帮助的杜晓勤、钱志熙、刘玉才、孙明君、李鹏飞、潘建国、常森诸位老师，从论文的选题、结构、内容到细小问题的论述，都给予我方法与思路上的启迪。感谢热情率真的邓小军老师对我论文中关于《元经》论述问题的指出，其朴素淳简的为人与为学之风让我受益匪浅。感谢北大图书馆数载寒暑无欺的相伴，是那一片方正厚朴的建筑物安顿下了我这颗易焦躁的心，给予我信任和依靠。

　　感谢读硕士期间的吴直雄导师，其笔耕不辍的著述精神为我永远的楷模。感谢文师华、王德保、周声柱、胡建次等诸位老师的帮助，尤其是已故的罗宗阳老师，至今犹清晰地记得在老师病重打吊瓶的日子里对我语重心长的告诫和给予我文章的悉心指正。感谢赣南师范学院历史文化与旅游学院与客家研究中心的多位老师，没有想到离开赣地的若干年后，又会回到赣南地区的客家村落中去做田野调查。那一方土地与一方人，错落的水塘与好客的客家人，给予我人生中太多不会重现的美好回忆。

　　感谢挚友刘莉，图书馆二楼楼口那一排座位里似乎永远有她"木桩子"一样的身影，是她的鼓励和陪伴让我有了燕园生活中美好的回忆。感谢梅军，每一次的启发感悟，每一次无私的资料赠予，让我深感这份友情之珍贵。感谢我燕园的三位室友，慎玉、郑妞、波森，她们的专业分别是明清文学、上古音韵、俄罗斯文学，这让有"杂而不精"喜好的我有了学习探究的机会。感谢诸多为学的同窗们，于海峰、张静斐、王琼、付佳、苏颖、张娟、马里扬、张文、李国华、凌玉健、李飞跃、姜仁涛、王铁军、阎顺英等，相处日久，愈加感受到其性格的真淳可爱，也颇受益于相互之间的交往。

　　感谢管琴，在紧张的博士论文答辩之前为我校正全文。那些细致的改动，让我再三感慨其作为一个编辑的敬业精神。感谢同门王栋梁、曲景毅、赵乐、林静、来好、京艳、闵慧、懿洁、怀辉，一院里那些"疑义相与析"的日子，那些匆匆诉说的过往都会是记忆里一笔美好的财富。

幼子王寅润的到来，是我在燕园的一个意外收获。十月怀胎中所有的苦辛，在他降生到世间的那一刻寂然消逝，取而代之的是初为人母的喜悦。在为人母与为人子的角色定位中，他所能给予我的心灵慰藉作用似乎远远在我这个母亲应尽的职责之上。感谢我的爱人王玮，对我人生选择的尊重和支持。感谢我的父母，不求回报的完全付出。

还要感谢北京师范大学文学院民间文学研究所对我的接纳，感谢博士后合作导师万建中老师，感谢万师带我进入田野。

张 丽
乙未深秋于菊斋灯下